조선후기 지방사의 이해

김 우 철 金友哲

세종시에서 태어나, 고려대학교 사학과를 졸업하고 같은 대학원에서 한국사 전
공으로 문학박사 학위를 취득했다.
한중대학교 교수로 재직하며 한국사를 강의하는 한편, 조선시대사 연구와 사료
번역에 힘쓰고 있다.
저서로는『조선후기 지방군제사』『조선후기 정치·사회 변동과 추국』등이 있
고, 번역서로는『대한계년사』『여지도서』『승정원일기』등이 있다.

조선후기 지방사의 이해   값 23,000원

2013년 10월 10일 초판 인쇄
2013년 10월 17일 초판 발행

저　　자 : 김우철
발 행 인 : 한정희
발 행 처 : 경인문화사
편　　집 : 신학태
　　　　　 서울특별시 마포구 마포동 324-3
　　　　　 전화 : 718-4831~2, 팩스 : 703-9711
　　　　　 E-mail : kyunginp@chol.com
　　　　　 홈페이지 : //kyungin.mkstudy.com
등록번호 : 제10-18호(1973. 11. 8)

ISBN : 978-89-499-0967-7　93910

조선후기 지방사의 이해

김 우 철

景仁文化社

책을 펴내며

대학원에 들어간 이래, 조선후기의 지방은 늘 주요한 관심의 대상이었다. 처음 공부를 시작했을 때 한창 유행하던 향촌사회사의 영향을 받은 것인지, 종래의 연구가 지나치게 중앙의 정치사 중심으로 이루어지고 있었던 데 대한 반감에서였든지, 아니면 지은이 자신이 지방 출신이라는 개인적 요인이 작용한 것인지, 어느 것 때문이었는지 아니면 그 모두 때문이었는지는 모르겠지만 아무튼 그랬다. 학위논문의 주제가 조선후기의 지방군인 속오군이 되었던 것도 그러한 관심의 자연스런 귀결이었다.

학위를 마치고 『여지도서』의 번역을 수행하면서, 조선후기의 지방의 현실을 담고 있는 생생한 자료를 접하게 된 것도 지은이의 지방에 대한 관심을 더욱 확장하는 계기가 되었다. 군사제도 주변을 벗어나지 못했던 지은이의 시야는 지리지에 담긴 다양한 정보를 마주하면서 넓어질 수 있었다. 맥락이 있는 문장이 아닌 개별 정보가 파편적으로 나열된 지리지의 항목들은 때때로 암호와 같았고, 그 암호를 풀기 위해 숱한 밤을 지새워야 했다.

『여지도서』의 그 많은 항목 중에 특별히 지은이를 괴롭힌 것은 바로 '성씨'조였다. 어찌 보면 단순히 성씨만 나열한 것으로 보이는, 모르는 사람이 보기에는 해야 할 번역이랄 것도 없는 그 항목이 의외로 번역의 진도를 가로막는 장애물이었다. 띄어쓰기 하나도 소홀히 할 수 없이 조심조심해야 하는 것이 마치 지뢰밭과 같았다. 각 도의 '성씨'조마다 제각각 다른 유형으로 등장하는 것도 골칫거리였다. 『동국여지승람』과 『세종실록지리지』의 '성씨'조로 거슬러 올라가 상호 비교를 하면서 어렴풋이 자료에 대한 감을 잡을 수 있었다. 그 결과 『여지도서』의 '성씨'조는 『동국여지승람』과의 계승 관계에 따라 유형 분류를 할 수 있다는 사실을 알게 되었다.

이는 『여지도서』의 편찬이 전국적인 단위에서 일률적인 기준에 의해 통일적으로 수행되지 않았다는 점을 의미하였다. 그 지역을 본관으로 하는 성씨가 수록된 전통적인 유형의 지리지와 달리, 당시 살고 있던 거주민을 수록 대상으로 하고 있던 지역의 지리지 '성씨'조에서는 조선후기 지방사회에 대한 풍부한 정보를 제공해주었다. 성씨의 본관, 즉 성관을 고치는 개관 현상이 지리지를 통해 확인된 것이다. 이러한 유형은 특히 전라도 지역에서 집중적으로 나타났다. 번역을 통해 알게 된 이러한 정보를 토대로 관심을 심화시킨 연구가 본서의 제1부를 구성하고 있다.

　『여지도서』를 번역한 뒤로도 다른 거질의 자료 번역에 매진하느라, 학위논문의 주제였던 지방군제에 대한 관심을 지속적으로 이어가기 어려운 환경이었다. 그렇지만 학위논문을 작성하는 과정에서 해결하지 못한 몇 가지 주제는 늘 염두를 떠나지 않고 있었다. 번역 작업 전후로 또는 그 과정에 틈틈이 짬을 내어 발표한 지방군에 대한 연구 논문들이 본서의 제2부에 실려 있다. 개성의 특수한 상황은 지방군의 운영에도 적용되었는데, 이는 연구자들에게 숱한 오해를 낳았다. '조련'과 '수미'를 중심으로 개성에서의 지방군 운영 과정을 살펴본 것이 제3장이다. 지방 군제를 해명하기 위해서는 당시 지방군의 군적을 활용하는 것이 중요한데, 실제로 남아있는 군적이 많지 않다. 은사이신 조광 선생님께서 제주의 군적부가 발견되었다고 일러 주시어 부랴부랴 자료를 구해 작성한 논문이 제1장이다. 자료의 분석 결과 17세기 후반 속오군의 편성 실태에 대한 새로운 정보가 많이 확인되었으며, 지은이가 학위논문 과정에서 저질렀던 몇 가지 오류도 바로잡을 수 있게 되었다. 또 평소에 관심을 갖고 있었던 강원도 군제의 변천상을 정리한 논문이 제4장에, 이종성의 변통론을 연구한 논문이 제5장에 실려 있다. 제2장은 강원도 이천의 호적을 분석한 논문으로, 학위논문 및 이를 바탕으로 출판했던 저서에도 그 내용이 일부분 인용되었다. 하지만 분석 대상 자료인 『호적』에 대한 설명이나 헝클어진 자료를 복원한 과정 등을 담은 부분이 중요한데, 인용에서 생략되어 늘 미진한 느낌이었다. 이에 이번에 관련 논문들과 함께 제2장으로 포함시켰다.

이 책에 실린 논문은 모두 기존의 학술지에 발표한 것이다. 굳이 출판하여 비웃음을 초래할 필요가 있을까 하는 생각도 들었지만, 여기저기 흩어져서 일일이 찾기 어려운 논문들을 긴밀하게 연결된 주제에 따라 한데 모으는 것도 나름대로 의미는 있을 듯하였다. 또 후속 논문을 작성하는 과정에서 확인된 이전 연구의 논리나 사실의 오류, 또 발표 이후 발견된 오자나 탈자 등의 사소한 잘못까지도 이 기회에 한꺼번에 바로잡아 정리하는 것이 좋겠다는 생각도 있었다. 특히 본서에 실린 논문들은 특수한 자료를 분석한 내용이 많은 특성상 일반화할 경우 오류가 생기기 쉬운데, 그 부분을 같은 책으로 묶으면서 일정하게 해결할 수 있었다. 또 특히 도표가 많은 논문에서는 발표한 뒤 오류를 발견하곤 방법이 없어서 전전긍긍했었는데, 이번 기회에 수정할 수 있어서 더욱 다행으로 생각한다.

이에 조선후기의 지방 군제와 성관에 관련된 논문들을 모아서, 형식을 통일하고 오류를 수정하여 내놓게 되었다. 각각의 논문은 본래 개별적으로 발표되었지만, 이번에 함께 묶이면서 조화를 이룰 수 있다면 더 바랄 것이 없겠다. 부록으로 실린 논문은 석사논문을 바탕으로 역시 학술지에 발표했던 논문이다. 워낙 오래 전에 발표한 논문이고, 학문의 걸음마를 막 시작한 시절의 논문이라 지금 보면 부끄러울 뿐이다. 특히 통계 작성 등에 있어서 엄밀함을 기하지 못한 것이 눈에 띈다. 처음에는 본서에 포함시킬지 여부를 두고 많이 망설였는데, 반면교사나 타산지석의 대상은 될 수 있을 듯하여 만용을 부렸다. 본서의 주제와도 많이 연결되니 형식상 큰 흠은 안 될 듯하였고, 못난 첫 자식 대하는 듯한 애틋한 마음도 작용하였다. 논문의 기술적인 측면이나 함량은 많이 떨어지지만, 그 논문을 쓸 때가 그래도 가장 순수하고 열정적이었다. 지금은 그때보다 글을 반성 없이 너무도 쉽게 또 빨리 쓴다. 초심을 잊지 않겠다는 다짐도 함께 덧붙인다.

많은 분들에 대한 감사 인사를 드려야할 순서이지만, 늘 이 자리가 부담스럽다. 사실 모든 분들에게 인사를 드려야 하지만, 모든 분들을 거명할 수는 없기 때문이다. 그래도 빼놓을 수 없는 분들은 있다. 조광 선생님과 유승주 선생님께서는 학위논문을 작성하는 과정 뿐 아니라 그 뒤에도 늘 과분한 관심과 사랑을 베풀어주셨다. 본서에 실린 논문 다수는 두 분의 독려가 아니었으면 발표되지 못했다. 김진소 신부님과 『여지도서』 번역팀도 본서가 나오게 된 결정적 은인들이다. 논문으로 발표하고 책으로 출판하는 과정에서 모교 한국사학과 선생님들의 도움과 격려가 있었다. 이제 팔순을 바라보시는 아버님과 어머님께는 작은 효도라도 되었을지 모르겠다. 주말부부도 모자라 집에 와서도 방구석에만 처박혀 있는 무능한 남편이자 아비에게, 아내와 두 딸은 서운해 하지 않는다. 짠하다. 글도 닥쳐야 써지고 책도 서둘러야 나온다. 그런데 이번엔 서둘러도 너무 서둘렀다. 경인문화사 여러분께 고맙고도 미안한 이유다.

남한산성 가까이에서
2013년 9월
지은이

목 차

x

이 책에 수록된 글들의 발표지

제1부 조선후기 지방 사회와 姓貫의 변화

1. 「『輿地圖書』'姓氏'조의 검토」『韓國史學報』 25, 高麗史學會, 2006.
2. 「『輿地圖書』를 통해 본 조선후기 전라도의 改貫 실태」『전북사학』 37, 전북사학회, 2010.
3. 「조선후기 『輿地圖書』에 나타난 仁川 지역의 姓氏와 人物」『인천학연구』 6, 인천학연구원, 2007.

제2부 조선후기 지방 군제의 운영

1. 「17세기 후반 濟州 束伍軍의 편성 실태 -≪濟州束伍軍籍簿≫의 분석-」『韓國史研究』 132, 韓國史研究會, 2006.
2. 「17세기 후반 강원도 伊川의 職役 분포와 束伍軍의 兼役 실태 -이천『호적』의 분석-」『軍史』 138, 國防軍史研究所, 1998.
3. 「조선후기 開城의 지방군 운영의 변화 과정 -操鍊과 收米 문제를 중심으로-」『韓國史研究』 147, 韓國史研究會, 2009.
4. 「조선후기 江原道 地方軍制의 변천」『朝鮮時代史學報』 24, 朝鮮時代史學會, 2003.
5. 「梧川 李宗城의 군제 및 군역 변통론」『韓國人物史研究』 15, 한국인물사연구소, 2011.

부록

1. 「均役法 施行 前後의 私募屬 研究」『忠北史學』 4, 忠北史學會, 1991.

제1부

조선후기 지방 사회와 姓貫

제1장
조선후기 姓貫 변화에 대한 기초적 연구
-『東國輿地勝覽』과 『輿地圖書』의 비교 분석-

1. 머리말

16세기 전반에 증보된 『(新增)東國輿地勝覽』(이하 『승람』)의 간행 이후, 조선시대 지리지의 편찬은 주로 私撰을 편찬 주체로 한 개별 邑誌의 간행이라는 형태로 이루어져왔다. 이후 17세기 후반 『승람』에 대한 개정 시도에 뒤이어 18세기 중엽 편찬된 『輿地圖書』(이하 『여지』)는, 약 2백여 년 만에 재개된 官撰의 전국적인 지리지라는 점에서도 충분히 주목받을 만했지만, 특히 그 방대한 규모에 담겨있는 다양한 정보는 조선후기의 사회를 이해하는데 중요한 자료로서 평가되어왔다.[1]

그러나 『여지』는 그 자신이 지니고 있는 자료적 가치만큼 충분한 연구의 대상이 되지는 못해왔다. 이는 공식적인 간행이 이루어지지 못했다는 점, 完帙로 전해지지 못하고 있다는 점 등도 그 이유가 될 수 있겠지만, 『여지』라는 텍스트 자체에 대한 종합적인 검토가 이루어지지 못했다는 점도 간과할 수는 없을 것이다. 『여지』의 편찬 배경과 그 의미에 대한 종합적인 접근과 함께, 각각의 개별 항목에 대한 분석도 유기적으로

---

1) 『여지』에 대한 연구사와 그 자료적 특성에 대해서는 변주승의 논문 참조. 변주 승, 2006, 『輿地圖書의 성격과 道別 특성』 『韓國史學報』 25.

결합되어야 한다. 『여지』라는 텍스트에 대한 올바른 이해를 통해 『여지』라는 자료의 이용도를 더욱 높일 수 있다고 판단된다.

『世宗實錄地理志』(이하 『세지』)나 『승람』에 나온 '성씨'조는 연구자들에 의해서 많은 관심의 대상이 되어왔다.[2] 이는 고려말에서 조선초기에 이르는 시기의 가족제도 및 신분제도와 밀접한 관계에 있는 姓貫이 각 고을의 '성씨'조에 구체적으로 담겨있기 때문이었다. 이에 따라 『세지』에 나온 각종 姓種에 대한 분석도 이어졌으며, 그 결과 여말선초 사회에 대한 풍부한 이해를 가능하게 해 주었다. 그러나 『여지』의 '성씨'조에 대해서는 관심이 기울여지지 않았다. 그 이유는 조선 중·후기에 걸친 本貫 및 성관 의식의 변화와 관련이 된다고 생각되지만, 구체적으로 그러한 변화가 실제 지리지에 어떻게 구현되었는가를 밝히는 점은 여전히 중요하다고 생각된다.

'성씨'조의 분석을 통해 조선시대 姓貫의 변화 양상을 확인할 수 있다고 생각된다. 『세지』에서 『여지』에 이르기까지 전국적인 단위의 모든 지리지에 공통적으로 담겨있는 '성씨'조의 분석을 통해, 특정한 지역에 특정한 지역을 본관으로 하는 성씨의 변화 양상을 추적할 수 있을 것으로 판단된다. 그 분석 결과를 종합하면, 성관 분포의 지역적 특성을 확인할 수 있을 것으로 기대된다. 그러한 특성에 대한 분석을 통해 다시『여지』의 편찬 과정과 그 성격에 대한 이해도 더욱 깊어질 수 있을 것이다.

2. '성씨'조의 유형별 분석

지금 전해지고 있는 『여지』는 일부 고을이 빠진 상태로 成冊되어있으며, 『여지』에 수록된 고을 가운데에도 '성씨'조가 누락되어 있는 경우가

---

2) 『세지』의 '성씨'조에 대한 연구사는 金東洙의 논문 참조. 金東洙, 1985, 「世宗實錄地理志 姓氏條의 檢討」『東亞研究』6, 서강대 동아연구소.

있다. 전국 각 고을의 『여지』 '성씨'조 수록 현황을 도표화한 것이 다음의 〈표 1〉이다.

〈표 1〉 고을별 『여지도서』 '성씨'조 수록 현황

지역	고을	수록	누락	누락고을	누락내역
漢城府 留守府	6	3	3	漢城, 開城, 水原.	『여지』
京畿道	34	28	6	坡州, 安城, 高陽, 金浦, 陽川, 績城.	『여지』
忠淸道	54	51	3	溫陽, 定山, 淸安.	『여지』
江原道	26	26			
平安道	42	41	1	順安.	'성씨'
黃海道	23	23			
咸鏡道	23	8	15	咸興, 鏡城, 吉州, 明川, 會寧, 高原, 德源, 文川, 端川, 洪原, 甲山, 三水, 慶源, 富寧, 茂山.	'성씨'
慶尙道	71	60	11	蔚山, 河東, 永川, 興海, 梁山, 三嘉, 宜寧, 安義, 山淸, 丹城, 泗川.	『여지』
全羅道	56	40	16	全州, 濟州, 南原, 潭陽, 礪山, 益山, 古阜, 錦山, 珍山, 金堤, 大靜, 旌義, 臨陂, 萬頃, 金溝, 井邑.	『여지』
계	335	280	55	(『여지』 39고을, '성씨'조 16고을 누락)	

　당시의 행정구역으로 보아 邑誌가 334개, 營誌가 23개, 鎭誌가 1개, 합하여 358개의 단위 지리지가 있어야하는데, 邑誌 295, 營誌 17, 鎭誌 1개가 성책되어 있고, 결책된 부분은 邑誌 39개와 營誌 6개를 합해 45개이다.[3] 營誌는 監・兵・水營 등의 기록으로 다른 읍지와는 성격이 다르며 따라서 '성씨'조는 아예 수록 대상이 아니므로, 위의 통계에서 제외했다. 鎭의 경우, 다른 지역은 따로 성책되지 않았는데 江都府의 永宗鎭이 유일하게 실려 있다. 그 내용에 '성씨'조가 보이므로 邑誌와 함께 통계 처리했다.[4] '누락내역'은 『여지』의 성책 단계에서 누락된 고을과, 『여지』에

---

3) 崔永禧, 1973, 「興地圖書 解說」, 『興地圖書』(영인본), 국사편찬위원회.
4) 이하 특별한 설명이 없는 경우, 편의상 위에서 이야기한 '邑誌'와 '鎭誌'를 아울러 '읍지'로 통칭하겠다.

는 수록되었지만 '성씨'조가 없는 고을을 각각 구분해 표시한 것이다.

335개의 邑·鎭 가운데, 『여지』에는 296개 고을의 읍지가 수록되어있으며, '성씨'조는 280개 고을의 읍지에 실려 있다. 『여지』에는 경상·전라 등 兩南 지역의 여러 고을과 경기·충청의 일부 고을, 漢城府·開城府·水原府 등의 京官職 행정구역의 읍지가 누락되어있다. 『여지』에는 실려 있지만 '성씨'조가 누락된 고을은 함경도의 많은 고을과 평안도의 한 고을이다.

대체적으로 『여지』의 '성씨'조는 각 고을별로 기재양식에 따라 몇 가지 유형으로 나누어 살펴볼 수 있으며, 그 유형은 각각의 내용에 따라 다시 세분해볼 수 있다. 첫째 유형은 『승람』의 '성씨'조와 기본적으로 같은 형태의 기재양식을 가진 유형이다. 『승람』의 '성씨'조는 또한 『세지』의 '성씨'조와 거의 유사한 형태를 지니고 있으므로, 『세지』이래 전통적인 '성씨'조의 기재양식을 가지고 있는 유형이라고 할 수 있다. 『세지』의 '성씨'조에서는 각 고을을 본관으로 하고 있는 姓貫들을 土姓을 비롯한 來姓·續姓이나 亡姓 등의 다양한 姓種으로 구분해 기재하고 있다.[5] 이러한 『세지』의 '성씨'조가 『승람』으로 내려오면서 전체적인 姓貫은 그대로 유지되면서 비교적 姓種의 파악이 단순화되고 있는데,[6] 이러한 『승람』의 기재양식을 그대로 따르는 유형을 가진 읍지를 일단 〈가〉유형이라 분류해보겠다. 〈가〉유형에는 『승람』의 '성씨'조와 완전히 일치하는 경우도 있고, 전체적인 기재양식은 유사한데 『승람』에서 姓種의 분류가 달라졌거나, 『승람』의 성씨가 대폭 혹은 소폭으로 빠지며 나타나는 경우가 있다. 다시 이를 〈가1〉 유형과 〈가2〉 유형으로 구분해보겠다.

둘째 유형은 『승람』의 '성씨'조를 그대로 전재한 바탕에서, 새로운 姓

---

5) 『세지』의 다양한 姓種에 대해서는 李樹健의 논저에서 자세히 분석되었다. 李樹健, 1984, 『韓國中世社會史研究』, 一潮閣.
6) 徐仁源, 2002, 『朝鮮初期 地理志 硏究 – 東國輿地勝覽을 중심으로』, 혜안, 167쪽.

氏를 소개하고 있는 유형이다. 이 경우 『여지』에서 새로 소개하는 姓氏에는 읍지에 따라 〈新增〉이라는 이름을 붙여서 구분하고 있기도 하고, 구분 표시는 없으나 배열 순서나 기재내용으로 보아 확인할 수 있는 경우도 있다. 구분의 유무를 막론하고 이러한 유형을 가진 읍지를 일단 〈나〉유형이라 분류해보겠다. 〈나〉유형의 새로 소개된 성씨에는 전통적인 기재양식처럼 성씨만 소개된 경우도 있고, 그렇지 않고 성씨와 본관이 함께 소개된 경우도 있는데, 이를 다시 〈나1〉 유형과 〈나2〉 유형으로 구분해보겠다.

셋째 유형은 『승람』의 '성씨'조와는 기재양식이나 내용이 매우 다른 유형이다. 즉 각 姓種에 따라 구분하던 형식도 사라지고, 그 내용도 『승람』에 나온 성씨에서 많은 변화가 있는 유형이다. 이러한 유형을 가진 읍지를 일단 〈다〉유형이라 분류해보겠다. 이 유형도 성씨만으로 구성되어 있는 〈다1〉유형과, 본관이 소개되어있는 〈다2〉유형으로 구분해보겠다.

〈가〉유형이 기본적으로 『승람』의 형식과 내용을 유지한다면, 〈나〉유형은 『승람』의 형식에 새로운 내용이 추가된 형태이고, 〈다〉유형은 형식도 『승람』을 그대로 따르지 않으면서, 내용에 있어서도 『승람』의 성씨에서 빠지기도 누락되기도 하는 등 변화가 심한 유형이라 하겠다. 이상의 유형에 따라 분류한 읍지의 수효와 기재 실례를 도표화한 것이 〈표 2〉이다.

〈표 2〉에 실린 〈가1〉~〈다2〉의 유형은 전형적인 사례를 든 것이다. 실제 각 읍지의 '성씨'조에 나타난 다양한 사례와 완전히 일치한다고 보기는 어렵지만, 대체적으로는 위의 범주에 포함시켜 파악할 수 있다.

〈표 2〉에 나타난 〈가1〉유형은 경기도 永平의 예이다. 『세지』의 土姓·亡姓 등의 姓種 구분은 사라지고 續姓의 姓種만이 『승람』에 남았으며, 任內인 乳石鄕의 土姓도 역시 姓種 구분 없이 『승람』에 실려 있는데, 『여지』에는 『승람』의 내용이 그대로 전재되어있다.

<표 2> '성씨'조의 유형별 기재 실례

유형	수효(%)	사례	지리지	내용
가1	48 (17.1)	京畿 永平	세지	〈(土):申·榮·田〉〈(亡):燕·麻〉〈(續):朴·尹〉 乳石:〈(土):徐·任·河·尹〉
			승람	〈申·榮·田·康·燕·麻〉〈(續):朴·尹〉 乳石:〈徐·任·河·尹〉
			여지	〈申·榮·田·康·燕·麻〉〈(續):朴·尹〉 乳石:〈徐·任·河·尹〉
가2	58 (20.7)	黃海 文化	세지	〈(土):吳·康〉〈(亡):盧·仇·羅·表·任·令狐〉〈(來):柳·金〉〈(續):李(大興)·崔〉
			승람	〈柳·吳·康·盧·仇·羅·表·任·令狐〉〈(續):金〉〈(來):李(大興)·崔〉
			여지	〈柳·吳·康·盧〉〈(續):金〉〈(來):李(大興)·崔〉
나1	44 (15.7)	慶尙 鎭海	세지	〈(土):金·曹·成·申〉〈(亡):河(晉州)·李(泗川)〉〈(續):鄭〉
			승람	〈金·申·曹·成〉〈河(晉州)·李(泗川)〉〈(續):鄭〉
			여지	〈金·申·曹·成〉〈河(晉州)·李(泗川)〉〈(續):鄭〉 〈(新):金·李·權·諸·曹·黃·朴〉
나2	26 (9.3)	忠淸 大興	세지	〈(土):李·韓·白〉〈(亡):張·吳〉 居邊:〈(續):洪·李〉
			승람	〈李·韓·張·吳·白〉 居邊:〈洪·李〉
			여지	〈李·韓·張·吳·白·洪〉〈金(義城)·趙(楊州)·成(昌寧)·尹(坡平)·朴(蔚山)·李(全州)〉
다1	23 (8.2)	江原 歙谷	세지	〈(續):申·金·羅〉〈(亡來):孫(碧山)·劉(金城)·宋(交州)〉
			승람	〈(續):申·金·羅〉〈孫(碧山)·劉(金城)·宋(交州)〉
			여지	〈李·申·金·趙·尹·姜·池〉
다2	81 (28.9)	全羅 綾州	세지	〈(土):具·鄭·文·曹·蔡·朱〉〈(續):姜(晉州)·金〉
			승람	〈具·鄭·文·曹·蔡·朱〉〈(續):姜(晉州)·金〉
			여지	〈具(綾州)·鄭(河東)·文(南平)·曹(綾州)·朱(綾州)·梁(濟州)·閔(驪興)·李(公州)·李(光州)·李(完山)·李(星州)·宋(新平)·安(竹山)·南(宜寧)·朴(順天)·朴(咸陽)·朴(忠州)·金(淸道)·金(南海)·金(光山)·金(靈光)·裵(大丘)·張(興德)·吳(寶城)·崔(江華)·崔(慶州)·丨(靈光)·徐(利川)·洪(羅州)·洪(豊山)〉
계	280(100)			

*비고 : (土)는 土姓, (亡)은 亡姓, (續)은 續姓, (來)는 來姓, (亡來)는 亡來姓, (新)은 『여지』의 新增

〈가1〉유형에 속한 고을들은 대체적으로 이러한 형태이다. 성씨의 내용과 수효는 같더라도,『승람』에 남아있는 성종 구분이『여지』에서 달라졌다면 〈가2〉유형으로 보았다.[7] 다만『승람』에서는 서로 다른 성종 사이에는 띄워 쓰기로 구분하고 있는데,『여지』에서는 이를 옮겨 적으면서 띄워 쓰기를 하지 않은 경우가 있다. 이 경우 읽기에 따라서 잘못 분류될 가능성이 크지만, 성씨의 내용과 배열 순서까지 그대로 일치하므로 〈가1〉유형으로 파악했다.[8] 이러한 〈가1〉유형에 해당하는 고을은 전체 대상 280고을 가운데 48고을에 해당한다.

지은이의 판단에 〈가1〉유형의 '성씨'조는『여지』편찬 당시인 18세기 중엽의 현실을 반영하고 있다고 확신하기 어려운 자료이다. 고려초기부터 각 고을마다 邑司를 중심으로 기반을 굳건히 하고 있었던 土姓은 여러 가지 과정을 거쳐서 亡姓이니 來姓이니 續姓 등의 姓種으로 분화되며, 이러한 내용은 지방의 효율적 지배를 위해 각 고을의 실질적 지배세력인 '土姓吏民'의 실태를 파악하기 위해 작성되었다고 이해되는『세지』의 '성씨'조에 기재된다.[9] 이후 50~100여년 뒤에 편찬·증보된『승람』에는 구체적인 姓種 구분이 대폭 줄어드는데, 이는 시대적 姓貫 관념의 변화에 따른 것으로 이해되었다.[10] 즉 당시 在京官人이나 在地士族의 본관이 이미 거주지와 분리되고 있는 현상을 반영하였다는 것이다. 이러한 상황에서 15세기 초의『세지』이래 15세기말~16세기초『승람』의 기재내용과 일치하는 〈가1〉유형의 '성씨'조가 18세기 중엽 조선사회의 현실을

---

7) 경기도 陽城의 경우,『승람』에서 來姓으로 파악되었던 성씨가 구분 없이 일반 성씨와 함께 나열되어있다.
8) 平安道 中和의 경우,『세지』의 土姓과 入鎭姓이『승람』에는 띄워 쓰기를 통해 구분되고 있었는데,『여지』에는 똑같은 내용이지만 띄워 쓰기가 되어있지 않아 잘못 분류될 가능성이 있다.
9) 이수건, 1984, 앞의 책, 5~28쪽,
10) 이수건, 1994,「朝鮮後期 姓貫意識과 編譜體制의 변화」『九谷 黃鍾東教授 停年紀念 史學論叢』, 403쪽.

반영하고 있다고 보기는 어렵다.

지리지의 '성씨'조에 실린 기재대상이 그 지역을 본관으로 하는 성씨인지, 아니면 실제 거주하고 있는 주민의 성씨인지는 검토할 필요가 있다. 『세지』 단계에서는 물론 그 둘이 일치했다. 본관의 표시 없이 성씨만 드러내고 있으며, 來姓 등과 같은 경우에 出自를 따로 표시하고 있는 점에서 그러하다. 『승람』 단계에서는 본관과 거주지가 분리되면서 '성씨'조가 간략히 기재되는데, 이때 기재대상은 『세지』와 같이 그 지역을 본관으로 하는 성씨였다. 따라서 『승람』과 기재내용이 일치하는 〈가1〉유형은 그 지역을 본관으로 하고 있다고 '전해지던' 성씨를 기재대상으로 하고 있다고 볼 수 있다. 본관과 거주지의 분리 추이를 고려할 때, 18세기까지 어떤 고을에 그 지역을 본관으로 하는 성씨만이 거주하고 있다고 보기 어렵기 때문이다. 『승람』과 완전히 일치한다는 점에서 그 지역을 본관으로 하는 姓貫을 망라해 조사한 것이라고 보기도 역시 어렵다. 다만 『승람』에 기재된 성씨의 수효가 적은 고을의 경우에는 예외적으로 실제 조사 가능성을 완전히 배제할 수는 없다.

17세기 후반 肅宗代에 『승람』을 개정하려는 노력이 있었던 사실을 고려한다면,[11] 『여지』를 편찬할 때에 『승람』이 적극 참조된 점은 이해할 수 있다. 그러나 기재대상이 그 지역을 본관으로 하는 성씨이던 실제 거주민의 성씨이던 간에, 〈가1〉유형의 경우 사실 관계의 파악에 소홀했다는 혐의에서 자유로울 수 없다. 『승람』을 옮겨 적느라 새로 사실 관계를 파악하지 않았음은 『승람』의 오류를 그대로 반복하고 있는 데에서도 확인할 수 있다. 『승람』에서도 띄워 쓰기를 잘못하여 姓種과 성씨가 잘못 분류된 경우가 있는데,[12] 『여지』에서는 『승람』의 오류를 그대로 따르고

---

11) 1679년(숙종 5)과 1699년(숙종 25)에 각각 추진되었던 『승람』의 개정 시도는 결말을 맺지 못하고 끝나게 되었다. 배우성, 1998, 『조선후기 국토관과 천하관의 변화』, 일지사, 125~130쪽.

있다. 물론 이는 〈가1〉 유형의 읍지에 한정된 경우로, 다른 유형에서는 『승람』의 오기를 『여지』에서 바로잡는 경우도 있다.[13]

유형에 따라 사실관계의 파악 정도는 다르게 나타나고 있는데, 〈가1〉 유형에서는 사실 관계를 제대로 파악을 했는지 신뢰하기가 어렵다. 앞에 유형 분류를 할 때도 언급되었듯이, 『승람』의 내용과 일치하지만 띄워 쓰기를 하지 않은 경우까지 〈가1〉유형에 포함되어있음을 생각한다면 더욱 그렇다고 할 수 있다. 경기도 陰竹의 경우에는 『승람』과 같은 내용의 성씨로 구성되어있으므로 〈가1〉유형으로 분류할 수도 있지만, 그 가운데 두 姓氏는 '지금 없다[今無]'라고 되어있어[14] 〈가2〉로 분류했다. 이때 '지금 없다[今無]'는 내용이 지금 거주하지 않는다는 의미인지, 陰竹을 본관으로 하는 성씨가 없다는 의미인지는 따져보아야 하지만, 아무튼 陰竹의 경우는 『승람』을 바탕으로 새로 조사한 사실을 기록한 것이 분명하다.

〈가2〉유형은 『승람』과 전체적으로 기재양식은 유사하지만, 내용이 약간 달라진 경우이다. 이러한 유형은 모두 58고을이 확인되는데, 다시 두 가지 세부 유형으로 나누어볼 수 있다. 하나는 〈표 2〉에서 예를 든 황해도 文化의 경우처럼 『승람』까지 나오던 성씨 일부가 빠지고 나머지 성씨만 기록된 경우이며, 다른 하나는 姓種의 분류가 달라진 경우이다.[15] 『승람』에는 鄕·所·部曲이나 廢縣 등의 任內를 본관으로 하는 성씨

12) 충청도 靑陽의 경우, 『세지』에 土姓으로 되어있던 성씨가, 『승람』에서는 띄워 쓰기가 이루어지지 않아 다음에 이어 나오는 村姓과 합쳐서 기재되었는데, 이는 『여지』에도 그대로 계승되었다.
13) 전라도 光州의 경우, 『세지』의 土姓인 潘이, 『승람』에서는 藩으로 오기되어 나타나는데, 『여지』에는 다시 潘으로 바로잡혀 나타난다. 강원도 蔚珍의 房이 方으로 되었다가 바로잡히는 경우도 마찬가지이다,
14) 『승람』의 金·李·桓·文·翌 가운데 桓·翌은 '지금 없다[今無]'고 되어있다.
15) 경기도 交河나 富平 등의 경우, 『승람』에 來姓으로 되어있던 성씨가 『여지』에는 아무런 姓種 구분 없이 다른 성씨와 함께 기재되어있으며, 충청도 稷山의 경우, 村姓·續姓 등의 성종도 모두 사라지고 성씨만 기재되어있다.

도 많이 소개되고 있는데, 〈가2〉의 유형에서는 任內가 거의 사라지고 있다. 任內가 남아있는 고을은 姓種의 분류가 달라지면서 〈가2〉로 분류된 경우가 대부분이다. 『승람』에서 성씨 일부가 빠졌다는 이유로 〈가2〉로 분류된 경우, 대체적으로 任內의 성씨가 사라지고 主邑 중심으로 통합되어가고 있다.[16] 이는 주읍을 중심으로 본관이 통합되어가는 15세기 이래의 경향이[17] 이후에도 지속되었음을 보여주는 것이다. 물론 任內의 성씨 가운데 그대로 남아있는 성씨도 있지만,[18] 이러한 성씨는 이미 조선 초기 이전에 명문 士族으로서의 기반을 굳혔기 때문에, 본관의 폐합에도 불구하고 본래의 본관을 사용했던 것이다.[19]

〈가2〉유형으로 분류된 읍지의 경우, 〈가1〉유형 보다는 편찬 당시의 현실을 반영했을 가능성이 더 높다고 볼 수 있다. 그 가운데 『승람』에서 姓種의 분류만이 달라졌을 뿐, 성씨의 수효와 내역에 변화가 없는 읍지의 경우에는 〈가1〉유형과 마찬가지로 사실관계의 파악 여부를 확증할 수 없지만, 이 역시도 姓種 구분이 이미 의미를 잃어가던 현실을 반영하고 있다고 하겠다. 한편 『승람』 단계까지 남아있던 任內의 구분이 사라지고 성씨의 수효가 일부 감소한 읍지의 경우에는 편찬 당시의 상황을 조사해 기재했다고 볼 수 있다. 이 경우에도 그 '현실'이란 '현재 거주민의 성씨'가 아닌, '그 지역을 본관으로 하고 있다고 현재 확인된 성씨'로 보인다.

이러한 사실은 『여지』 당시에 '성씨'조를 새로 조사했다는 사실을 따

---

16) 충청도 天安과 瑞山 등의 경우, 主邑인 天安을 본관으로 하는 성씨만 『여지』에 남아있고 나머지 임내의 성씨는 사라지고 있다.
17) 이수건, 1997, 「조선초기 '土姓' 연구」 『民族文化論叢』 17, 영남대 민족문화연구소, 131~132쪽.
18) 경기도 豊德의 德水 李氏나 張氏 등의 경우가 그러하다.
19) 이 이외에 潘南 朴, 杞溪 兪, 海平 尹 등의 성씨가 같은 경우로 이해되고 있다. 이수건, 1997, 앞의 논문, 132쪽.

로 기록하고 있는 읍지에서 추정할 수 있다. 앞에 예를 든 陰竹처럼, 〈가
2〉로 분류된 고을 가운데 『여지』 단계의 새로운 정보를 확인할 수 있는
고을로 경기도 利川과 경상도 奉化가 있다. 음죽에서는 『승람』의 5종 성
씨를 그대로 나열한 뒤, 그 가운데 2종의 성씨에 대해서 '지금 없다[今無]'
고 기록했다. 이천에서는 승람의 8종 성씨를 그대로 나열한 뒤, 그 가운
데 하나의 성씨만 있고 나머지 7종의 성씨는 없다고 기록하고 있으며,
봉화에서는 『승람』에 나오는 主邑과 任內의 6종 성씨를 그대로 나열한
뒤, 그 가운데 3종의 성씨는 '지금 없다[今無]'고 기록하고 있다.[20] 이 때
지금 있거나 없다고 하는 내용이 거주 여부를 이야기하는 것인지 본관의
존재 여부를 이야기하는 것인지를 따져보아야 하는데, 여러 가지 근거로
보아 본관의 현존 여부로 보아야 할 것이다.

일단 이천에서 徐를 제외한 다른 성씨가 없다고 한 것을 현 거주민이
徐氏 밖에 없다고 해석하기는 무리이기 때문이다. 실제로 다른 지역의
『여지』 '성씨'조를 보면, 평안도 博川·三和, 전라도 長城·靈光·綾州·光
陽 등지에서 利川 徐氏의 존재가 확인된다. 그 밖에 『승람』 단계까지 있
었던 다른 7종의 성씨는 확인되지 않는다.

음죽의 경우도 현존한다는 3종의 성관 가운데 陰竹 金氏가 강원도 杆
城에서 확인되고, 奉化의 경우도 奉化 琴氏가 강원도 寧越과 경상도 榮
川·英陽에서 확인된다. 나머지 성씨는 확인되지 않으며, 특히 '지금 없다
[今無]'고 기록된 姓貫은 다른 지역에서 하나도 확인되지 않는다. 이로 보
아 〈가2〉유형의 읍지에 나오는 성씨는 그 지역을 본관으로 하고 있는
당시의 성씨로 보아야 할 것이다.

---

20) 利川에서는 徐·申·安·韓·張·王·洪·黃의 성씨를 나열한 뒤, 細註를 통해 '단지
   徐만 있고 7종 성씨는 없다[只有徐 七姓無]'라고 기록하고 있다. 奉化에서는 봉
   화를 본관으로 하는 鄭·琴·石·蒙, 봉화의 속성인 安東 權, 임내인 買吐·勿也의
   尹 등 6종의 성씨를 소개하고, 그 가운데 石·蒙과 尹은 '지금 없다[今無]'고 기록
   하고 있다.

다음으로 〈나〉유형의 읍지에 대해 살펴보도록 하겠다. 〈나〉유형은 『승람』의 '성씨'조를 그대로 전재한 바탕에서 새로운 성씨를 소개하고 있는, 기존 지리지를 增補하는 형태의 유형이다. 이때 主邑에 나오는 성씨만 모두 옮겨 적었으면 任內의 성씨는 빠뜨렸더라도 분류 대상으로 삼았다. 증보한 형식에 따라서 다시 두 유형으로 나뉘는데, 〈나1〉유형은 증보한 성씨만 소개하고 있고, 〈나2〉유형은 증보한 성씨의 본관까지 소개하고 있다.

위의 〈표 2〉의 경상도 鎭海의 예에서 보듯이, 〈나1〉유형에서는 『승람』의 내용을 그대로 옮겨 적은 뒤, 대부분 〈新增〉이라는 표시를 붙여서 구분한 뒤에 새로운 성씨를 소개하고 있다. 전체 280고을 가운데 44개 고을의 읍지가 이러한 형태인데, 주로 경상도 지역의 읍지에 이러한 유형이 집중되어있다. 〈新增〉이라고 구분하여 『여지』 편찬 당시의 현실을 명확히 보여준다는 점은 앞의 〈가〉유형과 다른 점이라고 볼 수 있다. 그렇다면 증보된 내용이 거주민을 대상으로 하고 있는가, 아니면 그 지역을 본관으로 하고 있는 성씨들을 대상으로 하고 있는가를 따져볼 필요가 있다.

鎭海의 기재내용을 보면, 새로 증보된 성씨와 기존의 성씨 사이에 중복되는 성씨가 있다. 金·曺·李 등의 성씨가 중복되는데, 중복되는 성씨의 존재로 보아 증보된 내용은 거주민을 대상으로 하고 있다고 추정할 수 있다. 본관으로 하고 있는 성씨를 소개하려면 기존의 성씨를 나열하면서 굳이 〈新增〉이라는 형식을 통해 다시 중복해서 소개할 이유가 없기 때문이다. 물론 증보된 성씨의 본관이 소개되고 있지 않으므로, 鎭海의 경우만 가지고는 확증할 수 없다. 그렇다면 다른 지역의 경우를 참조해 볼 필요가 있는데, 앞의 〈가2〉유형에서와 같이 〈나1〉유형에도 細註 등의 형식을 통해 새로운 정보라는 사실을 확인해주고 있는 읍지가 있으므로, 이를 통해 추정해 보도록 하겠다.

황해도 信川에서는 『승람』까지의 성씨를 모두 나열한 뒤, 〈新增〉이라
는 형식 대신 細註를 통해 지금 번성한 성씨를 따로 소개하고 있다.[21)]
'지금 가장 번성하다[卽今最爲蕃盛]'는 기록은 현재 거주민이 많다는 의
미로 해석된다. '높은 지위에 오른 사람은 없다[無顯者]'고 따로 적고 있
기 때문이다. 그런데 지금 번성하다고 따로 소개한 閔과 柳 두 성씨는
기존에는 없는 성씨이며, 기존의 성씨 가운데 康氏는 『여지』의 다른 지
역 읍지에 거주가 확인되는 성씨이다.[22)] 황해도 瑞興의 경우에는 『승람』
까지의 성씨를 나열한 뒤 細註로 '지금 없다[今無]'고 하고, 뒤이어 새로
운 성씨를 나열하고 있다.[23)] 역시 瑞興의 기존 성씨 가운데 金氏는 다른
지역 읍지에서 거주가 확인된다.[24)]

이로 보아 〈나1〉유형에서는 그 지역을 본관으로 하는 성씨를 기재했
던 『승람』단계의 내용을 전재하고, 이를 증보하는 형식으로 현재 거주
민의 성씨를 기록했던 것으로 보인다. 이때 전재된 『승람』단계의 성씨
는 과거에 그 지역을 본관으로 하고 있다고 '전해지던' 성씨이지, 지금도
이러한 성씨들이 다른 지역에서나마 모두 본관으로 존재하고 있다고 확
증할 수는 없는 성씨들이다. 앞의 信川이나 瑞興의 경우에서 보듯이, 그
가운데 중요한 姓貫은 그대로 남아있었지만 『여지』편찬 단계에서는 사
라지고 없는 성관이 많았을 것이다.[25)]

---

21) 信川에서는 康·吳·林·李·文·鄭·崔·高 등 기존의 성씨를 모두 소개한 뒤, 細註
를 통해 "지금은 閔·柳 두 성씨가 가장 번성하지만 높은 지위에 오른 사람은 없
다[卽今閔柳兩姓最爲蕃盛 而無顯者]."고 기록하고 있다.

22) 信川 康氏는 강원도 江陵, 평안도 雲山·碧潼·昌城·郭山, 황해도 金川, 全羅道
任實 등의 『여지』에서 거주가 확인된다.

23) 瑞興에서는 閔·鄭·金·尹·李·康·邊·趙·盧·朴·安·權·庚 등 기존의 성씨를 모두
소개한 뒤, 細註를 통해 '지금 없다[今無]'고 하고, 이어 林·張·崔·郭·柳·韓·池·
車·申·廉 등의 성씨를 소개하고 있다.

24) 瑞興 金氏는 평안도 慈山, 경상도 玄風, 전라도 南平 등의 『여지』에서 거주가
확인된다.

25) 충청도 靑山, 강원도 鐵原 등의 지역에서 『승람』단계의 성씨 가운데 지금 없는

〈나1〉유형에서 증보된 새로운 성씨에 대해서 경상도 지역에서는 일반적으로 〈新增〉이라는 표시로서 구분하고 있는데, 이외에 전통적인 姓種 표시를 통해서 새로운 성씨를 구분하고 있기도 하고,[26] 특별한 표시 없이 추가하여 기재하고 있기도 하다.[27] 한편 경상도 尙州 등의 지역에서는 새로 추가된 성씨를 하부 행정단위의 현재 거주지별로 구분하여 기록하여 주목되는데, 그 단위는 面을 기본으로 하되 이미 사라진 과거의 任內를 대상으로 하고 있기도 하다.[28] 어쨌든 〈나1〉유형의 읍지는 『여지』 편찬 당시 거주민들의 성씨를 알 수 있게 해준다는 점에서 가치가 있지만, 성관이 파악되지 않기 때문에 주민들의 실태를 이해하기에는 불완전한 자료라는 한계도 동시에 지닌다.

〈나2〉의 유형은 『승람』의 '성씨'조를 전재하면서, 새로운 성씨를 본관과 함께 소개하고 있는 유형이다. 앞의 〈표 2〉에 나오는 충청도 大興의 예를 보면, 성씨만 소개된 『승람』과는 달리, 他官을 본관으로 하는 성씨들이 새로 소개된다는 점을 확인할 수 있다. 『승람』단계까지는 그 지역을 본관으로 하는 성씨를 기재했으므로 본관을 기재할 필요가 없었지만, 〈나2〉유형처럼 실제 거주민을 기재하는 경우에는 성씨만 기재하는 것보다는 본관을 함께 기재하는 것이 훨씬 의미를 지닌다고 볼 수 있다.

〈나2〉유형에서 주목할 만한 사실은 조선후기에 성행했다고 하는 姓貫

성씨를 따로 細註를 통해 기록하고 있다.

26) 경기도 抱川에서는 『여지』 단계에서 추가된 성씨를 기존의 來姓에 추가해 포함시켰으며, 충청도 沃川, 경상도 大丘·星州 등의 지역에서는 〈新增〉이라는 표시와 함께 따로 來姓이라고 구분하고 있기도 하다.

27) 경기도 麻田과 충청도 結城, 강원도 旌善 등의 지역에서는 기존의 성씨에 새로운 성씨를 특별한 표시 없이 덧붙이고 있다.

28) 安東의 경우 모두 과거 任內의 지명으로 나타나고, 尙州·金山의 경우 과거의 임내였던 지명과 현재 面의 지명이 혼재되어 나타난다. 임내의 지명이 나타나는 이유는 임내가 지금까지 존속하고 있다는 의미보다 현재 面의 옛 이름으로, 별칭으로 사용한 것이 아닌가 한다.

의 改變, 즉 改貫의 흔적을 일부 확인할 수 있다는 점이다. 평안도 甑山의 경우『신증』단계까지 기재되던 崔·羅·吳·韓·康·金 여섯 종 성씨의 본관이 모두 豊州였지만,『여지』에서〈新增〉의 형태로 소개한 성씨를 보면 康氏의 본관에만 豊州가 남았을 뿐, 나머지 성씨는 羅(羅州), 吳(珍原), 金(龍宮·海州·水州), 韓(淸州) 등으로 본관이 바뀌어있다. 물론 이러한 결과를 改貫으로 볼 것인지, 移來移居에 따른 우연한 결과로 볼 것인지 異論이 있을 수 있지만, 개관의 가능성이 높은 것으로 보인다. 이러한 개관의 예는〈다2〉유형에 더욱 많은 사례가 나오므로, 그때 다시 살펴보도록 하겠다.

〈나2〉유형은〈나1〉유형과 마찬가지로『승람』단계까지의 그 지역을 본관으로 하던 성씨와『여지』단계에서 거주하던 성씨를 함께 기재하고 있는 읍지이다. 역시『승람』단계까지의 성씨는 사라지고 없는 경우가 많았을 것으로 추정된다. 전라도 同福의 경우,『승람』의 7종 성씨 가운데 6종이 사라지고 하나만 남았는데, 하나 남은 그 본관 성씨는 현재 그 지역에 살고 있는 성씨로도 확인되고 있다.[29]

한편 형식적인 측면 때문에〈나2〉의 유형으로 분류했지만, 내용상으로는 다르게 해석될 수 있는 경우도 있다.〈新增〉이나 전통적인 姓種 표시는 따로 없지만, 나열된 성씨가『승람』의 내역을 모두 포함하고 있기 때문에〈나2〉의 유형으로 분류한 경우이다. 모두 평안도 지역의 읍지로, 평안도의〈나2〉유형 7고을 가운데 앞에 소개했던 甑山을 제외한 6고을이 모두 해당한다. 특별한 土姓이 없었던 평안도에서는 入鎭姓 등 다른 지역에서 옮겨온 성씨의 본래 본관을『세지』나『승람』에 기재해 왔다.

---

29)『승람』에 나온 吳·成·朴·宣·和·池·金의 성씨 가운데 成~金까지의 성씨는 '모두 없음[竝無]'으로 기록되어있고, 同福 吳氏가 他官을 본관으로 하는 다른 성씨와 함께 기재되어있다. 다른 지역의『여지』에서도 同福 吳氏 이외에 同福을 본관으로 하는 성씨는 확인되지 않는다.

따라서 그 지역을 본관으로 하는 성씨를 기재했던 다른 지역의 『세지』나 『승람』과는 기재내용이 다를 수밖에 없었다. 따라서 〈나2〉유형의 평안도 지역 읍지는 현재 거주민을 기재대상으로 하고 있다는 점에서는 다른 지역의 〈나2〉유형 읍지와 동일하지만, 『승람』에 실린 성씨와 『여지』성씨의 관련성의 측면에서는 다른 지역의 읍지와 다르다고 하겠다. 즉 다른 지역의 〈나2〉유형 읍지에서는 『승람』에 실렸던 성씨의 현재 거주여부와 무관한데 비해, 평안도 지역의 〈나2〉유형 읍지에서는 『승람』에 실린 성씨가 모두 현재 거주하는 것으로 나타난다는 점이다.

〈다〉의 유형은 『승람』까지의 '성씨'조와는 기재양식이나 내용이 다른 유형이다. 〈가〉〈나〉의 유형이 『승람』의 기재내용을 바탕으로 하고 있다면, 〈다〉의 유형은 『승람』과 무관하게, 새로 파악된 성씨만을 기재하고 있는 유형이다. 法典에 비유하자면, 〈나〉유형이 『大典通編』이나 『大典會通』이라면, 〈다〉유형은 『續大典』과 같은 유형이라 하겠다. 〈다〉유형도 역시 성씨만 기재하고 있는 〈다1〉유형과 본관까지 기재하고 있는 〈다2〉유형으로 구분된다. 즉 형식적으로는 〈나〉유형과 〈다〉유형이 구분되지만, 내용적으로는 〈1〉유형과 〈2〉유형이 각각 구분된다고 할 수 있다.

〈다1〉유형은 앞의 〈표 2〉에 나온 강원도 歙谷의 경우처럼, 『승람』까지의 성씨와 무관하게 새로운 성씨를 소개하고 있는 유형이다. 물론 申이나 金과 같이 『승람』 단계에도 보이던 성씨가 포함되어있긴 하지만, 羅 등 나머지 4종의 성씨가 탈락하고, 李 등 새로 5종의 성씨가 등장하고 있다. 남은 성씨와 탈락한 성씨, 새로 등장한 성씨의 비율은 각각 다르지만 종래의 성씨 분포와는 확실히 다른 구성을 보여주는 유형이다. 『승람』까지의 내용을 함께 기록하고 있는가하는 형식적인 측면에서는 〈나1〉유형과 구별되지만, 새로운 성씨를 소개하고 있다는 내용적인 측면에서는 〈나1〉유형과 같다고 하겠다. 따라서 기재대상이나 정보의 한계와 같은 측면도 〈나1〉의 유형과 동일하다.

〈다1〉유형의 기재대상은 물론 당시 거주하던 주민들의 성씨로 파악된다. 특히 황해도 甕津의 경우에는 38종의 성씨를 모두 나열한 뒤 '이상은 모두 고을의 경내에서 거주하고 있다[竝居境內]'라고 기록하고 있기도 하다. 충청도 永同의 경우에는 성씨를 현재 거주지별로 구분하여 기재하고 있는데, 그 주요 단위가 面보다 하부 행정단위인 里이다.[30] 경상도 慈仁의 경우, 〈나1〉유형의 일부 경상도 지역 고을들처럼 새로 등장하는 성씨에 來姓이라는 姓種 구분을 하고 있다. 〈다1〉유형의 경우, 앞의 〈나1〉과 같이 본관이 아닌 성씨만 기재되어 있기 때문에 정보량에 있어서는 한계가 있다고 하겠다.

〈다2〉유형은 『승람』까지의 기재내용과 무관하게, 새로운 성씨가 본관과 함께 소개되는 유형이다. 앞의 〈표 2〉에 사례로 제시된 전라도 綾州의 경우를 보면 새로운 성씨가 본관과 함께 소개되고 있는데, 이들은 『여지』편찬 당시에 거주하고 있었던 주민의 성씨로 판단된다. 소개된 성씨 가운데에는 『승람』까지 나왔던 具·曺·朱의 성씨가 여전히 해당 고을인 綾州를 本貫으로 나와 있기도 하지만, 나머지 대부분은 他官을 본관으로 하는 성씨들이다. 姓貫과 거주지의 분리가 일어난다고 하더라도 모든 성관이 원래의 거주지에서 완전히 이탈하는 것은 아니었을 것이므로, 그 지역을 본관으로 하는 성씨와 다른 지역을 본관으로 하는 성씨가 혼재되어있는 것이 자연스럽게 받아들여진다.

한편 위 綾州에서는 改貫의 흔적도 발견된다. 具·曺·朱와 함께 『승람』에 본관 성씨로 소개되던 鄭은 본관이 河東으로, 文은 본관이 南平으로 각각 소개되어있다. 『승람』과 『여지』에서의 배열 순서를 고려해볼 때,

---

30) 永同에서는 22개 지역별로, 중복된 성씨를 포함해 57개의 거주민의 성씨를 나열하고 있는데, 그 가운데 大草旨 등 12개의 지역은 '坊里'조에서 里로 확인이 되고, 老隱 등 나머지 10개 지역은 '방리'조에서 확인되지 않는다. 그 가운데 深川의 경우는 과거에 院이 있었던 지역이며, 나머지 지역은 『세지』나 『승람』의 任內에도 포함되지 않는, 확인되지 않는 지역이다.

이는 무관한 성씨의 우연한 移來移居에 따른 결과라기보다는, 의도적인 개관으로 보인다. 비교적 형세가 있었던 성관의 경우에는 본관 성씨를 그대로 유지하고, 형세가 미약했던 성관의 경우에는 유력한 성관으로 본관을 바꾸었던 것이다. 실제로 그대로 남은 具氏와 朱氏는 다른 지역에서도 존재가 확인되는 성관인 반면,[31] 綾州를 본관으로 하는 鄭씨와 文氏는 다른 지역에서도 존재가 확인되지 않는다. 한편 河東 鄭氏와 南平 文氏는 전국적으로 널리 분포한 성관이다.[32]

이러한 개관은 〈다2〉유형에서 쉽게 확인할 수 있는 현상인데, 각 지역의 대표적인 사례를 도표화한 것이 다음의 〈표 3〉이다.

〈표 3〉 지리지에 나타난 改貫의 실례

지역	『승람』	『여지』	개관 추정
忠淸 黃澗	〈韓·甄·郭·沈·全·孫〉 〈㊡ : 白〉 〈㊦ : 李·金〉	〈甄(黃澗)·安(順興)·南(固城)·吳(蔚山)·朴(忠原)· 李(月城)·朴(密陽)·閔(驪興)·徐(坡平)·南(宜寧)· 李(全州)·沈(靑松)·李(丹陽)·郭(一善)·李(全義)· 朴(密陽)·崔(和順)·孫(密陽)·李(碧珍)·崔(永川)〉	郭, 沈, 孫, 李
江原 襄陽	〈金·李·孫·朴· 河·鄭〉 〈㊦ : 張·林· 尹〉	〈金(江陵·慶州), 李(咸平·全義·安城·慶州·嘉山), 朴(淸州), 河, 鄭(草溪), 張(蔚珍), 尹(漆原), 林(羅州)〉 〈㊩ : 蔡(平康), 崔(江陵), 盧(光州), 高(濟州), 黃(昌原)〉	金, 李, 朴, 河, 鄭, 張, 林, 尹
全羅 龍潭	〈高·文·賈·廉· 林·任〉	〈高(濟州)·文(南平)·廉(龍潭)·林(羅州)·任(豊川)· 賈(龍潭)〉	高, 文, 廉, 林, 任
全羅 務安	〈丁·朴·兪·曹· 尹〉	〈丁(羅州)·朴(綿城)·兪(杞溪)·尹(坡平)·曹(昌寧)〉	丁, 朴, 兪, 曹, 尹

---

31) 『승람』단계까지 綾州의 옛 이름이 綾城이었으므로, 능성을 본관으로 하는 성씨도 같은 姓貫으로 파악된다. 경상도 英陽의 『여지』에 綾州 具氏가 확인되며, 綾城 具氏도 전라도 高山과 충청도 沔川, 함경도 穩城에서 확인된다. 綾城 朱氏는 전라도 谷城에서 확인된다.

32) 河東 鄭氏는 전라도의 光州·長城·和順·寶城과 평안도 鐵山·甄山, 황해도 金川 등지에서 확인되며, 南平 文氏는 전라도의 龍潭·昌平·沃溝·長興·海南·順天·寶城과 평안도의 順川·龜城·定州, 황해도 鳳山, 경상도 晉州 등지에서 확인된다.

비교의 편의를 위해 위의 표에서는 『승람』에서 任內는 제외하고 主邑
만 대상으로 삼았다. 충청도 黃澗의 경우 『승람』의 성씨 9종 가운데 5종
의 성씨가 『여지』에도 등장하는데, 甄氏를 제외하고는 모두 본관이 바뀌
어져 있다. 續姓이었던 李氏의 경우는 무려 4종의 타관 본관이 등장하는
데, 黃澗을 본관으로 하는 성씨는 보이지 않는다. 한편 黃澗 全氏의 경우
黃澗에서는 나오지 않는데 비해, 함경도 穩城에서 거주가 확인된다.

강원도 襄陽의 경우, 『승람』의 성씨 9종 가운데 孫氏를 제외한 8종의
성씨가 『여지』에도 등장하는데, 그 가운데 7종의 성씨가 본관이 바뀌어
있다. 河氏의 경우는 『여지』에 따로 본관 표시가 없는데, 본관이 그대로
襄陽이어서인지, 다음에 나오는 鄭氏의 草溪와 본관이 같다는 것인지는
확인되지 않는다. 참고로 다른 지역에서도 襄陽이나 草溪를 본관으로 하
는 河氏는 등장하지 않는다. 한편 襄陽에서는 따로 〈新增〉이라는 표시를
통해 새로 등장한 5종의 성씨를 구분하고 있는 것으로 보아, 앞의 성씨들
이 본래의 본관에서 改貫한 사실이 더욱 확실하다고 하겠다.

전라도 龍潭의 경우, 『승람』의 6종 성씨 가운데 4종의 성씨가 본관이
바뀌어졌다. 龍潭 賈氏는 『여지』에 실려 있지만, 細註를 통해 '지금 없다
[今無]'고 기록되어 있다. 남아있는 龍潭 廉氏는 강원도 春川과 평안도 安
州에도 거주하는 성관이며, 다른 지역에서 거주가 확인되는 龍潭을 본관
으로 하는 다른 성씨는 없다.

전라도 務安의 경우, 『승람』의 5종 성씨 가운데 4종의 성씨가 본관이
바뀌어졌다. 綿城은 務安의 옛 이름이니, 朴氏는 본관이 바뀌지 않은 성
씨이다. 務安 朴氏의 경우 경상도 榮川과 전라도 海南에서도 거주가 확
인된다. 務安을 본관으로 하는 다른 성씨는 또한 다른 지역에서도 거주
가 확인되지 않는다.

〈다2〉유형의 읍지를 통해 조선후기의 改貫의 양상을 실제로 확인할
수 있었다. 또한 개관은 무명의 姓貫에서 유명 성관으로 바꾸는 양상으

로 전개되었음도 확인할 수 있었다. 본관이 바뀐 성씨의 본래 성관은 다른 지역에서도 거주가 확인되지 않으므로 사라진 것으로 추정되며, 새로 바꾼 성관은 전국적으로 분포한 유명 성관이었다. 한편 본래의 본관을 지킨 성씨의 경우는 다른 지역에서도 거주가 확인되는 비교적 저명한 성관이었다.

단일 유형으로는 가장 많은 82개 고을이 〈다2〉유형인데, 지역적으로는 평안도와 전라도에 집중되어있다. 앞에 〈나2〉유형에서도 설명했던 것처럼, 형식적인 측면에 주목해 유형을 분류했기 때문에 평안도 지역은 〈다2〉유형의 다른 지역과 내용이 달라질 수 있다. 현재 거주민을 대상으로 하고 있다는 점은 다른 지역의 〈다2〉유형과 같지만, 『승람』이전 단계 성씨의 내역이 다르기 때문에, 改貫 등의 문제를 분석하기에는 한계가 있을 수밖에 없다.

3. '성씨'조의 지역별 분석

『세지』나 『승람』의 기재양식도 각도 각읍에 따라 다소 상이한 모습을 보이지만, 『여지』의 경우는 그러한 측면이 더욱 두드러진다. 특히 앞의 유형별 분석에서도 확인했듯이, 『여지』의 '성씨'조는 지역별로 뚜렷한 특징을 보이고 있다. '성씨'조의 분석에 지역별 분석이 필요한 이유라고 하겠다.

본 논문에서는 『여지』에 '성씨'조가 실려 있는 이상 280개의 읍지를 대상으로 하여, 우선 道를 단위로 분석을 해 보겠다. 『여지』의 편찬 형식에서는 江都府가 경기도와 구분되어있지만, 본 논문에서는 편의상 가까운 지역인 경기도에 포함시켜 분석을 해보았다. 일단 개략적으로 앞의 2절, 〈표 2〉의 분류방식에 따라 지역별로 기재 유형별 분포를 살펴본 것이 다음의 〈표 4〉이다.

〈표 4〉『여지도서』의 지역별 기재 유형 분포

유형	京畿	忠淸	江原	平安	黃海	咸鏡	慶尙	全羅	계(%)
가1	5	16	2	6	2	0	17	0	48(17.1)
가2	18	20	6	1	9	1	2	1	58(20.7)
나1	3	6	2	0	3	0	30	0	44(15.7)
나2	0	1	3	7	2	0	8	5	26(9.3)
다1	1	5	5	0	6	4	2	0	23(8.2)
다2	4	3	8	27	1	3	1	34	81(28.9)
계	31	51	26	41	23	8	60	40	280(100)

위 표에서도 확인되듯이, 지역별로 기재 유형에는 커다란 편차를 보인다. 경기도·충청도에서는 〈가〉유형이, 경상도에서는 〈나〉유형이, 평안도·함경도·전라도에서는 〈다〉유형이 집중적으로 나타나며, 강원도와 황해도에서는 비교적 고루 분포되어있다. 한편 앞의 유형별 분석에서도 확인했듯이, 같은 유형이라도 지역에 따라 그 내용에 있어서는 다른 양상을 나타내기도 한다. 그러면 지역별로 기재 유형별 특징을 살펴보도록 하겠다. 앞의 2절, 〈표 2〉의 분류 방식에 따라 江都府와 경기도의 '성씨'조를 분류하면 다음의 〈표 4-1〉과 같다.

〈표 4-1〉 강도부·경기도의 기재 유형

유형	고을	수(%)
가1	永平, 安山, 衿川, 砥平, 陽智.	5(16.1)
가2	喬桐, 交河, 加平, 豊德, 果川, 富平, 仁川, 振威, 龍仁, 陽城, 朔寧, 漣川, 廣州, 驪州, 利川, 楊根, 竹山, 陰竹.	18(58.1)
나1	江華, 抱川, 麻田.	3(9.7)
나2		0(0.0)
다1	南陽.	1(3.2)
다2	永宗, 楊州, 長湍, 通津.	4(12.9)
계	31	31(100)

전체적으로 강도부·경기도는 『승람』의 기재양식을 충실히 따르는 〈가〉유형의 읍지가 많다. 특히 〈가2〉유형의 비율은 전국에서 가장 높게 나타난다. 그 지역을 본관으로 하는 성씨를 중심으로 『승람』 이전 읍지 '성씨'조의 기재양식에 따라 조사해 수록한 것으로 보인다.

다른 유형으로 분류한 고을의 경우도, 그 내용에 있어서는 해당 유형의 전형적인 모습과 거리가 먼 경우가 많다. 抱川과 麻田의 경우 〈新增〉이라는 표시나 특별한 姓種 표시가 있는 전형적인 〈나1〉의 유형과는 거리가 멀다. 〈다2〉로 분류한 永宗은 鎭으로는 유일하게 『여지』에 포함된 지역으로, 『승람』단계까지는 읍지가 없어서 비교할 수가 없다. 楊州·長湍·通津도 형식적으로는 〈다2〉로 분류했지만, 내용적으로는 그 지역 거주민의 성씨라기보다는 그 지역 출신의 저명한 姓貫을 기재한 것으로 보인다. 소개된 성씨의 수효도 작고, 모두 그 지역을 본관으로 하고 있기 때문이다.[33] 따라서 경기도의 〈다2〉유형 읍지에서는 改貫의 양상을 확인할 수 없다.

강도부·경기도의 읍지는 형식적으로는 『승람』의 기재유형을 바탕으로, 내용적으로는 그 지역을 본관으로 하는 성씨를 기재하는 형태가 일반적이었다고 하겠다.

충청도의 '성씨'조를 분류한 것이 다음의 〈표 4-2〉이다.

충청도도 경기도처럼 〈가〉유형의 읍지가 많은데, 특히 『승람』과 기재 내용이 일치하는 〈가1〉유형의 비율이 전국에서 가장 높게 나타난다. 『여지』 편찬 당시의 현실을 반영하지 않은 지역의 비율이 높다는 의미이기도 하다. 실제로 현 거주민의 본관을 확인할 수 있는 유형이 〈나2〉와 〈다2〉유형 고을의 수효도 많지 않게 나타난다. 한편 경기도와는 달리 충

---

33) 楊州에서는 漢陽 趙氏와 豊壤 趙氏가 나오는데, 漢陽은 楊州에서 바뀐 지명이며, 豊壤은 楊州의 屬縣이었던 곳이다. 長湍과 通津에 소개된 성씨도 本官 성씨 아니면 모두 그 지역의 任內를 본관으로 하는 성씨이다.

청도의 〈다2〉 유형에서는 改貫의 양상을 확인할 수 있었다.

〈표 4-2〉 충청도의 기재 유형

유형	고을	수효(%)
가1	公州, 韓山, 恩津, 延豊, 沔川, 木川, 懷仁, 鎭川, 藍浦, 牙山, 靑陽, 懷德, 連山, 尼山, 扶餘, 燕歧.	16(31.4)
가2	林川, 全義, 天安, 稷山, 忠原, 淸風, 丹陽, 槐山, 永春, 舒川, 瑞山, 報恩, 保寧, 新昌, 禮山, 海美, 唐津, 平澤, 德山, 鎭岑.	20(39.2)
나1	沃川, 陰城, 靑山, 結城, 鴻山, 庇仁.	6(11.8)
나2	大興.	1(1.9)
다1	堤川, 洪州, 泰安, 永同, 石城.	5(9.8)
다2	淸州, 文義, 黃澗.	3(5.9)
계	31	51(100)

강원도의 '성씨'조를 분류한 것이 다음의 〈표 4-3〉이다.

〈표 4-3〉 강원도의 기재 유형

유형	고을	수효(%)
가1	三陟, 平康.	2(7.7)
가2	平昌, 通川, 伊川, 安峽, 洪川, 金城.	6(23.1)
나1	旌善, 鐵原.	2(7.7)
나2	原州, 江陵, 橫城.	3(11.5)
다1	歙谷, 麟蹄, 淮陽, 楊口, 浪川.	5(19.2)
다2	春川, 寧越, 襄陽, 平海, 杆城, 高城, 蔚珍, 金化.	8(30.8)
계	26	26(100)

전체적으로 유형별로 골고루 분포되어, 전국적인 평균치와 큰 차이를 나타내지 않는 지역이다. 또한 형식과 내용 양 측면에서 전형적인 유형의 양상에서 크게 벗어나지 않는 지역이기도 하다. 〈나2〉로 분류된 原州

의 경우가 약간 독특한데, 『승람』의 성씨를 전재한 뒤에 〈新增〉의 형태
로 他官을 본관으로 하는 성씨를 소개하고, 다시 來姓이라는 표시 아래
본관 없는 성씨를 나열하고 있다. 본관이 표시된 성씨와 표시되지 않은
성씨의 구분이 무엇인지 확실하지 않다. 본관이 표시된 성씨가 모두 유
명 姓貫인 것으로 보아 신분적 차이에 따라 구분을 한 것인지,[34] 『승람』
이후 原州에 들어온 시기에 따라 구분한 것인지 앞으로 검토가 필요한
지역이다.

〈다2〉로 분류된 지역에서는 改貫의 흔적이 보이는 경우도 많지만, 『승
람』의 본관 성씨가 그대로 남아있는 비율이 높은 지역도 있고, 『승람』의
성씨 보다는 새로운 성씨가 많이 등장하는 지역도 있다.[35] 『승람』의 본
관 성씨가 그대로 남아있는 경우는, 그 본관 성씨가 그 지역을 본관으로
하는 土姓에 해당하는 성씨라기보다는, 續姓이나 來姓 등 타관을 본관으
로 하던 성씨가 많다. 즉 앞의 유형별 분석에서 언급했던 평안도 지역과
유사한 측면이 많다. 따라서 이러한 지역에서는 改貫의 양상이 뚜렷이
드러나지 않는다. 다만 평안도 지역에 비하면 강원도에는 『승람』에 이주
한 성씨만이 아니라 본래 그 지역을 본관으로 하는 성씨의 비율이 높게
나타난다는 점이 다르다. 三南 지역과 兩界 지역의 중간에 위치한 강원
도의 지역적인 특성이라 하겠다.

평안도의 '성씨'조를 분류한 것이 다음의 〈표 4-4〉이다.

〈다2〉유형의 읍지가 압도적으로 많은 것이 평안도의 특징이다. 그러
나 그 의미가 다른 지역과 다르다는 점은 앞의 2절에서 지적한 바 있다.

---

34) 본관이 표시된 성씨는 韓(淸州)·鄭(草溪)·許(陽川)·洪(豊山)·洪(南陽)·成(昌寧)·
    沈(靑松)·權(安東)·閔(驪州) 등이며, 본관이 표시되지 않은 성씨는 丁·朴·郭·
    高·尙·都·慶·孫·辛·吳·柳·延·奉·羅·徐이다.

35) 春川·杆城·高城에서는 『승람』의 성씨와 본관이 그대로 나타나는 비율이 높으
    며, 蔚珍·金化에서는 종래의 성씨와는 무관한 새로운 성씨가 많이 등장한다.

〈표 4-4〉 평안도의 기재 유형

유형	고을	수효(%)
가1	中和, 熙川, 碧潼, 江西, 咸從, 嘉山.	6(14.6)
가2	寧邊.	1(2.4)
나1		0(0.0)
나2	鐵山, 寧遠, 甑山, 順川, 三登, 陽德, 孟山.	7(17.1)
다1		0(0.0)
다2	平壤, 龍岡, 義州, 龍川, 雲山, 博川, 泰川, 江界, 渭原, 理山, 三和, 成川, 德川, 价川, 慈山, 昌城, 朔州, 龜城, 宣川, 郭山, 祥原, 江東, 殷山, 安州, 定州, 肅川, 永柔.	27(65.9)
계	41	41(100)

　　평안도 지역은 『세지』 단계에 행정구역이 없는 등의 이유로 읍지 자체가 없거나, 읍지가 있더라도 '성씨'가 없는 지역이 있었다.[36] 그 나머지 지역은 대부분 그 지역을 본관으로 하는 土姓이 없이 다른 지역의 주민을 入居시킨 入鎭姓이나 續姓만이 있었으며, 中和·祥原 등 平壤 이남의 일부 지역에만 土姓이 있었다. 平壤 이북의 평안도 지역에 이렇게 토성이 없었던 이유는 고려시대 토성을 分定하던 시기에 토착 세력이 없었기 때문에, 남부지방의 주민을 徙民시키면서 入鎭姓이 있게 된 것이다.[37] 이러한 『세지』의 기재내용은 거의 그대로 『승람』으로 이어졌다. 이미 他官 출신의 본관이 자연스러웠던 만큼, 『여지』에서 새로 나타난 성씨를 기재하면서 본관을 기재하는 것 또한 자연스러웠다. 새로 나타난 성씨의 본관을 기재하지 않고 성씨만을 기재하는 〈나1〉이나 〈다1〉유형의 읍지가 평안도에서 하나도 보이지 않는 데에는 이유가 있었던 것이다.

　　따라서 평안도에서는 〈나2〉유형과 〈다2〉유형의 차이도 크게 두드러

---

36) 平壤은 『세지』에 '성씨'조가 없고, 寧遠·龜城은 행정구역이 없어서 읍지 자체가 없다.
37) 이수건, 1984, 앞의 책, 53쪽.

지지 않는다. 〈나2〉의 일반적인 유형처럼 〈新增〉이나 姓種 표시를 통해
새로운 성씨를 구분한 것이 아니라, 『여지』의 내역이 『승람』의 내역을
모두 포함했기 때문에 〈나2〉로 분류하고, 변화된 내용이 있으면 〈다2〉
로 분류했기 때문이다. 대체적으로 〈다2〉유형에서도 改貫과 같은 본관
의 큰 변화는 보이지 않는다. 물론 그 가운데에 改貫한 성관이 있을 수는
있지만, 종래의 성관도 여전히 남아있는 것이다. 결국『세지』단계에 있
던 많은 성관이『여지』단계까지 그대로 남아있는 현상을 확인할 수 있
다. 사족 세력이 미약했기 때문에 성관에 대한 인식 자체가 남쪽 지방과
달랐던 것인지, 『세지』단계 이전부터 자리 잡은 入鎭姓 등 타관 출신의
성씨가 그 지역에서는 토착세력화한 것인지, 그 이유에 대해서는 앞으로
연구가 필요할 것으로 보인다.

황해도의 '성씨'조를 분류한 것이 다음의 〈표 4-5〉이다.

〈표 4-5〉 황해도의 기재 유형

유형	고을	수효(%)
가1	海州, 谷山.	2(8.7)
가2	延安, 黃州, 平山, 安岳, 新溪, 文化, 長連, 白川, 康翎.	9(39.1)
나1	信川, 瑞興, 長淵.	3(13.0)
나2	鳳山, 殷栗.	2(8.7)
다1	載寧, 遂安, 兎山, 豊川, 松禾, 甕津.	6(26.1)
다2	金川.	1(4.4)
계	23	23(100)

황해도의 경우도 전체적으로 유형별로 골고루 분포되어있다. 다만 『승
람』의 기재양식과 유사한 〈가〉형의 비율이 높고, 새로운 성씨의 본관이
함께 소개된 〈나2〉와 〈다2〉유형의 비율이 적게 나타난다는 점에서 조선
후기 성관의 변화와 분포의 실태를 확인하기에는 어려움이 따르는 지역

이다. 〈나2〉유형의 경우에는 『승람』의 성씨와 『여지』에 새로 나타난 성
씨를 형식상으로 명확히 구분하고 있으며, 유일한 〈다2〉유형인 金川의
경우에는 종래의 성관은 단 하나 남고 다른 성관이 많이 등장하고 있는
데, 몇몇은 改貫으로 볼 여지도 있다.[38]

함경도의 '성씨'조를 분류한 것이 다음의 〈표 4-6〉이다.

〈표 4-6〉 함경도의 기재 유형

유형	고을	수효(%)
가1		0(0.0)
가2	北青.	1(12.5)
나1		0(0.0)
나2		0(0.0)
다1	永興, 定平, 安邊, 鐘城.	4(50.0)
다2	利城, 穩城, 慶興.	3(37.5)
계	8	8(100)

함경도는 모두 23고을 가운데 무려 15고을의 읍지에 '성씨'조가 누락
되고 있는데, 대부분 『승람』에는 '성씨'조가 실려 있던 지역이다. 한편
『여지』에 '성씨'조가 실려 있는 8고을 가운데 3고을에는 『승람』에 '성씨'
조가 누락되어있다.[39] 따라서 『승람』과 직접 비교가 가능한 고을은 5고
을에 불과하다. 그나마도 〈가2〉나 〈다1〉과 같이 충분한 비교가 이루어
지기 어려운 유형이기 때문에, 양질의 정보라고 보기 어렵다. 공교롭게
도 〈다2〉로 분류된 모든 고을은 『승람』에 '성씨'조가 없기 때문에, 改貫

---

38) 金川은 『승람』단계까지 牛峯·江陰으로 있다가 통합된 지역이다. 『승람』의 牛
峯 李氏가 『여지』에도 나오는데, 그 밖에 다른 다양한 본관의 李氏와 崔(全州)·
黃(昌原)氏 등은 改貫으로 볼 여지가 있다.
39) 『여지』에 누락된 15고을 가운데, 鏡城, 會寧, 慶源, 茂山을 제외한 11고을은 모
두 『승람』에 '성씨'조가 실려 있다. 한편 『여지』에 '성씨'조가 실려 있는 8고을
가운데 利城, 穩城, 慶興의 3고을은 『승람』에 '성씨'조가 없다.

등의 양상을 추적할 수도 없다.

함경도의 '성씨'조가 이렇게 나타난 것은, 『여지』 편찬 과정에서 道別 특성이 강하게 반영되었기 때문으로 보인다. 실제로 함경도 지역의 『여지』는 기사 안에 삽입된 문학 작품이 상당히 많이 나타나는 등 다른 도와는 구분되는 특성을 보이고 있는데,[40] 이러한 편찬 과정에서의 도별 특성이 '성씨'조의 구성에도 작용한 것으로 보인다.

경상도의 '성씨'조를 분류한 것이 다음의 〈표 4-7〉이다.

〈표 4-7〉 경상도의 기재 유형

유형	고을	수효(%)
가1	慶州, 醴泉, 豊基, 東萊, 淸河, 機張, 彦陽, 密陽, 慶山, 咸安, 熊川, 河陽, 仁同, 昆陽, 知禮, 咸昌, 比安.	17(28.4)
가2	淸道, 奉化.	2(3.3)
나1	大丘, 陜川, 靑松, 盈德, 尙州, 星州, 善山, 金山, 迎日, 長鬐, 安東, 順興, 寧海, 金海, 昌原, 固城, 漆原, 鎭海, 新寧, 義興, 靈山, 昌寧, 草溪, 咸陽, 南海, 居昌, 開寧, 聞慶, 軍威, 禮安.	30(50.0)
나2	晉州, 榮川, 義城, 巨濟, 玄風, 高靈, 眞寶, 龍宮.	8(13.3)
다1	漆谷, 慈仁.	2(3.3)
다2	英陽.	1(1.7)
계	60	60(100)

경상도에서는 〈나〉의 유형이 집중적으로 나타나는데, 그 가운데 〈나1〉의 유형이 가장 많다. 특히 경상도 지역의 〈나〉유형에서는 『승람』까지의 형식과 내용을 따르면서 『여지』에서 새로 추가된 내용을 〈新增〉과 같은 표시를 통해서 구분하고 있는 것이 특징이다. 즉 『승람』 단계까지의 종래 읍지를 증보한다는 입장에서 편찬된 것이 경상도 지역 읍지의

40) 함경도 지역의 『여지』에 실려 있는 漢詩는 모두 582수로, 『여지』 전체 2,054수의 28%를 차지하며, 경상도에 이어 두 번째로 많은 수치이다. 변주승, 앞의 논문.

특징이라고 하겠다. 종래 읍지 '성씨'조의 성격을 벗어난 〈다〉유형의 읍
지가 모두 합해 3개에 불과하다. 또한 그 가운데 〈다2〉유형인 英陽의 경
우는『승람』단계까지 寧海에 소속되었다가『여지』단계에서 처음 신설
된 행정구역임을 감안한다면, 경상도 거의 모든 지역의 읍지가 전통적인
지리지의 형식을 따르고 있다고 할 수 있다.

그렇다면 경상도에서 유독 이러한 전통적인 형식이 강하게 유지되었
던 이유는 무엇일까? 그것은 경상도 지역의 지리지 편찬의 전통과 관련
이 있을 것이다. 경상도는 이미 조선초기에『八道地理志』편찬 사업의
하나로『慶尙道地理志』를 편찬한 경험이 있었던 지역이었으며,[41] 숙종
대에『승람』을 개정하려 할 때에도 이미 작성되었던 경상도의 읍지를 토
대로 작업을 진행시키려 한 적이 있었다.[42] 특히『승람』개정을 시도할
때 참조했던 경상도의 읍지는『승람』과 유사한 형식이었을 것으로 추정
되는 바, 이러한 전통이 경상도의『여지』를『승람』과 유사한 형태의 지
리지로 만들었던 것이다. 경상도 부분의『여지』는 다른 항목에서도 특히
『승람』과 유사한 형태를 보이는데, 다른 지역과는 달리『승람』과 같은
형식의 '題詠' 항목을 유일하게 설정하고 있는 것도『승람』과의 관련성
을 보여주는 사례라 하겠다.[43]

전라도의 '성씨'조를 분류한 것이 다음의 〈표 4-8〉이다.

전라도 지역『여지』는 〈다2〉의 유형이 집중적으로 나타나고 있다는
점에서 주목된다. 특히 전라도 지역의 〈다2〉 유형은 改貫의 양상을 구체
적으로 드러낸다는 점에서 자료적 가치가 있다. 개관 양상은 앞의 2장에
서 예를 든 고을 뿐 아니라 전라도 지역의 〈다2〉유형 모두에서 확인되고

---

41) 楊普景, 1987,「朝鮮時代 邑誌의 性格과 地理的 認識에 관한 硏究」『지리학논
총』별호 3, 7쪽.
42) 배우성, 앞의 책, 127쪽.
43) 변주승, 앞의 논문.

있다. 이러한 현상이 전라도 지역만의 현상인지, 자료의 특성에 따른 결과인지 앞으로의 연구가 기대되는 부분이다.

〈표 4-8〉 전라도의 기재 유형

유형	고을	수(%)
가1		0(0.0)
가2	茂長.	1(2.5)
나1		0(0.0)
나2	光州, 同福, 扶安, 泰仁, 南平.	5(12.5)
다1		0(0.0)
다2	長城, 靈巖, 靈光, 咸平, 高敞, 綾州, 光陽, 求禮, 興陽, 和順, 淳昌, 龍潭, 昌平, 任實, 茂朱, 谷城, 玉果, 興德, 沃溝, 龍安, 咸悅, 高山, 羅州, 務安, 長興, 珍島, 康津, 海南, 雲峯, 鎭安, 長水, 順天, 樂安, 寶城.	34(85.0)
계		40(100)

한편 〈나2〉유형의 읍지에서도 현존하는 거주민의 성씨를 본관과 함께 소개하고 있다는 점을 감안하면, 거의 모든 전라도 지역 읍지에서 『여지』편찬 당시 거주민의 성씨 분포 현황을 파악할 수 있는 셈이다. 다른 지역에서는 『승람』처럼 그 지역으로 본관으로 하는 성씨를 주로 조사하여 기재하고 있거나, 거주민을 조사한 경우에도 본관은 기재하지 않고 성씨에 한정해서 기재한다는 점을 감안하면 전라도 지역 '성씨'조가 주는 정보의 유용성을 확인할 수 있다.

4. 맺음말

지금까지의 논의를 요약하고, 앞으로의 과제를 전망하면서 글을 맺고자 한다.

　우선『여지』에 실린 '성씨'조의 분석을 통해,『여지』가 통일된 형식이 아닌 서로 다른 다양한 유형의 읍지로 구성되어있음을 확인할 수 있었다. 그리고 그 차이는 형식에만 그치는 것이 아니라, 담고 있는 정보의 내용에도 큰 차이가 있음을 알 수 있었다.

　『여지』의 '성씨'조는 크게 세 가지 유형으로 구분되며, 그들은 각각 두 가지씩의 세부 유형으로 세분된다. 첫 번째 유형은『승람』과 같은 전통적 읍지의 형식과 내용에 크게 의존하는 유형이다. 그 가운데『승람』과 내용과 형식이 완전히 일치하는 유형은『여지』편찬 당시의 현실을 반영하고 있다고 보기에 어려운 유형이었다. 기재양식은 비슷하지만 내용만 약간 바뀐 유형의 경우, 부분적으로 편찬 당시의 현실을 반영하고 있다고 볼 수 있지만, 그 기재대상은 그 지역을 본관으로 하는 성씨였다. 두 번째 유형은『승람』을 증보하는 형식으로 작성된 읍지이다. 이 유형은 모두 당시 살고 있던 거주민을 기재대상으로 하고 있지만, 그 가운데 성씨만 확인되는 유형보다 본관까지 확인되는 유형이 훨씬 많은 정보를 전해주고 있다. 세 번째 유형은『승람』의 형식과 무관하게, 당시 살고 있던 거주민을 기재대상으로 하고 있는 유형이다. 앞의 유형의 경우와 마찬가지로, 본관이 확인되는 유형이 성씨만 소개하고 있는 유형보다 풍부한 정보를 담고 있는데, 특히 본래의 본관을 바꾸는 改貫의 양상을 확인할 수 있었다. 그 경우 무명 姓貫에서 유명 성관으로의 개관이 일반적이었다.

　한편 지역적으로도 이러한 유형 분포에 커다란 편차를 보인다. 경기도·충청도에서는 첫 번째 유형이, 경상도에서는 두 번째 유형이, 평안도·함경도·전라도에서는 세 번째 유형이 집중적으로 나타나며, 강원도와 황해도에서는 비교적 고루 분포되어있다. 또한 같은 유형이라도 지역에 따라 그 내용에 있어서는 다른 양상을 나타내기도 한다. 이는 지역적 특성을 반영한 것이기도 하지만,『여지』의 편찬이 일률적인 기준에 의해 통일적으로 수행되지 않았음을 보여주는 것이기도 하다.『여지』의 편찬은 크게 보아 도를 단위로 일정한 기준에 의해 이루어지는 것이 원칙이었지만, 그것은 각 도의 사정에 따라 다양하게 적용되고 있었다.

『여지』에는 조선후기 사회의 여러 측면에 대한 방대한 정보가 담겨 있다. 그러나 그 모든 정보가 당시의 현실을 그대로 반영하고 있는가 하는 점에 대해서는 냉정한 판단이 필요하다. '성씨'조를 놓고 살펴볼 때, 지역이나 경우에 따라 그 자료의 해석이나 이용에 면밀한 주의가 요구된다. 그렇지만 이러한 점을 감안한다면 『여지』의 '성씨'조는 앞으로도 많은 연구의 확장이 가능한 소재이다. 그 기재 대상의 범주가 신분적으로 어디까지였는지, 개관의 구체적인 양상이 어떠했는지 하는 등에 대한 심도 있는 연구가 각 고을별, 지역별로 읍지나 호적 등을 통한 개별 분석을 통해 이루어진다면, 조선후기의 사회상을 이해하는 귀중한 단서가 될 수 있을 것이다.

제2장
조선후기 姓貫 변화의 사례 연구
-전라도 改貫의 실태와 요인-

1. 머리말

조선후기에 편찬된 『輿地圖書』(이하 『여지』)는 공식적인 간행으로 이어지지 못해 누락된 고을이 많고 지역별로 수록 기준과 내용에 큰 차이를 보임으로써 '미완의 전국 지리지'로 남았지만, 이러한 한계에도 불구하고 18세기 중엽이라는 특정 시기에 나름의 기준을 가지고 300여 곳에 달하는 고을의 읍지를 수합함으로써, 조선후기 지방사회의 실상을 연구하는데 중요한 자료로 평가되고 있다.[1] 『여지』에 수록된 여러 항목 가운데 특히 '姓氏'조는 이러한 『여지』의 특성을 고스란히 드러내주고 있는 항목으로 주목되었다.[2] 가족제도 및 신분제도와 밀접한 관련이 있는 姓貫에 대한 정보가 구체적으로 담겨있다는 점에서 지리지의 '성씨'조는 일찍부터 연구자들의 관심의 대상이 되어 왔다. 조선전기에 편찬된 전국적 지리지인 『世宗實錄地理志』(이하 『세지』)나 『(新增)東國輿地勝覽』(이하 『승람』)의 '성씨'조에 실려 있는 각종 姓種에 대한 분석을 통해, 여말선초에서 조선전기에 이르는 시기의 사회에 대한 풍부한 이해가 가능하

---

1) 변주승, 2006, 「『輿地圖書』의 성격과 道別 특성」『韓國史學報』 25, 458쪽.
2) 본서 제1부 제1장 참조.

였다.[3) 따라서『승람』이후 2백여 년이 지나 편찬된 전국 지리지인『여지』의 '성씨'조를 통해 그 사이의 변화상을 확인할 수 있을 것으로 기대하였다.

그런데『여지』의 '성씨'조는 지역에 따라 다양한 유형으로 구분되며, 따라서 얻을 수 있는 정보도 서로 차이가 있었다.『여지』의 '성씨'조는 크게 세 가지 유형으로 구분되며, 그들은 각각 세부 유형으로 세분된다.[4) 첫 번째 〈가〉유형은『승람』과 같은 전통적 읍지의 형식과 내용에 크게 의존하는 유형이다. 이 유형은『승람』과 내용과 형식이 완전히 일치하는 〈가1〉유형과, 내용만 약간 바뀌는 〈가2〉유형이 있는데,『여지』편찬 당시의 현실을 반영하고 있다고 보기에는 어렵다. 두 번째 〈나〉유형은『승람』을 증보하는 형식으로 작성된 읍지인데, 모두 당시 살고 있던 거주민을 기재대상으로 하고 있다. 이는 다시 성씨만 확인되는 〈나1〉유형과 본관까지 확인되는 〈나2〉유형으로 세분된다. 세 번째 〈다〉유형은『승람』의 형식과 무관하게, 당시 살고 있던 거주민만을 기재대상으로 하고 있는 유형이다. 이 또한 성씨만 확인되는 〈다1〉유형과 본관까지 확인되는 〈다2〉유형으로 세분된다. 그 가운데 〈다2〉유형의 읍지는 改貫, 즉 본관이 바뀌는 양상을 확인할 수 있다는 점에서 의미가 있다.

한편『여지』'성씨'조의 유형 분포는 지역적으로도 커다란 편차를 보인다. 경기도·충청도에서는 〈가〉유형이, 경상도에서는 〈나〉유형이, 평안도·함경도·전라도에서는 〈다〉유형이 집중적으로 나타나며, 강원도와 황해도에서는 비교적 고루 분포되어있다. 현 거주민들의 姓貫 분포를 확인하기 위해서는 우선 현재 거주민을 기재대상으로 하고 있는 〈다2〉유

---

3)『세지』의 '성씨'조에 대한 연구사는 金東洙의 논문 참조. 金東洙, 1985,「世宗實錄地理志 姓氏條의 檢討」『東亞研究』6, 서강대 동아연구소.

4) 본서 제1부 제1장 제2절 참조. 이하 인용한 유형의 명칭은 잠정적으로 이 논문의 분류를 따랐다.

형의 읍지를 검토해야 하는데, 평안도와 함경도 지역은 비교 대상이 되는 『승람』 등 이전 시기의 읍지에 '성씨'조가 거의 누락되어 있다는 점에서[5] 현재 거주민의 분포는 확인할 수 있을지 몰라도, 과거와 현재의 비교가 곤란하여 改貫의 양상을 추적할 수 없다.

따라서 본 논문에서는 조선후기 개관의 양상을 추적하기 용이한 전라도 지역의 『여지』를 대상으로 조선후기 성씨의 개관 실태를 확인해보도록 하겠다.[6] 다만 『여지』를 포함한 조선시대 읍지에는 姓貫에 따른 인구분포가 실려 있지 않으므로, 본 논문에서는 개략적인 개관의 추이만을 살펴볼 수 있을 뿐, 구체적인 개관의 수량적 변화상을 확인할 수 없다는 한계를 지닌다. 한편 1985년의 인구센서스 통계를 이용하여 현재 남아 있는 성관과 비교함으로써, 『여지』 이후의 향방을 가늠해보려고 하였다. 더 이른 시기의 근대적 인구조사 통계를 활용할 수 있다면 조선시대 성관의 변화 추이를 이해하는데 더욱 도움이 되겠지만, 성씨와 본관에 대한 본격적인 조사 통계 자료는 1985년의 것이 가장 빠른 것이라 이를 이용할 수밖에 없었다. 1985년의 자료는 『여지』 이후 대략적인 성관의 변화를 추정하는 수준에서 참고하였다.

2. 고을별 改貫의 실태

검토 대상 시기인 英祖代 전라도의 고을은 모두 56개인데, 그 가운데 『여지』에 실려 있는 고을은 40개이고, 나머지 16고을은 누락되어 있다.

---

5) 본서 제1부 제1장 제3절 참조.
6) 전라도 지역의 改貫 가능성에 대해서는 『세지』와 읍지를 비교한 李樹健의 논문에서 이미 지적된 바 있었고, 『여지』를 분석한 지은이의 논문에서도 언급되었다. 이 논문에서는 선행 연구를 바탕으로 구체적인 실상을 확인해보았다. 李樹健, 1994, 「朝鮮後期 姓貫意識과 編譜體制의 변화」『九谷 黃鍾東敎授 停年紀念 史學論叢』, 407~408쪽 ; 본서 제1부 제1장 참조.

누락된 고을은 국사편찬위원회에서 영인본을 간행하는 과정에서 이 지역의 전후 시기 읍지를 補遺로 포함시켰지만, 시기도 동일하지 않고 '성씨'조의 유형도 제각각이라 이 논문의 분석 대상에서는 제외하였다. 또 茂長은 〈가2〉유형의 읍지이고, 光州·同福·扶安·泰仁·南平은 〈나2〉유형의 읍지로, 현 거주민의 개관 추이를 확인하기 곤란하다는 점에서 역시 분석 대상에서 제외하였다. 그 결과 최종적으로 34개 고을이 분석 대상이 되었다. 이상 전라도의 '성씨'조 기재 유형을 도표화하면 〈표 5〉와 같다.

〈표 5〉 全羅道의 『여지도서』 '성씨'조 기재 유형

유형	고을(수효)
가2	茂長(1)
나2	光州, 同福, 扶安, 泰仁, 南平(5)
다2	長城, 靈巖, 靈光, 咸平, 高敞, 綾州, 光陽, 求禮, 興陽, 和順, 淳昌, 龍潭, 昌平, 任實, 茂朱, 谷城, 玉果, 興德, 沃溝, 龍安, 咸悅, 高山, 羅州, 務安, 長興, 珍島, 康津, 海南, 雲峯, 鎭安, 長水, 順天, 樂安, 寶城(34)
누락	全州, 濟州, 南原, 潭陽, 礪山, 益山, 古阜, 錦山, 珍山, 金堤, 大靜, 旌義, 臨陂, 萬頃, 金溝, 井邑(16)

분석 대상인 〈다2〉유형 34고을의 '성씨'조를 『여지』에 실린 순서에 따라 모두 분석해보겠다. 먼저 長城의 '성씨'조를 도표화한 것이 다음의 〈표 6-1〉이다.

〈표 6-1〉 長城의 '성씨'조

승람	여지	변화
長城 : 李·徐·兪·孔·魯	徐(長城)·徐(利川)·孔(昌原)·朴(丘珍)·朴(密陽)·李(陽城)·李(淸安)·李(麟蹄)·李(鳳山)·申(高靈)·金(蔚山)·金(光山)·金(靈光)·金(義城)·鄭(瑞山)·鄭(河東)·鄭(慶州)	유지 : 徐 탈락 : 兪·魯 개관 : 李·孔
	〈비고〉 兪·魯·安·文·馬·良·吳 지금 없음	

『승람』에 실려 있던 장성의 성씨는 李·徐·兪·孔·魯의 5종이었다. 물론 이는 『세지』의 土姓을 계승한 것으로, 본관은 長城이었다. 그런데 『여지』에는 7개 성씨 17개 본관이 거주하는 것으로 되어있으며, 兪 등 7개 성씨는 '지금은 없다[今無]'고 되어있다. 改貫의 양상을 확인하기 위해서는, 『승람』과 『여지』에 동시에 존재하는 성씨를 대상으로 살펴보아야 한다. 『여지』에 장성에 거주하고 있는 성씨와 본관으로는 徐·孔·朴·李·申·金·鄭의 7개 성씨에 17개의 본관이 확인되는데, 그 가운데 徐·孔·李의 3개 성씨가 『승람』단계에도 존재하던 성씨이다. 그런데 본관은 다양하게 나타난다. 徐는 長城과 利川이, 孔은 昌原이, 李는 陽城·淸安·麟蹄·鳳山이 각각 확인된다. 여기에서 장성을 본관으로 하는 성씨는 徐氏 하나만 남아있는 점이 주목된다. 그런데 장성을 본관으로 하는 서씨 이외에 利川을 본관으로 하는 서씨도 함께 나타난다. 利川 徐氏는 장성 지역 이외에도 전라도 昌平·谷城·羅州·南平·康津·順天·樂安 등의 고을에 거주하고 있었던 것으로 파악되며, 조선시대에 모두 23명의 문과 급제자를 배출한 '주요 성관'이었다.[7] 반면에 장성 서씨는 장성 이외의 지역에는 거주가 확인되지 않으며, 문과급제자 역시 확인되지 않는다. 1985년의 인구센서스 통계를 보면 서씨는 모두 54개 본관이 있는데, 전국적으로 이천 서씨는 달성 서씨에 이어서 두 번째로 많은 144,205명을 차지하는 반면, 장성 서씨는 여섯 번째로 6,382명에 불과하다. 또 1985년의 행정구역인 장성군에 거주하는 이천 서씨는 684명, 장성 서씨는 50명으로 나타나고 있다.[8]

---

7) 李源明, 2004, 「조선조 '주요 성관' 문과급제자 성관 분석 –『문과방목』을 중심으로–」『史學硏究』73, 127쪽 ; 인터넷사이트 한국학중앙연구원 디지털한국학 '조선의 방목(http://koreandb.nate.com/history/bang/)'. 이원명의 논문에는 25명으로 되어 있으나, 위의 인터넷사이트 검색으로 숫자를 보정하였다. 이하 같은 경우 일일이 거론하지 않는다.

8) 경제기획원 조사통계국, 1988, 『1985년 인구 및 주택 센서스, 한국인의 성씨 및

이러한 경향은 장성이라는 본관이 사라진 다른 성씨의 경우 더욱 뚜렷하게 나타난다. 昌原 孔氏는 장성 이외에 전라도 和順·順天·寶城 등의 고을에 거주하고 있었고, 또 조선시대에 모두 4명의 문과 급제자를 배출한 성관이었다.[9] 반면 장성 공씨는 『여지』에서 확인되지 않으며, 문과 급제자도 확인되지 않는다. 심지어 1985년의 인구센서스에서도 장성 공씨가 확인되지 않는 것으로 보아,[10] 조선후기 이후 어느 시점에 사라진 것으로 보인다. 이씨의 경우도 같다. 陽城 이씨는 咸平·雲峯에, 清安 이씨는 昌平에, 鳳山 이씨는 황해도 봉산에 거주가 확인된다. 麟蹄 이씨는 다른 지역에 거주가 확인되지 않는데, 1985년의 인구센서스에서는 전국에 291명이 거주하는 것으로 확인되었다.[11] 반면 장성 이씨는 『여지』의 다른 지역에도 거주가 확인되지 않고, 1985년의 인구센서스에도 나타나지 않는 것으로 보아, 역시 조선후기 이후 어느 시점에 사라진 것으로 보인다.

한편 『여지』 단계에서 '지금은 없다'는 표현과 함께 사라진 7개의 성씨를 어떻게 이해해야 할 것인가? 관련 정보가 충분하지 않아 확언할 수는 없지만, 몇 가지 추론이 가능할 것이다. 우선 『승람』 단계에서 보이던 兪·魯의 경우, 移居나 改姓의 가능성을 상정할 수 있을 것이다. 그러나 改姓의 경우 '換父易祖'로 간주되어 특수한 경우를 제외하고는 용납되지 않았던 점을 감안하면,[12] 移居의 가능성이 높을 것이다. 그런데 이거한 뒤에 다시 改貫의 과정을 밟았을 가능성이 많다. 왜냐하면 1985년의 인구센서스에 장성을 본관으로 하는 兪氏와 魯氏 모두 나타나지 않기 때문

　　본관 조사보고(상)』, 1164쪽 ; 1188쪽.
 9) 이원명, 2003, 「'소수 성관 문과급제자 분석'-『문과방목』을 중심으로-」『인문논총』 10, 서울여대 인문과학연구소, 117쪽 ; 앞의 인터넷사이트.
10) 경제기획원 조사통계국, 앞의 책(하), 914~984쪽. 반면에 창원 공씨는 공씨 중 曲阜 공씨에 이은 두 번째 성관으로, 전국에 588명이 거주하고 있다.
11) 같은 책(상), 372쪽.
12) 이수건, 2003, 『한국의 성씨와 족보』, 서울대학교출판부, 325쪽.

이다. 승람에 나타나지 않았던 安·文·馬·良·吳의 경우,『승람』이후『여지』사이에 편찬되었을 다른 읍지에 수록되었던 성씨일 가능성이 있다. 즉 移來나 새로 만들어진 성씨로 장성에 거주하다가, 移居 등의 이유로 사라진 성씨로 보인다.

이상 장성 지역의 '성씨'조 분석을 통해 다음과 같이 추론할 수 있다. 조선전기『승람』단계에 장성을 본관으로 하는 5개의 성씨가 있었다.『여지』단계에 와서 그 가운데 兪·魯는 사라지고, 徐·孔·李의 3개 성씨만 남게 되었다. 서씨는 장성과 함께 이천을 본관으로 하는 성씨가 함께 나타나며, 공씨와 이씨는 장성을 본관으로 하는 성씨가 모두 사라지고 새로운 본관이 등장하였다. 그런데 장성 지역에서 사라진 본관은 다른 지역에서도 모두 사라져, 조선후기 이래 지금껏 나타나지 않는다. 유일하게 남은 장성 서씨도 새로 나타난 이천 서씨에 비해 현격한 열세를 보인다. 문과 급제자를 많이 배출한 이천 서씨에 비해 한 명의 급제자도 배출하고 있지 않으며, 1985년 현재의 통계로 보아도 전국적 분포나 장성군의 거주자 수에서 크게 뒤지고 있다. 이는 孔·李는 물론 徐氏도 상당수가 우세한 성관으로 改貫하였을 가능성을 크게 높여주는 자료이다.

이상과 같은 장성의 경우는 다른 지역에서도 비슷하게 나타난다. 이에 각 지역의 '성씨'조를 살펴보면서, 중복되는 설명은 생략하도록 하겠다.

〈표 6-2〉靈巖의 '성씨'조

승람	여지	변화
靈巖 : 崔·朴·周·白·秬·陸 昆湄 : 許·庾·裵·田·種·柳 鎭南 : 秬·吳·陸 北平 : 曺 松旨 : 金·全 深井 : 金 懷義 : 金	崔(郎州)·朴(咸陽)·周(晉州)·白(水原)·陸(沃川)·許(陽川)·裵(大丘)·柳(文化)·吳(同福)·曺(昌寧)·金(金海)·全(天安)	유지 : 崔(靈巖) 탈락 : 秬(靈巖), 庾·田·種(昆湄), 秬(鎭南) 개관 : 朴·周·白·陸(靈巖), 許·裵·柳(昆湄), 吳·陸(鎭南), 曺(北平), 金·全(松旨), 金(深井), 金(懷義)

『승람』단계에 靈巖의 성씨는 本郡인 영암을 본관으로 하는 6개 성씨와 그 밖에 任內였던 昆湄 등을 본관으로 하는 14개(중복 포함) 성씨가 있었다. 중복을 제외하면『승람』의 16개 성씨 가운데 사라진 稽·分·田·種을 제외한 12개 성씨가『여지』에 다시 등장하는데, 영암의 옛 지명이었던 朗州를 본관으로 하는 최씨를 제외하고 11개 성씨의 본관이 달라져 있다.『승람』에 등장하지 않았던 성씨는『여지』에 하나도 등장하고 있지 않으며, 특히『여지』의 '성씨'조에 기재된 순서가『승람』의 기재 순서와 완전히 일치하고 있다. 이는 우연으로만 보기는 어렵고, 개관의 가능성을 강하게 암시하는 것이다.

〈표 6-3〉 靈光의 '성씨'조

승람	여지	변화
靈光: 金·田·曺·宋 尹·丁·鞠 《禹》李· 徐·申·朴 森溪: 周·崔·孫·成· 公·田《禹》》金·李 陸昌: 柳·曺·葛·丁· 賓·安 臨淄: 金·黃·朴·楊·李 陳粮: 尹·宋·朴 造紙: 李·徐 貢牙: 任·玉 望雲: 盧·金·李 大安: 宋 弘農: 《禹》丁·金·兪	金(靈光)·丁(靈光)·曺(昌寧)·宋(新平)·尹(坡平)·田(密陽)·鞠(潭陽)·李(密陽)·徐(利川)·申(平山)·朴(密陽)·周(鐵原)·崔(完山)·孫(密陽)·金(光山)·李(韓山)·柳(文化)·安(順興)·黃(昌原)·楊(南原)·任(豊川)·玉(開城)·盧(光山)·兪(杞溪)·李(全州)·姜(晉州)·吳(海州)·鄭(東萊)·羅(錦城)·金(延安)·高(長澤)·承(光山)·金(金海)·辛(寧越)·奉(河陰)·沈(靑松)·金(晉州)·李(慶州)·韓(淸州)·潘(南平)·成(昌寧)·裵(大丘)·林(長興)·崔(慶州)·李(咸豊)·丁(羅州)	유지: 金·丁(靈光) 탈락: 公·田(森溪), 葛·賓(陸昌) 개관: 田·曺·宋·尹·鞠·李·徐·申·朴(靈光), 周·崔·孫·成·金·李(森溪), 柳·曺·丁·安(陸昌), 金·黃·朴·楊·李(臨淄), 尹·宋·朴(陳粮), 李·徐(造紙), 任·玉(貢牙), 盧·金·李(望雲), 宋(大安), 丁·金·兪(弘農)

靈光도『승람』에는 本郡인 영광과 임내로 구분되어 많은 성씨가 기재되어 있고, 또 來姓·亡姓 등 姓種도 소개되어 있다. 그 가운데『여지』에는 영광을 본관으로 하는 金·丁 두 성씨만이 남아있고, 나머지 성씨는

모두 다른 지역을 본관으로 나타나고 있다. 『승람』에 나타난 성씨는 중복을 제외하고 모두 26종인데, 葛·公·賓·成 등 4종의 성씨는 사라지고 나머지 22종의 성씨가 새로운 본관과 함께 나타나고 있다. 金·丁 두 성씨도 영광을 본관으로 하는 성관 이외에, 光山·延安·金海·晉州(金)와 羅州(丁)를 본관으로 하는 성관이 함께 나타난다. 위의 영암에서 살펴본 것처럼 『여지』의 기재 순서가 『승람』의 기재 순서와 비슷하게 나타나는 점에서, 改貫의 혐의가 짙게 드러난다. 한편 姜(晉州)·吳(海州) 등 12개의 성관이 새로 등장하고 있기도 하다.

〈표 6-4〉 咸平의 '성씨'조

승람	여지	변화
咸豐 : 任·魯·李·文·孔·鄭 〈속〉姜 牟平 : 吳·鄭·碣·車 〈속〉金 海際 : 盧·李·潘·楊·辛 〈덕〉任·崔 永豐 : 兪·程·李·朴·鄭 多慶 : 兪·尹	鄭(晉州)·安(竹山)·鄭(東萊)·尹(坡平)·鄭(羅州)·金(善山)·金(靈光)·兪(杞溪)·洪(豊山)·金(金海)·鄭(光山)·羅(羅州)·張(興德)·李(陽城)·柳(全州)·陳(驪陽)·全(天安)·李(慶州)·辛(靈山)·朴(咸陽)·張(仁同)·金(茂長)·沈(靑松)·趙(漢陽)·崔(海州)·孔(和順)·金(光山)	유지 : 없음 탈락 : 任·魯·文·姜(咸豐), 吳·碣·車(牟平), 盧·潘·楊·任(海際), 程(永豐) 개관 : 李·孔·鄭(咸豐), 鄭·金(牟平), 李·辛·崔(海際), 兪·李·朴·鄭(永豐), 兪·尹(多慶)

조선 태종 9년(1409)에 咸豐과 牟平의 통합으로 생긴[13] 함평에는 위의 두 고을을 본관으로 하는 성씨 이외에도 海際 등 임내를 본관으로 하는 많은 성씨가 있었다. 그런데 『여지』에는 함풍을 본관으로 하던 任·魯·文·姜 및 모평을 본관으로 하던 吳·碣·牟과 그 밖의 임내를 본관으로 하던 盧·潘·楊·任·程 등의 성씨가 사라지고, 다른 지역을 본관으로 하는 安·洪·羅·張·柳·陳·全·沈·趙 등의 새로운 성씨가 등장한다. 그 과정에

---

13) 『輿地圖書』 全羅道 咸平縣, 建置沿革.

본관이 달라진 채 등장하는 李·孔·鄭·金·辛·崔·兪·朴·尹 등의 9개 성씨
는 역시 改貫으로 추정된다.

〈표 6-5〉 高敞의 '성씨'조

승람	여지	변화
高敞 : 吳·尹·宋·金·朴〈金〉方(庇仁)·李(韓山)·趙(龍安)·梁(梁山)〉 大良 : 吳·朴·金·尹·宋 陶城 : 崔 德岩 : 崔	曺(昌寧)·柳(高興)·金(光山)·安(竹山)·李(延安)·崔(完山)·朴(密陽)·林(兆陽)·劉(江陵)	유지 : 없음 탈락 : 吳·尹·宋(高敞), 方(庇仁), 趙(龍安), 梁(梁山), 吳·尹·宋(大良) 개관 : 金·朴(高敞), 李(韓山), 朴·金(大良), 崔(陶城), 崔(德岩)

고창도 함평과 유사하게, 『승람』에 본현 및 임내를 본관으로 기재되
어 있던 吳·尹·宋 등의 성씨가 『여지』에는 사라지고, 새로 다른 지역을
본관으로 하는 曺·柳·安·林·劉 등의 성씨가 등장한다. 그 가운데 金·
朴·李·崔 등의 성씨는 개관으로 추정된다. 그런데 『승람』의 續姓에는 다
른 지역을 본관으로 하는 4개 성씨도 함께 실려 있는데, 方·趙·梁은 모
두 사라졌다. 李氏는 韓山을 본관으로 하던 성관은 사라지고, 延安을 본
관으로 하는 성관이 새로 등장한다.

〈표 6-6〉 綾州의 '성씨'조

승람	여지	변화
綾州 : 具·鄭·文·曺·蔡·朱〈利〉姜(晉州)·金	具(綾州)·鄭(河東)·文(南平)·曺(綾州)·朱(綾州)·梁(濟州)·閔(驪興)·李(公州)·李(光州)·李(完山)·李(星州)·宋(新平)·安(竹山)·南(宜寧)·朴(順天)·朴(咸陽)·朴(忠州)·金(淸道)·金(南海)·金(光山)·金(靈光)·裵(大丘)·張(興德)·吳(寶城)·崔(江華)·崔(慶州)·丁(靈光)·徐(利川)·洪(羅州)·洪(豊山)	유지 : 具·曺·朱(綾州) 탈락 : 蔡(綾州), 姜(晉州) 개관 : 鄭·文·金(綾州)

능주는 개관 여부가 비교적 선명하게 드러나는 지역이다. 능주는 원래 綾城縣이었는데, 인조 10년(1632)에 仁獻王后의 본관 고을이라 하여 綾州牧으로 승격시켰다.[14] 따라서 본관을 綾城으로 부르기도 하고 綾州로 부르기도 한다. 『승람』에 본관으로 기재된 6개 성씨 가운데 具·曺·朱의 3개 성씨가 『여지』 단계에서도 여전히 본관으로 남아 있었다. 한편 蔡氏는 사라지고 보이지 않으며, 鄭·文 두 성씨는 기재 순서로 보아 개관이 확실해 보인다. 來姓이었던 金도 본관을 綾州로 보아야할지 晉州 혹은 다른 곳으로 보아야할지 확실하지는 않지만, 『여지』 단계에 淸道 등 4개 지역의 본관으로 등장하는 것으로 보아 개관으로 파악할 수 있다.

〈표 6-7〉 光陽의 '성씨'조

승람	여지	변화
光陽 : 金·徐·鄭·田·李·柳·康·辛·朴·皇甫 阿麻代 : 金·車·崔 本井 : 車·崔 骨若 : 〈逾〉車·金	徐(利川)·鄭(晉州)·朱(熊川)·金(金海)·朴(密陽)·李(完山)·姜(晉州)·成(昌寧)·楊(淸州)·張(順天)·裵(星州)·兪(杞陽)·崔(完山)·黃(昌原)	유지 : 없음 탈락 : 田·柳·康·辛·皇甫(光陽), 車(阿麻代), 車(本井), 車(骨若) 개관 : 金·徐·鄭·李·朴(光陽), 金·崔(阿麻代), 崔(本井), 金(骨若)

광양도 본현과 임내를 본관으로 하는 성씨가 중복을 제외하고 12개였는데, 『여지』 단계에서는 모두 사라지고 金·徐·鄭·李·朴·崔 등 6개 성씨가 다른 지역을 본관으로 나타난다. 역시 개관으로 이해된다.

구례도 『승람』과 『여지』의 기재순서가 거의 일치해, 개관 여부 및 성씨의 出入 상황이 분명히 드러나는 지역이다. 구례를 본관으로 하는 張·黃氏가 존속한 반면, 陶·孫·全·陳·朴·徐·梁·劉·鄭 등 9개 성씨가 본관

---

14) 『仁祖實錄』 10년 5월 3일.

을 바꾸었다. 구례의 續姓인 義昌 黃氏의 경우, 『여지』에는 昌原 黃氏로
나오지만, 義昌이 昌原의 옛 지명이므로 같은 본관으로 보았다.

〈표 6-8〉 求禮의 '성씨'조

승람	여지	변화
求禮 : 張·陶·孫·全· 任·陳 〈속〉朴·黃 (義昌) 〈래〉徐·梁 南田 : 林 放光 : 劉 沙等村 : 任 〈속〉鄭	張(求禮)·陶(星州)·孫(密陽)·全(天安)· 陳(羅州)·朴(密陽)·黃(昌原)·徐(達城)· 梁(南原)·劉(白川)·鄭(海州)·崔(全州)· 柳(文化)·魯(江華)·安(順興)·池(忠州)· 權(安東)·洪(南陽)·蔡(平江)·諸(南陽)· 白(水原)·趙(洪州)·房(南陽)·兪(杞溪)· 沈(青松)·吳(海州)·高(濟州)	유지 : 張(求禮), 黃(義 昌) 탈락 : 任(求禮), 林(南 田), 任(沙等村) 개관 : 陶·孫·全·陳· 朴·徐·梁(求禮), 劉 (放光), 鄭(沙等村)

〈표 6-9〉 興陽의 '성씨'조

승람	여지	변화
興陽 : 柳·申 〈속〉韓 道化 : 吳·申 豊安 : 吳·申 道陽 : 申 南陽 : 宋·李·邊·金 泰江 : 曺·韓·鄭·丁·任 荳原 : 吳·許·庚·申·鐘 〈래〉盧 (西京)·朴·寶城·李(南陽)·丁 紆川 : 邊 芝坪 : 申 葱谷 : 全 古多山 : 遜	柳(高興)·申(高興)·吳(道 化)·申(豊安)·申(道陽)· 宋(南陽)·曹(泰江)·吳(荳 原)·邊(紆川)·全(葱谷)· 孫(古多山)·韓(清州)·李 (完山)·丁(靈光)·金(金 海)·鄭(光州)·盧(西京)· 李(慶州)·朴(寶城)·張(仁 同)·朴(昌原)·朴(密陽)· 金(光山)·宋(礪山)·吳(同 福)·朴(珍原)·任(長興)	유지 : 柳·申(興陽), 吳(道 化), 申(豊安), 申(道陽), 宋(南陽), 曹(泰江), 吳 (荳原), 盧(西京), 朴(寶 城), 邊(紆川), 全(葱谷), 孫(古多山) 탈락 : 許·庚·鐘(荳原) 개관 : 韓(興陽), 申(道化), 吳(豊安), 李·邊·金(南 陽), 韓·鄭·丁·任(泰江), 李(南陽), 申·丁(荳原), 申(芝坪)

　　興陽은 복잡한 建置沿革만큼이나 성관의 구성도 다양하다. 원래 長興
府의 高伊部曲이었던 곳이 高興縣으로 승격되었다가 관청을 장흥부의
屬縣인 荳原으로 옮겼는데, 뒤에 寶城郡의 속현인 南陽과 통합하여 흥양
이 되었다.[15] 또 그 지역 안에 있었던 많은 임내에도 각각 姓貫이 있어서

『승람』단계에 이미 많은 성관이 있었다. 다른 지역과 달리 흥양의 경우, 『여지』단계에도 많은 기존의 성관이 유지되는 것으로 나온다. 본현에 해당하는 고흥(흥양)을 본관으로 하는 이외에, 임내인 道化나 豊安 등을 본관으로 하는 성씨도 계속 존속하고 있다. 『여지』에 이 지역을 본관으로 하던 성씨들은 조선시대의 문과 급제자에서도 확인되지 않는데, 1985년의 통계를 보면 몇 가지 의미 있는 사실을 확인할 수 있다. 먼저 『여지』에 이 지역을 본관으로 등재되었던 성씨 가운데 高興 柳氏[16]와 高興 申氏,[17] 荳原 吳氏,[18] 南陽 宋氏[19]는 계속 존속하고 있지만, 豊安 申氏, 道陽 申氏, 道化 吳氏, 泰江 曺氏, 紆川 邊氏, 葱谷 全氏, 古多山 孫氏는 사라지고 없다. 사라진 성관은 모두 임내를 본관으로 하던 성관이었다. 남아있는 성관 가운데 高興을 본관으로 하던 柳·申 이외에 두원 오씨와 남양 송씨가 눈에 띄는데, 이는 임내를 본관으로 하고 있는 성관이다. 그런데 그 내용을 살펴보면 조금 다른 해석이 가능하다.

오씨는 도화와 두원의 두 본관이 있었는데, 도화는 사라지고 두원은 1985년 현재 전국에 18명이 존재하는 것으로 나온다. 그런데, 『여지』에는 나타나지 않던 興陽 오씨가 전국에 1,730명이 존재하는 것으로 확인된다.[20] 이로 보아 임내를 본관으로 하던 성씨는 일반적으로 主邑으로 본관이 통합되는 과정을 거쳐 사라졌으며, 예외적으로 두원 오씨처럼 일부가 남게 된 것으로 보인다. 南陽 송씨의 경우도, 1985년 통계에 의하면 전국에 18,757명이라는 꽤 많은 숫자가 있다. 특히 전라도 고흥군에 2,377명이라는 적지 않은 인원이 거주하고 있다. 그런데 지금의 남양 송

---

15) 『여지도서』 전라도 興陽縣, 건치연혁.
16) 경제기획원 조사통계국, 앞의 책(하), 50쪽.
17) 같은 책(상), 1056쪽.
18) 같은 책(상), 1164쪽.
19) 같은 책(상), 1272쪽.
20) 같은 책(상), 1128쪽.

씨가 본관으로 하는 지명인 南陽은 보성군의 속현이었던 남양이 아니라,
경기도의 南陽府이다. 한편 1985년의 통계에는, 『여지』에 보이지 않던
홍양 송씨도 보이는데 전국에 84명, 고흥군에 단 1명이 거주하는 것으로
되어 있다. 이러한 사실을 통해 추론하자면, 홍양의 임내였던 남양을 본
관으로 하는 송씨들은 같은 글자를 쓰는 경기도 남양으로 개관하거나,
아니면 주읍이었던 홍양으로 개관하는 과정을 겪으면서 사라졌던 것으
로 보인다. 그 가운데 더 우세했던 경기도 남양을 본관으로 하는 송씨로
개관하는 비율이 훨씬 더 높게 나타나고 있다.

  결론적으로 『여지』 단계까지 홍양을 본관으로 하던 많은 성관이 그대
로 나타나고 있고 이는 다른 지역과 구별되는 특징이지만, 그 이후 본관
의 통합과정에서 이 지역도 주읍이 아닌 임내의 본관은 거의 사라지게
되었다.

<표 6-10> 和順의 '성씨'조

승람	여지	변화

和順 : 裵·崔·吳·
尹·河 〈(續)〉朴
(順天)·金(晉
州·茂珍)
	崔(大丘)·裵(大丘)·林(淳昌)·曺(昌寧)·崔
	(海州)·柳(文化)·孔(昌原)·錢(聞慶)·李
	(完山)·朴(咸陽)·鄭(河東)·張(晉州)·李
	(光山)·奇(幸州)·趙(豊壤)·辛(靈山)·朴
	(潘南)·羅(羅州)
		유지 : 없음
		탈락 : 吳·尹·河(和順),
		  金(晉州), 金(茂珍)
		개관 : 裵·崔(和順), 朴
		  (順天)

  화순도 개관 여부가 비교적 명확하게 드러나는 지역이다. 화순을 본
관으로 하던 5개 성씨 가운데 吳·尹·河 3개 성씨는 『여지』 단계에서 사
라지고, 裵·崔 2개 성씨는 모두 다른 지역으로 본관이 바뀌어 있다. 한편
續姓이었던 朴氏도 順天을 본관을 하는 성관은 사라지고, 咸陽이나 潘南
이 본관인 성관만이 남아있는 것으로 보아, 역시 개관으로 추정된다.

〈표 6-11〉 淳昌의 '성씨'조

승람	여지	변화
淳昌 : 薛·廉·林· 趙·扈·邕·〈속〉金 福興 : 林·趙 赤城 : 宋·李·程· 黃·玄 柳等 : 丁·李·宋 甘勿土 : 崔 置 等 : 李·井·林· 白·景·金	趙(玉川)·薛(玉川)·金(蔚山)·韓(淸州)· 權(安東)·楊(南原)·申(高靈)·尹(南原)· 洪(南陽)·朴(順天)·梁(濟州)·尹(驪州)· 偰(慶州)·柳(文化)·鄭(草溪)·朴(密陽)· 吳(咸陽)·姜(晉州)·南(宜寧)·崔(完山)· 李(完山)·曹(昌寧)·印(喬桐)·林(密陽)· 邕(玉川)·扈(玉川)·黃(長水)·宋(礪山)· 全(天安)·成(昌寧)·鞠(潭陽)·盧(咸陽)· 孔(和順)·高(長興)·李(星州)·金(順天)· 金(盆城)·金(江陵)·崔(草溪)·金(安東)· 金(慶州)	유지 : 薛·趙·扈·邕(淳 昌) 탈락 : 廉(淳昌), 程·玄 (赤城), 丁(柳等), 井· 白·景(置等) 개관 : 林·金(淳昌), 林·趙(福興), 宋·李· 黃(赤城), 李·宋(柳 等), 崔(甘勿土), 李· 林·金(置等)

순창의 경우, 本郡인 순창을 본관으로 하던 성씨 가운데 네 성씨가 淳
昌의 옛 이름인 玉川을 본관으로 존속되고 있다. 廉 등 7개 성씨는 사라
졌고, 林·金 및 임내를 본관으로 했던 성씨 대부분이 다른 지역의 본관
으로 개관하였을 것으로 추정된다.

〈표 6-12〉 龍潭의 '성씨'조

승람	여지	변화
龍潭 : 高·文·賈·廉·林·任 銅鄕 : 賈	高(濟州)·文(南平)·廉(龍潭)· 林(羅州)·任(豊川)	유지 : 廉(龍潭) 탈락 : 賈(龍潭), 賈(銅鄕) 개관 : 高·文·林·任(龍潭)

용담은 개관의 양상이 가장 전형적으로 드러나고 있는 지역이다. 本
縣 및 임내를 본관으로 하던 6개 성씨 가운데, 『여지』 단계에서 賈氏는
사라지고 없으며, 廉氏는 본관을 유지한 반면, 나머지 네 성씨는 모두 본
관을 바꾸고 있다.

〈표 6-13〉 昌平의 '성씨'조

승람	여지	변화
昌平 : 安·曺·辛· 丁·金·卓·全· 成 《안》李·咸· 鄭 長平 : 辛·金·柳· 玄·元 甲鄉 : 陳·昇	安(竹山)·曺(昌寧)·丁(靈光)·金(光山)·全(天安)· 李(完山)·鄭(延安)·金(延安)·柳(文化)·玄(延州)· 高(長興)·梁(濟州)·朴(咸陽)·南(宜寧)·吳(羅州)· 曺(昌平)·林(平澤)·盧(光山)·蔡(平康)·尹(坡平)· 金(慶州)·李(星州)·羅(羅州)·宋(洪州)·房(南州)· 薛(玉川)·禹(丹陽)·徐(利川)·崔(江華)·李(全州)· 奇(幸州)·李(延安)·文(南平)·朱(綾州)·李(水原)· 鞠(潭陽)·朴(密陽)·李(淸安)·吳(海州)·申(高靈)· 金(扶安)·朴(珍原)·郭(玄風)	유지 : 曺(昌平) 탈락 : 辛·卓·成· 咸(昌平), 辛· 元(長平), 陳· 昇(甲鄉) 개관 : 安·丁·金· 全·李·鄭(昌 平), 金·柳·玄 (長平)

창평도 개관의 양상이 분명하게 드러나고 있는 지역이다. 본현이나 임내를 본관으로 하고 있던 성씨 가운데, 曺氏를 제외한 9개의 성씨가 모두 다른 지역을 본관으로 개관하고 있다. 한편 曺는 본래의 창평 이외에 昌寧을 본관으로 하는 성씨도 보이는데, 기재 순서로 보아 창평의 본관을 유지하기보다는 창녕 조씨로 개관한 경우가 더 많았을 것으로 보인다. 1985년의 인구통계에도 창녕 조씨는 20개의 조씨 가운데 가장 많은 반면, 창평 조씨는 사라지고 없다.[21]

〈표 6-14〉 任實의 '성씨'조

승람	여지	변화
任實 : 文·全·白· 陳·任·申 九皐 : 申·黃·扈· 林·田 醉仁 : 申	李(全義)·金(慶州)·洪(南陽)·韓(淸州)· 朴(咸陽)·郭(玄風)·沈(豊山)·薛(玉川)· 崔(全州)·尹(南原)·宋(礪山)·張(求禮)· 柳(文化)·全(天安)·趙(玉川)·吳(羅州)· 鄭(東萊)·蔡(平康)·林(羅州)·黃(昌原)· 周(靈光)·康(信川)·魯(咸陽)·高(長興)	유지 : 없음 탈락 : 文·白·陳·任·申 (任實), 申·扈·林·田 (九皐), 申(醉仁) 개관 : 全(任實), 黃(九皐)

임실은 『승람』 단계와 『여지』 단계에 성씨의 변화가 심한 고을이다. 중복을 제외하고 본현과 임내 합쳐 10개의 성씨 중에 8개 성씨는 모두 사라지고 없으며, 全氏는 天安으로, 黃氏는 昌原으로 각각 개관하였다.

<표 6-15> 茂朱의 '성씨'조

승람	여지	변화
茂豊 : 朱·黃·河·田·沈·朴 朱溪 : 朱·梁·朴·河·扈·崔·姜·孫·李·韓	河(晉州)·金(光山)·李(原州)·崔(完山) 金(金海)·梁(南原)·韓(淸州)·朴(密陽) 權(安東)·安(順興)·黃(昌原)·宋(恩津) 李(慶州)·申(仁同)·徐(達城)·奇(幸州)	유지 : 없음 탈락 : 朱·田·沈(茂豊), 朱·梁·扈·姜·孫(朱溪) 개관 : 黃·河·朴(茂豊), 朴·河·崔·李·韓(朱溪)

茂朱는 茂豊과 朱溪를 합해 이루어진 고을로,[22] 『승람』에는 두 지역을 본관으로 하는 성씨가 기재되어 있다. 그러나 『여지』 단계까지 남아 있는 성관은 없으며, 남은 黃·河·朴·崔·李·韓 등 6개 성씨의 본관이 바뀌어져 나타난다.

<표 6-16> 谷城의 '성씨'조

승람	여지	변화
谷城 : 申·任·呂·吳·朴·⟨金⟩李 栗谷 : 河	申(平山)·馬(長興)·吳(海州)·安(順興)·柳(文化) 李(星州)·趙(淳昌)·金(錦山)·崔(全州)·呂(咸陽) 徐(利川)·張(興德)·邑(淳昌)·鄭(草溪)·曹(昌寧) 姜(晉州)·丁(昌原)·晉(南原)·韓(淸州)·朴(竹山) 尹(坡平)·高(長興)·朱(綾城)·卓(楊根)·全(天安) 庾(茂松)·梁(龍城)·嚴(寧越)·程(韓山)·劉(居昌) 郭(玄風)·林(羅州)	유지 : 없음 탈락 : 任(谷城), 河(栗谷) 개관 : 申·呂·吳·朴·李(谷城)

곡성 역시 『승람』 단계 본현과 임내의 성씨 가운데 申·呂·吳·朴·李 등 5개 성씨의 본관이 모두 바뀌어져 있고, 나머지 성씨는 사라지고 없다.

22) 『여지도서』 전라도 茂朱府, 건치연혁.

〈표 6-17〉 玉果의 '성씨'조

승람	여지	변화
玉果 : 金・趙・宋・ 文・黃・全 〈續〉 朴(密陽) 興福 : 文 金山 : 文・黃	金(慶州)・趙(漢陽)・朴(密陽)・許(泰仁)・沈 (青松)・鄭(錦城)・梁(南原)・申(高靈)・尹(南 原)・權(安東)・辛(寧越)・羅(錦城)・高(長興)・ 宋(洪州)・李(全州)・吳(海州)・金(光山)・曺 (昌寧)・洪(豊山)・丁(昌原)・南(宜寧)・房(南 陽)・張(興德)	유지 : 朴(密陽) 탈락 : 文・黃・全(玉 果), 文(興福), 文・ 黃(金山) 개관 : 金・趙・宋(玉 果)

옥과 및 임내를 본관으로 하는 6개 성씨 가운데, 3개 성씨는 사라지고
남은 金・趙・宋 두 성씨는 모두 본관이 유력 성관인 경주・광산 김씨와 한
양 조씨 및 홍주 송씨로 바뀌어 있다. 한편『승람』단계에 續姓으로 기재
되었던 밀양 박씨는 본관이 바뀌지 않은 채『여지』에 수록되었다. 역시
유력한 성관으로의 개관 현상을 보여주는 지역이다.

〈표 6-18〉 興德의 '성씨'조

승람	여지	변화
興德 : 鄭・張・陳・ 曺・金・白 〈續〉 朴(高敞) 坐鄉 : 曺 南調 : 陳 北調 : 曺	鄭(東萊)・張(興城)・陳(興城)・曺(昌寧)・ 金(慶州)・白(水原)・朴(高敞)・李(全州)・ 黃(平海)・高(長興)・吳(同福)・宋(聞慶)・ 尹(坡平)・柳(高興)・愼(居昌)・曺(咸平)・ 李(咸豊)・朴(密陽)・祭(平康)・徐(達城)・ 鄭(慶州)・崔(朔寧)・金(義城)・趙(金堤)・ 鄭(延日)・金(盆城)・尹(南原)・金(扶安)・ 金(蔚山)・金(光山)・李(完山)	유지 : 張・陳(興德), 朴 (高敞) 탈락 : 없음 개관 : 鄭・曺・金・白(興 德), 曺(坐鄉), 陳(南 調), 曺(北調)

홍덕도『승람』의 성씨 기재순서와 똑같이『여지』에 실려 있어, 개관
여부가 분명히 파악되는 지역이다. 홍덕을 본관으로 하는 6개 성씨 가운
데 張・陳 2개 성씨는 홍덕의 옛 지명인 興城을 본관으로 하여 그대로 유
지되고 있으며, 鄭・曺・金・白의 네 성씨는 모두 유력한 성관으로의 개관

이 이루어졌다. 역시『승람』에 속성으로 추가되었던 고창 박씨는 남았
다. 반면에 임내를 본관으로 하던 성관은 모두 사라졌는데, 主邑의 본관
인 陳氏나 다른 유력 성관인 曺氏로 개관하였다.

〈표 6-19〉沃溝의 '성씨'조

승람	여지	변화
沃溝 : 林·高·宋·任·文· 李·殷·裵·白〈승〉金 澮尾 : 張·全·宗·葉·申	林(會尾)·高(濟州)·宋(星 州)·文(南平)·李(完山)·張 (會尾)	유지 : 張(澮尾) 탈락 : 任·殷·裵·白·金(沃溝), 全·宗·葉·申(澮尾) 개관 : 林·高·宋·文·李(沃溝)

옥구는 任內를 본관으로 하는 성관이『여지』단계에 둘씩이나 발견된
흥미로운 지역이다. 지명의 표기가 澮尾에서 會尾로 바뀌어져 나타나는
데, 그 가운데 회미 장씨는『승람』단계부터 있었던 본관이고, 會尾 林氏
는 주읍이었던 옥구에서 회미로 본관을 바꾼 경우에 해당한다. 임내를
본관으로 하던 성관이 주읍을 본관으로 통합되며 개관되는 현상이 일반
적인데, 회미 林氏의 경우 반대로 나타나는 점이 주목된다. 그런데 회미
를 본관으로 하던 이 성씨도 이후에는 다른 성관으로 개관한 것으로 추
정된다. 1985년의 통계에 회미 장씨는 보이지 않고 소수의 옥구 장씨가
나타나며,[23] 역시 회미 林氏는 보이지 않는 대신 소수의 옥구 林氏가 나
타나는 것으로 보아,[24] 『여지』이후 단계에 다시 주읍 혹은 다른 유력
성관으로 개관한 것으로 보인다. 林氏 외에 나머지 옥구를 본관으로 하
던 성씨 가운데 남은 高·宋·文·李의 4개 성씨는 모두 다른 유력 성관으
로 개관하였다.

---

23) 경제기획원 조사통계국, 앞의 책(상), 876쪽.
24) 같은 책(상), 984쪽.

〈표 6-20〉 龍安의 '성씨'조

승람	여지	변화
龍安 : 張·趙·南宮 〈緦〉李·兪·崔·朴 豊堤 : 孫·吳·兪·趙 林·朴·金 倉山 : 兪·吳·趙·玄	趙(豊溪)·南宮(咸悅)·李(完 山)·兪(杞溪)·崔(完山)·朴(密 陽)·白(水原)·全(潭陽)·都(龍 安)·鄭(東萊)·孫(星州)·吳(海 州)·林(豊溪)·金(金海)·尹(尼 山)·玄(金山)·田(沃溝)	유지 : 없음 탈락 : 張(龍安) 개관 : 趙·南宮·李·兪·崔·朴 (龍安), 孫·吳·兪·趙·林·朴· 金(豊堤), 兪·吳·趙·玄(倉山)

용안 및 임내 지역을 본관으로 하던 성씨 역시 모두 다른 유력 성관으로 개관하였다. 『승람』에 來姓으로 실렸던 李·兪·崔·朴의 본관을 龍安으로 이해할 경우, 네 성씨 모두 『여지』 단계에 유력한 성관으로 개관한다. 한편 『여지』에는 용안을 본관으로 하는 都氏가 새로 등장해 주목된다. 『승람』 단계에는 都氏가 없었다. 조선후기에 새롭게 성씨를 사용하게 된 존재들이 사용하며 등장한 것으로 보이는데, 1985년의 통계에는 보이지 않는 것으로 보아 『여지』 단계 이후 다시 다른 유력한 성관으로 개관한 것으로 보인다.

〈표 6-21〉 咸悅의 '성씨'조

승람	여지	변화
咸悅 : 南宮·趙·張·廉 朴 〈續〉金·林 桃田 : 金·趙·張·石	南宮(咸悅)·趙(林川)·張(海 州)·廉(咸悅)·朴(密陽)·金(金 海)·林(兆陽)·石(咸悅)	유지 : 南宮·廉(咸悅) 탈락 : 없음 개관 : 趙·張·朴·金·林(咸 悅), 金·趙·張·石(桃田)

함열을 본관으로 하는 5개 성씨 가운데 南宮·廉 2개 성씨의 본관은 그대로 유지되고, 趙·張·朴의 3개 성씨는 개관하였다. 역시 『승람』에 續姓으로 실렸던 金·林도 『여지』에는 모두 유력 성관으로 등장한다. 임내인 桃田을 본관으로 하던 성씨는 모두 개관하였거나 사라진 것으로 추정되는데, 그 가운데 石氏는 主邑인 함열로 개관하였다.

〈표 6-22〉 高山의 '성씨'조

승람	여지	변화
高山 : 高·宋·全· 裵·價 雲梯 : 裵·白·水· 宋·兪	具(綾城)·柳(文化)·李(全州)·兪(杞溪)· 趙(平壤)·高(濟州)·吳(樂安)·鞠(潭陽)· 任(高興)·林(平澤)·金(金海)·朴(潘南)· 沈(靑松)·印(橋桐)·裵(雲梯)	유지 : 裵(雲梯) 탈락 : 宋·全·價(高山), 白·水·宋·兪(雲梯) 개관 : 高·裵(高山)

고산은 주읍과 임내를 막론하고 『여지』 단계에 남은 성씨가 高·裵 2
종에 불과하고, 나머지는 모두 새로 등장한 성씨들이다. 그 가운데 임내
인 雲梯의 裵氏는 그대로 유지되고 있고, 高山 高氏는 濟州로 개관하였
다. 배씨는 주읍인 고산을 본관으로 하고 있던 성관도 있었는데, 임내인
운제로 개관한 것으로 파악하였다. 임내 지역으로서 이례적으로 유지되
었던 운제 배씨는 1985년의 통계에서는 확인되지 않는다.

〈표 6-23〉 羅州의 '성씨'조

승람	여지	변화
羅州 : 金·羅·吳·鄭·陳·孫·南· 朴·柳 從義 : 朴·洪 榮山 : 尹·黃 會津 : 梁·林·申·曺·徐 安老 : 金·徐·車·全 潘南 : 洪·曺·朴·蔡·宋·朱 伏龍 : 曺·朴·仇·庾·化·〈⑩〉汎 長山 : 南·金·蔡·任·張 餘艎 : 趙·曺·化·朱·金 押海 : 朴·朱·丁·江·南·固 群山 : 兪·尹 任城 : 朴·兪 極浦 : 尹 居平 : 司馬·柳·林 金磨 : 河 孫利 : 吳 水多 : 邦·兪·李	金(光山)·羅(羅州)· 吳(錦城)·鄭(錦城)· 陳(三涉)·孫(密陽)· 南(宜寧)·朴(潘南)· 柳(文化)·洪(豊山)· 尹(坡平)·黃(長水)· 梁(濟州)·林(羅州)· 申(平山)·曺(昌寧)· 徐(利川)·全(天安)· 蔡(平康)·宋(礪山)· 朱(綾城)·任(豊川)· 張(仁同)·趙(豊壤)· 丁(羅州)·兪(南平)· 李(咸豊)	유지 : 羅·吳·鄭(羅州), 朴(潘 南) 탈락 : 車(安老), 仇·庾·化·汎 (伏龍), 南(長山), 化(餘艎), 江·南·固(押海), 司馬(居平), 河(金磨), 邦(水多) 개관 : 金·陳·孫·南·朴·柳(羅 州), 朴·洪(從義), 尹·黃(榮 山), 梁·林·申·曺·徐(會津), 金·徐·全(安老), 洪·曺·蔡· 宋·朱(潘南), 曺·朴(伏龍), 金·蔡·任·張(長山), 趙·曺· 朱·金(餘艎), 朴·朱·丁(押 海), 兪·尹(群山), 朴·兪(任 城), 尹(極浦), 柳·林(居平), 吳(孫利), 兪·李(水多)

나주는 큰 고을이라 주읍은 물론 임내의 성씨가 많지만, 개관 여부를
파악하기에는 비교적 용이하다. 『여지』의 기재 순서가 『승람』과 거의
일치하고 있기 때문이다. 『여지』에 등장하고 있는 성씨는 모두 『승람』
에 실려 있는 성씨이다. 그 가운데 羅州 羅氏와 나주의 별호인 錦城을
본관으로 한 吳·鄭은 모두 『승람』의 본관이 그대로 유지된 성관이다. 특
이한 것은 任內인 潘南 朴氏가 유지되고 있는 반면, 나주 및 다른 임내를
본관으로 한 朴이 모두 개관하고 있는 점이다. 역시 임내라 해도 일찍
유력 성관이 되어 유지된 경우라 하겠다. 그 밖에 林·丁도 나주를 본관
으로 하고 있지만, 이는 임내의 성씨가 주읍의 본관으로 개관한 것으로
보인다. 그 밖에 22개 성씨가 모두 다른 지역의 유력 성관으로 개관하고
있다.

〈표 6-24〉 務安의 '성씨'조

승람	여지	변화
務安 : 丁·朴·兪·曺·尹	丁(羅州)·朴(綿城)·兪(杞溪)·尹(坡平)·曺(昌寧)	유지 : 없음 탈락 : 없음 개관 : 丁·朴·兪·曺·尹

무안을 본관으로 하던 丁·朴·兪·曺·尹의 5개 성씨는 『여지』 단계에
서 모두 다른 지역의 유력 성관으로 개관하였다.

〈표 6-25〉 長興의 '성씨'조

승람	여지	변화
長興 : 任·曺·稅·吳·丁·〈囝〉李(德恩)·宋(鹽州)·崔(耽津·和順)·〈續〉高·朴·乘 會寧 : 馬·邢·李·周·成	任(長興)·曺(昌寧)·李(德恩)·宋(鹽州)·崔(耽津)·崔(和順)·馬(長興)·白(稷山)·魏(長興)·曺(綾州)·吳(同福)·高(濟州)·尹(咸安)·宣(寶城)·朴(咸陽)·	유지 : 任(長興), 李(德恩), 宋(鹽州), 崔(耽津), 崔(和順), 白(稷山), 宣(寶城) 탈락 : 稅·乘(長興), 邢·周·成(會寧), 咸(遂寧), 林(長澤),

〈來〉白(稷山)	白(水原)·金(靈光)·金(慶州)·	表(有耻), 申(丁火)
遂寧:魏·朴·曺·咸	金(清州)·金(金海)·文(南平)·	개관:曺·吳·丁·高·朴(長
長澤:林·高·尹·吳	鄭(晉州)·丁(靈光)·田(潭陽)·	興), 馬·李(會寧), 魏·朴·
〈來〉宣(寶城)	李(廣州)·李(仁川)·邊(長淵)·	曺(遂寧), 高·尹·吳(長澤),
安壤:朴·白	張(興德)·張(豊德)·卞(草溪)·	朴·白(安壤), 任(語山)
語山:任	安(竹山)·盧(光山)·盧(豊川)·	
有耻:表	梁(濟州)·韓(清州)	
丁火:申		

　장흥을 본관으로 하던 성씨 가운데 任은 그대로 『여지』에도 남았으며, 曺·吳·丁은 본관을 바꾸었고 咸는 사라졌다. 한편 來姓들은 원래의 본관이 그대로 유지되었다. 또 임내 지역을 본관으로 하던 성씨 가운데 馬·魏는 주읍인 장흥을 본관으로 개관했으며, 나머지 曺·吳·高·朴·白·尹 등은 다른 지역의 성관으로 개관하였다.

〈표 6-26〉珍島의 '성씨'조

승람	여지	변화
珍島:任·金·李·韓·鄭 嘉興:曺·呂·平·兪·丁 〈△〉金 臨淮:裵·朴 義新:任·金·李·羅	金(金海)·李(延安)·韓(清州)· 曺(昌平)·金(扶安)·宋(洪州)· 丁(星州)·裵(丹陽)·朴(密陽)· 羅(羅州)·郭(玄風)	유지:없음 탈락:任·鄭(珍島),　呂· 平·兪(嘉興), 任(義新) 개관:金·李·韓(珍島), 曺·丁·金(嘉興), 裵·朴 (臨淮), 金·李·羅(義新)

　진도 역시 주읍 및 임내를 본관으로 하던 성씨가 모두 사라지고, 다른 지역의 유력 성관으로 모두 개관하였다.
　강진은 道康과 耽津을 통합해 설치한 고을이다.[25] 道康 趙氏와 耽津 崔氏가 『여지』단계에도 남아 있으며, 도강·탐진 등 주읍과 그 밖의 임내를 본관으로 하던 나머지 성씨는 모두 다른 성관으로 개관하였다.

---

25) 『여지도서』 전라도 康津縣, 건치연혁.

〈표 6-27〉 康津의 '성씨'조

승람	여지	변화
道康：金·趙·黃·任·表· 朴·玄·許 耽津：崔·曹·兪·安·鄭· 河〈來〉康·朴 平德：安·朴 大口：徐 大谷：曹 七陽：白 永可：申·金 水雲：曹·吳·崔	李(完山)·尹(海南)·吳(平海)· 曹(昌寧)·趙(道康)·黃(昌原)· 兪(杞溪)·安(竹山)·朴(咸陽)· 徐(利川)·金(彦陽)·魏(長興)· 白(水原)·沈(靑松)·崔(耽津)· 任(長興)·宋(密陽)·林(善山)	유지：趙(道康), 崔(耽津) 탈락：表·玄·許(道康), 鄭· 河·康(耽津), 申(永可) 개관：金·黃·任·朴(道康), 曹·兪·安·朴(耽津), 安· 朴(平德), 徐(大口), 曹 (大谷), 白(七陽), 金(永 可), 曹·吳·崔(水雲)

〈표 6-28〉 海南의 '성씨'조

승람	여지	변화
海南：鄭·尹·車·金·全·葛 黃原：黃·尹·宗·葛 竹山：尹·朴·宋·全·門 枏川：全 紗羅：曹·宋·尹·吳·趙 仇良山：崔·白 珍山：崔·金 八馬：文·金 玉泉：全·尹·愼·安·朴	鄭(草溪)·尹(海南)·車(竹山)· 宋(礪山)·黃(長水)·崔(新豊)· 金(昇平)·全(沃川)·朴(密陽)· 朴(務安)·白(水原)·吳(同福)· 金(金海)·安(順興)·尹(坡平)· 曹(昌寧)·趙(漢陽)·崔(密陽)· 文(南平)·愼(居昌)	유지：尹(海南) 탈락：葛(海南), 宗·葛(黃 原), 門(竹山) 개관：鄭·車·金·全(海南), 黃·尹(黃原), 尹·朴·宋· 全(竹山), 全(枏川), 曹· 宋·尹·吳·趙(紗羅), 崔· 白(仇良山), 崔·金(珍 山), 文·金(八馬), 全· 尹·愼·安·朴(玉泉)

　해남은 본관으로 하던 성씨 가운데 海南 尹氏가 『여지』 단계까지 남아있었고, 나머지 주읍 및 임내를 본관으로 하던 성씨는 모두 개관하였다. 임내의 윤씨 가운데에는 해남이 아닌 坡平 尹氏로 개관한 경우도 있는 것으로 추정된다.

　운봉 및 임내를 본관으로 하던 성씨로 『여지』 단계까지 남아있던 성관은 없고, 朴·鄭·金의 세 성씨는 개관한 것으로 추정된다.

〈표 6-29〉 雲峯의 '성씨'조

승람	여지	변화
雲峯 : 朴·文·鄭·田·辛 阿要谷 : 文·劉·金	吳(同福)·徐(達城)·吳(咸陽)· 金(淸道)·卞(草溪)·李(延安)· 金(慶州)·李(陽城)·朴(密陽)· 安(順興)·李(星山)·柳(豊山)· 林(益山)·柳(晉州)·鄭(瑞山)· 朴(咸陽)·丁(昌原)·林(會津)	유지 : 없음 탈락 : 文·田·辛(雲峯), 　　　文·劉(阿要谷) 개관 : 朴·鄭(雲峯), 金(阿 　　　要谷)

〈표 6-30〉 鎭安의 '성씨'조

승람	여지	변화
鎭安 : 李·白·全·韓· （승）金·崔·庚 馬靈 : 韓·全·宋·價·李· 金·張	李(慶州)·白(水原)·全(天安)· 韓(淸州)·金(金海)·崔(完山)· 宋(礪山)·張(沃野)·洪(南陽)· 鄭(東萊)·辛(靈山)·吳(咸陽)· 柳(全州)·朴(密陽)·林(兆陽)· 梁(南原)·愼(居昌)	유지 : 없음 탈락 : 庚(鎭安), 價(馬靈) 개관 : 李·白·全·韓·金·崔 　　　(鎭安), 韓·全·宋·李·金· 　　　張(馬靈)

진안도 주읍과 임내 모두 『여지』 단계에서는 본관으로 하여 남아있는 성씨가 없고, 李·白·全·韓·宋·金·張 등의 성씨가 개관한 것으로 추정된다.

〈표 6-31〉 長水의 '성씨'조

승람	여지	변화
長水 : 李·吳·井·高·（승） 林·薛·趙·黃 長溪 : 白·裵·柳·吳·玄· （승）金 陽岳 : 李·崔 梨方 : 裵 福興 : 林·芮·趙·李·廉· 景·扈	李(全州)·黃(長水)·吳(海州)· 金(永山)·韓(淸州)·朴(完山)· 梁(南原)·宋(延安)·鄭(東萊)· 孫(密陽)·柳(文化)·全(天安)· 安(順興)·高(濟州)·林(羅州)· 尹(南原)·洪(南陽)·姜(晉州)· 陸(沃川)·丁(昌原)·崔(完山)· 兪(杞溪)·張(興城)·權(安東)· 西門(安陰)·趙(漢陽)·蔡(平康)	유지 : 黃(長水) 탈락 : 井·薛(長水),　白· 　　　裵·玄(長溪), 裵(梨方), 　　　芮·廉·景·扈(福興) 개관 : 李·吳·高·林·趙 　　　(長水),　柳·吳·金(長 　　　溪), 李·崔(陽岳), 林· 　　　趙·李(福興)

장수를 본관으로 하는 성씨 가운데 長水 黃氏가 『여지』에 전해지고, 나머지 장수 및 임내를 본관으로 하던 성씨 가운데 李·吳·高·林·趙·金·柳·崔 등은 개관한 것으로 추정된다.

<표 6-32> 順天의 '성씨'조

승람	여지	변화
順天 : 張·全·康·陶 〈속〉朴·金·辛·林·黃 任·呂·車·李 〈래〉林	全(咸興)·林(羅州)·黃(長水)·呂(星州)·車(麻田)·高(龍潭)·尹(坡平)·丁(羅州)·盧(豊川)·白(長興)·田(潭陽)·曺(昌寧)·趙(淳昌)·鄭(慶州)·梁(濟州)·許(陽川)·張(木川)·李(完山)·金(金海)·朴(順天)·任(長興)·申(高靈)·柳(文化)·南(宜寧)·崔(完山)·沈(靑松)·蔡(平康)·魏(長興)·裵(星州)·成(昌寧)·安(廣州)·文(南平)·徐(利川)·劉(白川)·孫(密陽)·俞(杞溪)·魯(咸平)·蘇(晉州)·韓(淸州)·閔(驪興)·權(安東)·禹(丹陽)·楊(南原)·吳(同福)·郭(玄風)·宋(礪山)·姜(晉州)·河(晉州)·孔(昌原)·魚(咸從)·方(昌城)·薛(沃川)	유지 : 朴(順天) 탈락 : 康·陶·辛(順天), 玄(富有), 石(突山), 辛·陶·陶 〈래〉(麗水), 康(慶州), 陶 (別良), 玄·辛(赤良), 康(栗村), 辛(召羅), 陶(竹靑), 辛 (豆仍), 呂(豆坪), 辛(嘉音), 辛(梨坪) 개관 : 張·全·金·林·黃·任·呂·車·李·林〈래〉(順天), 金·沈·李·林·朴·高(富有), 鄭·尹·丁·盧(突山), 金·朴·林·白·金〈래〉(麗水), 朴·田(三日浦), 李(光山), 金·田·朴·申(進禮), 朴·黃(別良), 朴·任·呂(上伊沙), 鄭·朴(赤良), 金·朴·車(栗村), 曺·朴·田·白(召羅), 林(下伊沙), 朴(豆仍), 任(豆坪), 白·林(松林), 全·朴·金(正方), 曺·白·朴(嘉音), 曺·白·朴(梨坪)
富有 : 玄·金·沈·李 〈래〉林·朴·高		
突山:鄭·尹·丁·石·盧		
麗水:金·朴·辛·林·白· 陶 〈래〉陶·金		
三日浦:朴·田 〈래〉康 (慶州)·李(光山)		
進禮:金·田·朴·申		
別良:朴·陶·黃		
上伊沙:朴·任·呂		
赤良:玄·鄭·朴·辛		
栗村:金·康·朴·車		
召羅:曺·朴·辛·田·白		
下伊沙:林		
竹靑:陶		
豆仍:朴·辛		
豆坪:任·呂		
松林:白·林		
正方:全·朴·金		
嘉音:曺·白·朴·辛		
梨坪:曺·白·朴·辛		

순천도 큰 고을로 주읍 및 임내를 본관으로 하는 성씨가 『승람』에 다수 나타난다. 그 가운데 『여지』단계에 유지되던 성씨는 順天 朴氏 하나이고, 나머지 여러 성씨는 모두 다른 지역의 성관으로 개관하였다.

〈표 6-33〉 樂安의 '성씨'조

승람	여지	변화
樂安 : 朴·吳·寗· 李·金 〈今〉任 軍知 : 〈今〉白 品魚 : 〈今〉吳 加用 : 金〈今〉李	宣(寶城)·吳(宜寧)·韓(淸州)·李(廣州)· 林(扶安)·柳(文化)·丁(靈光)·趙(淳昌)· 尹(坡平)·張(順天)·兪(草溪)·金(光山)· 朴(高靈)·田(林川)·申(平山)·黃(長水)· 徐(利川)·楊(白川)·鄭(晉州)·全(天安)· 盧(光山)·裵(星州)·郭(玄風)·蔡(平康)· 高(長興)·姜(晉州)·宋(礪山)	유지 : 없음 탈락 : 寗·任(樂安), 白 (軍知) 개관 : 朴·吳·李·金(樂 安), 吳(品魚), 金·李 (加用)

낙안 및 임내를 본관으로 하던 성씨 가운데『여지』에도 본관으로 수
록된 성관은 없으며, 朴·吳·李·金 등의 성씨는 다른 본관으로 개관한 것
으로 추정된다.

〈표 6-34〉 寶城의 '성씨'조

승람	여지	변화
寶城 : 朴·吳·康· 宣·和〈今〉智 (堤川) 兆陽 : 蘇·庾·林· 全 福城 : 文·盧·林· 鞠·章 旀力 : 李 也村 : 表 沙於 : 吳·申	朴(寶城)·宣(寶城)·林(兆陽)·全(天安)·朴珍 原)·李(廣州)·鄭(河東)·安(竹山)·任(長興)· 趙(淳昌)·張(興德)·朴(咸陽)·曹(昌寧)·廉(坡 州)·蔡(平康)·田(潭陽)·黃(長水)·金(光山)· 奇(幸州)·韓(淸州)·崔(耽津)·李(晉州)·金(金 海)·孔(昌原)·孫(密陽)·宋(南陽)·梁(濟州)· 尹(㳻原)·蘇(晉州)·文(南平)·朱(綾州)·諸(㳻 原)·卞(草溪)·姜(晉州)·沈(靑松)·金(樂安)· 崔(海州)·盧(光州)·河(晉州)·尹(咸安)·魏(長 興)·宋(礪山)·南(宜寧)·白(水原)·金(安東)· 李(全州)·林(羅州)·兪(杞溪)·具(綾州)·劉(白 川)·李(星州)·鄭(晉州)·朴(密陽)	유지 : 朴·宣(寶城), 林(兆陽) 탈락 : 吳·康·和(寶 城), 智(堤川), 庾 (兆陽), 鞠·章(福 城), 表(也村), 吳· 申(沙於) 개관 : 蘇·全(兆陽), 文·盧·林(福城), 李(旀力)

보성 및 임내를 본관으로 하는 성씨 중에, 朴·宣·林 3개 성씨가 본관
을 유지하였다. 특히 兆陽 林氏는 임내를 본관으로 하고 있으면서『여지』
단계까지도 본관을 지키고 있었다. 兆陽 林氏는 조선시대에 2명의 문과
급제자를 배출했으며,[26] 1985년의 통계에서도 전체 임씨 90개의 본관 중

에 5번째를 차지하는[27] 유력 성관이었다. 반면 같은 임내인 福城의 임씨는 사라지는데, 조양 임씨로 개관한 것으로 추정된다.

이상으로 각 고을별로『승람』과『여지』에 나오는 '성씨'조를 바탕으로 改貫의 양상을 대략적으로 살펴보았다. 거의 모든 고을에서 개관의 양상이 나타났는데, 임내 지역을 본관으로 하는 경우는 주읍이나 다른 지역의 유력 성관으로, 주읍 지역의 경우에는 다른 지역의 유력 성관으로 개관하는 것이 일반적이었는데, 드물게는 주읍에서 임내 지역의 성관으로 개관하는 경우도 있었다. 그렇지만 그런 경우는 뒤에 다시 개관이 이루어져 사라지고 없었다. 다만 일찍이 유력 성관으로 등장한 임내 지역의 경우는 개관이 보편화되는 과정에서도 성관을 그대로 유지하였다. 그렇다면 이러한 고을별 분석을 바탕으로, 전라도 지역의 개관의 요인에 대해서 종합적으로 살펴보도록 하겠다.

3. 전라도 改貫의 요인

앞의 2절에서 나타난 자료를 바탕으로 전라도 지역 姓貫의 변화상을 종합하여 통계화한 것이 다음의 〈표 7〉이다. 표에서 '승람' 항목은『승람』에 그 지역을 본관으로 하고 있다고 기재된 성씨의 수효이고, '유지'는『승람』에 기재된 성씨가 본관을 유지하며『여지』에 수록된 수효이며, '탈락'은『승람』에 기재된 성씨 자체가『여지』에 나타나지 않는 수효, '개관'은『승람』에 기재된 성씨가『여지』에서 본관을 바꾼 것으로 추정된 수효이다. 각 항목의 '(%)'는 본래『승람』의 성씨 수효와 비교하여 백분율로 나타낸 비율이다. 소수점 한자리에서 반올림했으므로 합계가 정확히 100%가 되지 않는 경우도 있다.

---

26) 이원명, 2003, 앞의 논문, 117쪽 ; 앞의 인터넷 사이트.
27) 경제기획원 조사통계국, 앞의 책(상), 948쪽.

〈표 7〉 전라도 성관의 변화 통계

고을	승람	유지(%)	탈락(%)	개관(%)
長城	5	1(10.0)	2(40.0)	2(50.0)
靈巖	20	1(5.0)	5(25.0)	14(70.0)
靈光	44	2(4.5)	4(9.1)	38(86.4)
咸平	26	0(0.0)	12(46.2)	14(53.8)
高敞	16	0(0.0)	9(56.3)	7(43.8)
綾州	8	3(37.5)	2(25.0)	3(37.5)
光陽	17	0(0.0)	8(47.1)	9(52.9)
求禮	14	2(14.3)	3(21.4)	9(64.3)
興陽	30	13(36.7)	3(10.0)	14(53.3)
和順	8	0(0.0)	5(62.5)	3(37.5)
淳昌	24	4(16.7)	7(29.2)	13(54.2)
龍潭	7	1(14.3)	2(28.6)	4(57.1)
昌平	18	1(5.6)	8(44.4)	9(50.0)
任實	12	0(0.0)	10(83.3)	2(16.7)
茂朱	16	0(0.0)	8(50.0)	8(50.0)
谷城	7	0(0.0)	2(28.6)	5(71.4)
玉果	10	1(10.0)	6(60.0)	3(30.0)
興德	10	3(30.0)	0(0.0)	7(70.0)
沃溝	15	1(6.7)	9(60.0)	5(33.3)
龍安	18	0(0.0)	1(5.6)	17(94.4)
咸悅	11	2(18.2)	0(0.0)	9(81.8)
高山	10	1(10.0)	7(70.0)	2(20.0)
羅州	63	4(6.3)	13(20.6)	46(73.0)
務安	5	0(0.0)	0(0.0)	5(100.0)
長興	32	7(21.9)	9(28.1)	16(50.0)
珍島	17	0(0.0)	6(35.3)	11(64.7)
康津	26	2(7.7)	7(26.9)	17(65.4)
海南	32	1(3.1)	4(12.5)	27(84.4)
雲峯	8	0(0.0)	5(62.5)	3(37.5)
鎭安	14	0(0.0)	2(14.3)	12(85.7)
長水	24	1(4.2)	10(41.7)	13(54.2)
順天	80	1(1.3)	19(23.8)	60(75.0)
樂安	10	0(0.0)	3(30.0)	7(70.0)
寶城	19	3(15.8)	10(52.6)	6(31.6)
계	676	55(8.1)	201(29.7)	420(62.1)

단위는 성씨가 아니라 본관을 기준으로 하였다. 主邑과 任內가 함께
나타나는 경우는 성씨와 본관의 수효가 일치하지 않기 때문이다.『승람』
에서 主邑과 任內가 함께 소개된 경우, 주읍과 임내의 성관을 모두 각각
별개의 것으로 환산해서 계산하였다. 〈표 6-2〉靈巖의 경우 영암 본읍과
昆湄 등 6개 임내의 각각의 성관을 합해『승람』단계에 20개의 성관이
있던 것으로 보았다. 성씨는 같지만 주읍과 임내에 각각 따로 나타나는
秬·陸·金 등의 경우 본래의 본관은 각각 다른 것으로 보아 따로 통계
처리하였기 때문에, 모두 성씨는 16개이지만 20개의 본관으로 파악한 것
이다.

한편『승람』에 來姓이나 續姓 등으로 표시된 경우, 〈표 6-3〉靈光의
경우처럼 별도의 표시가 없으면 그 지역을 본관으로 하는 성씨로 파악했
고, 〈표 6-5〉高敞의 경우처럼 다른 지역의 본관이 명기된 경우에는 그
본관을 기준으로 변화 여부를 통계 처리했다.

『승람』에 나타난 전라도 34개 고을의 姓貫은 모두 676개였다.『승람』
에 나타난 성관 가운데『여지』에도 그 고을에 계속 남아있는 경우는 모
두 55개로 8.1%에 불과했다.『승람』의 성씨 자체가『여지』에서 사라진
경우는 201개로 29.7%였으며, 나머지 62.1%인 420개 성관은 모두 개관
한 것으로 추정되었다. 그런데 위의 통계에는 來姓이나 續姓의 형태로
들어온 다른 지역을 본관으로 하는 성씨 23개가 포함되어 있다. 그 성씨
의 변화상을 도표화한 것이 다음의 〈표 8〉이다.

『승람』의 각 고을 '성씨'조에 실려 있는 來姓이나 續姓 가운데, 다른
지역 출신이라고 명기된 경우는 모두 23개였는데, 그 변화상을『여지』에
서 살펴보면 위의 전체 통계와 사뭇 다른 결과를 보여준다.『승람』에 실
린 성관 가운데『여지』에도 그대로 남아있는 성관은 11개였으며, 탈락한
성관은 8개, 개관으로 추정되는 성관은 4개였다. 전체 통계에서 많은 성
관이 개관한 것과는 다른 결과이다. 타관 출신 성관의 이러한 변화상을

감안하여 통계에 적용하면, 主邑이나 任內 등 그 지역 출신의 개관 비율
은 더욱 증가한다. 즉 23개 성관을 제외한 653개 성관 가운데, '유지'는
44개(6.7%), '탈락'은 193개(29.6%), '개관'은 416개(63.7%)가 된다.

〈표 8〉 전라도 他官 來姓·續姓의 변화

고을	유지	탈락	개관	계
高敞		方(庇仁)·趙(龍安)·梁(梁山)	李(韓山)	4
綾州		姜(晉州)		1
求禮	黃(義昌)			1
興陽	盧(西京)·朴(寶城)		李(南陽)	3
和順		金(晉州)·金(茂珍)	朴(順天)	3
玉果	朴(密陽)			1
興德	朴(高敞)			1
長興	李(德恩)·宋(鹽州)·崔(耽津)·崔(和順)·白(稷山)·宣(寶城)			6
順天		康(慶州)	李(光山)	2
寶城		智(堤川)		1
계(%)	11(47.8%)	8(34.8%)	4(17.4%)	23(100%)

그렇다면 『승람』에서 『여지』로 오는 동안 유지나 탈락 혹은 개관을
가져온 요인은 무엇일까? 먼저 각 변화 양상을 主邑과 任內로 구분하여
살펴보면 다음 〈표 9〉와 같다. 咸平이나 茂朱 등과 같이 두 지역이 합쳐
서 한 고을을 이룬 경우, 두 지역을 모두 주읍으로 보았다.

〈표 9〉에 따르면, 『승람』에 기재된 검토 대상 전라도 지역의 총 676개
성관 가운데, 주읍의 성관이 276개, 임내의 성관이 400개로 임내의 성관
이 많았지만, 『여지』에도 유지된 수효는 주읍이 38개, 임내가 17개로 임
내의 성관이 훨씬 적었다. 그 결과 임내의 성관이 유지된 비율은 4.3%에
불과했다. 주읍과 임내 모두 사라지거나 다른 지역의 성관으로 개관하는

성관의 비율이 높았지만, 주읍에 비해 상대적으로 임내의 성관이 더욱 높았던 것이다.

〈표 9〉 主邑·任內別 성관의 변화

구분	유지(%)	탈락(%)	개관(%)	계
주읍	38(13.8)	87(31.5)	151(54.7)	276
임내	17(4.3)	114(28.5)	269(67.3)	400
계(%)	55(8.1)	201(29.7)	420(62.1)	676

　　임내의 성관은 다른 지역의 성관 이외에도, 주읍의 성관으로 개관하는 경우가 많았기 때문으로 보인다. 주읍의 성관으로 개관할 때에는 주읍에 같은 성씨가 있는 경우가 일반적이지만, 주읍에 같은 성씨가 없는 경우에도 행해졌다. 앞의 〈표 6-25〉에 보이는 長興의 경우, 장흥의 임내였던 會寧의 馬氏나 遂寧의 魏氏는 『승람』 단계에 주읍인 장흥에 같은 성씨가 없었음에도 『여지』 단계에서 장흥을 본관으로 개관하고 있다. 〈표 6-21〉 咸悅의 石氏의 경우도 마찬가지 경우이다.

　　다음으로 『여지』 단계까지 유지된 성관 가운데 앞의 〈표 8〉에서 다룬 다른 지역 출신의 來姓과 續姓을 제외한 43개 성관을, 문과 급제자 수효를 기준으로 구분하여[28] 주읍과 임내별로 살펴보면 다음 〈표 10〉과 같다.

　　『여지』에 유지된 44개 성관 가운데, 1명 이상의 문과 급제자를 배출한 성관은 모두 27개였다. 문과 급제자를 배출한 성관은 주읍과 임내가 큰 편차를 보였는데, 주읍은 31개 성관 가운데 24개, 임내는 13개 성관 가운데 3개 성관이 급제자를 배출했다. 임내 성관에 급제자를 배출하지 못한 성관이 10개로 상대적으로 많은데, 그 가운데 8개가 興陽에 집중된 것이 주목된다.

---

28) 이원명, 2003, 앞의 논문 ; 2004, 앞의 논문 ; 앞의 인터넷 사이트.

〈표 10〉 '유지' 성관의 문과 급제자별 구분

구분	10명 이상(급제자 수)	10명 이하(급제자 수)	급제자 없음
주읍	具(綾城53) 黃(長水42) 朴(順天35) 羅(羅州28) 柳(興陽20) 尹(海南19) 趙(淳昌17) 南宮(咸悅16) 金(靈光14) 張(興德14) 吳(羅州12)	任(長興8) 宣(寶城7) 丁(靈光6) 鄭(羅州6) 崔(耽津5) 崔(靈巖3) 朱(綾城3) 張(求禮2) 薛(淳昌2) 邑(淳昌2) 陳(興德1) 趙(道康1) 朴(寶城1)	徐(長城) 曺(綾州) 申(興陽) 扈(淳昌) 廉(龍潭) 曺(昌平) 廉(咸悅)
31	11(35.5%)	13(41.9%)	7(22.6%)
임내	朴(潘南202)	林(兆陽2) 吳(荳原1)	吳(道化) 申(豊安) 申(道陽) 宋(南陽) 曺(泰江) 邊(紵川) 全(葱谷) 孫(古多山) 張(滄尾) 裵(雲梯)
13	1(7.7%)	2(15.4%)	10(76.9%)
44	12(27.3%)	15(34.1%)	17(38.6%)

홍양의 '성씨'조를 분석한 앞의 〈표 6-9〉와 그 설명에서 살펴보았듯이 그 8개 성관 가운데 7개 성관은 1985년 현재 사라졌고, 南陽 宋氏는 홍양의 임내 南陽이 아닌 경기도 南陽을 본관으로 개관한 것으로 추정되었다. 홍양에서는 荳原 吳氏만이 1명의 급제자를 배출하고 있으며, 1985년 현재 전국에 18명이 남아 겨우 명맥을 유지하고 있다. 그런 점에서 『여지』홍양의 '성씨'조는 여러 측면에서 다른 지역과는 구분되는 독특한 모습을 보이고 있다. 홍양 지역을 제외하면, 주읍과 임내 사이에 과거 급제자 배출에 큰 차이는 보이지 않는다. 주읍은 31개 중 24개, 임내는 4개 중 2개 성관이 급제자를 배출하였다. 특히 潘南 朴氏는 임내 출신의 성관임에도 모두 197명의 급제자를 배출하여, 전국의 모든 성관 가운데 13번째로 많은 급제자를 배출한 유력 성관이었다.

결국 성관이 유지될 수 있었던 중요한 요인 중의 하나는 과거 급제자의 배출에서 보이듯 성관의 우월성이라고 볼 수 있다. 그러나 유지된 모든 성관이 과거 급제자를 배출한 것은 아니었으므로 절대적인 요인으로 볼 수는 없다. 임내는 주읍의 성관으로, 주읍의 성관은 다른 지역의 유력 성관으로 각각 개관하는 추세 속에서, 기존의 성관을 유지하는 성관도 지역에 따라 남아있었다. 그렇지만 『여지』단계 이후에도 유력 성관으로 개관하는 추세는 계속되었다. 이에 대해서는 뒤에 다시 살펴보도록 하겠다.

그렇다면 개관의 대상이 된 성관에 대해 살펴보도록 하겠다. 『승람』에 있던 성씨로 『여지』에 본관이 바뀌어 나타나는 성씨를 개관한 성씨로 파악하였다. 물론 移來移居 등을 통해 새로 이주한 성씨가 공교롭게도 원래 있던 土姓과 同姓異本인 경우도 있을 수 있지만, 현실적으로 그 성관을 가려내기는 불가능하므로 일단 모두 개관으로 간주하였다. 다만 임내에서 주읍으로, 혹은 주읍에서 임내로 개관하였을 경우로 추정되는 경우는 집계에서 제외하였다. 앞의 '유지' 성관에 대한 분석과 내용상 겹칠 수 있기 때문이다. 한편 長城의 徐氏나 昌平의 趙氏처럼 본래의 본관이 유지되면서 다른 성관이 새로 나타난 경우는 포함시켰다.

개관의 대상이 되었던 성관을 각 고을별로 따로따로 모두 합하면 318개이지만, 중복되는 것을 제외하면 152개이다. 金海 金氏와 完山(全州) 李氏가 각각 11개 고을에서 개관의 대상이 되는 등 10개 이상의 고을에서 개관이 된 성관이 5개였고, 2개 이상의 고을에서 개관의 대상이 된 성관은 52개였다. 이 또한 개관이 유력한 성관에 집중된다는 점을 보여주는 근거이다. 이를 확인하기 위해 개관의 대상이 된 성관을 본관의 출신 지역과 문과 급제자 수효별로 구분하여 도표화한 것이 다음의 〈표 11〉이다.

지역에 따라 옛 지명과 별호 등 본관의 표기 방법이 다르게 나타나는 경우는, 같은 본관으로 파악하고 『여지』에서 많이 나타난 용례를 따랐다.

〈표 11〉 '개관' 대상 성관의 문과 급제자별 구분

구분	10명 이상(급제자 수)			10명 이하 (급제자수)		급제자 없음	
道內	李(完山863) 宋(礪山109) 金(順天48) 黃(長水42) 鄭(光山34) 丁(羅州24) 盧(光州20) 梁(濟州14)	金(光山264) 崔(完山107) 林(羅州48) 文(南平40) 吳(同福30) 金(扶安27) 南宮(咸悅16) 田(潭陽13)	朴(潘南202) 李(咸豊77) 梁(南原45) 高(濟州35) 羅(羅州28) 朴(務安22) 金(靈光14)	楊(南原8) 鄭(羅州6) 朱(綾州3) 林(兆陽2)	任(長興8) 丁(靈光6) 鞠(潭陽2) 陳(羅州1)	高(龍潭) 金(茂長) 兪(南平) 林(豊溪) 曺(昌平) 趙(豊溪)	孔(和順) 白(長興) 林(會尾) 張(沃野) 曺(咸平)
42	23(54.8%)			8(19.0%)		11(26.2%)	
他道	尹(坡平340) 朴(密陽259) 李(韓山200) 李(廣州192) 李(慶州177) 南(宜寧146) 成(昌寧135) 安(順興122) 李(星州105) 許(陽川94) 兪(杞溪88) 朴(咸陽65) 鄭(晉州60) 鄭(草溪58) 崔(海州48) 安(竹山42) 朴(竹山40) 呂(咸陽33) 金(彦陽27) 鄭(慶州23) 金(蔚山12)	金(安東320) 李(延安253) 沈(青松197) 趙(豊壤187) 金(延安165) 徐(達城142) 金(金海130) 鄭(延日122) 金(江陵98) 吳(海州92) 申(高靈87) 白(水原64) 鄭(海州60) 朴(高靈57) 崔(慶州44) 李(陽城42) 河(晉州36) 孫(密陽32) 李(原州24) 盧(豊川16) 李(仁川12)	韓(淸州277) 金(慶州206) 鄭(東萊196) 申(平山180) 任(豊川155) 柳(文化142) 洪(豊山127) 曺(昌寧107) 金(義城97) 趙(漢陽92) 黃(昌原79) 鄭(河東62) 金(善山59) 張(仁同56) 蔡(平康43) 趙(林川42) 愼(居昌34) 辛(靈山30) 徐(利川23) 呂(星州13) 蘇(晉州12)	金(永山9) 宋(新平9) 尹(咸安6) 玄(延州5) 孔(昌原4) 全(天安4) 陶(星州3) 李(鳳山2) 陸(沃川1) 張(木川1) 崔(草溪1)	金(晉州9) 金(淸道8) 全(沃川6) 宋(洪州4) 裵(大丘4) 鄭(瑞山4) 劉(白川2) 李(水原2) 李(晉州1) 陳(三涉1)	金(南海) 裵(丹陽) 宋(星州) 吳(平海) 李(密陽) 李(淸安) 張(海州) 全(咸興) 丁(星州) 周(晉州) 車(麻田) 崔(大丘) 崔(新豊)	金(盆城) 孫(星州) 吳(宜寧) 玉(開城) 李(麟蹄) 林(密陽) 田(密陽) 鄭(延安) 曺(綾州) 周(鐵原) 車(竹山) 崔(密陽) 玄(金山)
110	63(57.3%)			21(19.1%)		26(23.6%)	
152	86(56.6%)			29(19.1%)		37(24.3%)	

金(順天/昇平, 金海/盆城, 永山/永同), 盧(光山/光州), 朴(務安/綿城), 徐(達成/大丘), 李(完山/全州, 咸豊/咸平), 鄭(光山/光州), 丁(羅州/錦城)의 경우이다. 또 오자가 확실한 경우 바로잡았다. 『여지』의 羅州 '성씨' 조에는 張(仁同)이 張(仁東)으로, 趙(豊壤)이 趙(豊陽)으로 각각 오기되어 바로잡았다.

개관 대상 성관의 貫鄕이 전라도 지역 내일 경우 '道內'로, 다른 도일 경우 '他道'로 구분하였다. 도내의 성관이 42개, 타도의 성관이 110개로 타도의 성관이 훨씬 많이 나타난다. 개관을 할 경우, 지역은 큰 고려 대상이 아니었음을 보여준다. 이는 급제자 수효의 구성 비율에 있어서 도내와 타도가 큰 차이를 보이지 않는 점에서도 확인할 수 있다. 도내와 타도 모두 10명 이상 급제자를 배출한 성관의 비율이 50%를 크게 웃돌고 있으며, 급제자를 배출하지 못한 성관의 비율은 20%대에 머무르고 있다. 개관하여 1명 이상의 급제자를 배출한 성관은 115개로 전체 152개 성관의 75.7%에 달한다.

이러한 분포의 의미는 앞의 〈표 10〉과 비교하면 더욱 명백해진다. '유지'된 성관에서 1명 이상의 급제자를 배출한 비율은 44개 성관 중 27개로 61.4%이며, 흥양의 성관을 제외하면 35개 중 26개로 74.3%에 해당한다. 전체 급제자의 비율은 차이가 나지 않는 셈이다. 그러나 10명 이상의 급제자를 배출한 이른바 '유력 성관'의 비율에서는 크게 차이가 난다. '유지' 성관에서는 10명 이상의 비율과 10명 이하의 비율이 비슷하게 나타난 반면, '개관' 성관에서는 10명 이상 급제자의 비율이 월등히 높다. 결국 어차피 본관을 바꾸는 부담을 감수할 비에는 보다 유력한 성관으로 바꾸려는 의도가 작용한 결과로 보인다. 그러한 의도가 지역을 가리지 않고 보다 더 유력한 성관으로 개관하는 결과로 나타난 것이다.

그렇다면 『여지』 단계의 성관 가운데 문과 급제자를 배출하지 못했던 성관의 향방을 현재의 통계를 가지고 확인해보도록 하겠다. 1985년의 인구센서스 통계를 바탕으로, 위의 〈표 10〉과 〈표 11〉에서 급제자가 없는 것으로 나타난 성관의 현재 실태를 도표화한 것이 다음의 〈표 12〉이다.

〈표 12〉 문과 급제자를 배출 못한 성관의 향방

구분		현존	탈락
유지	주읍	徐(長城) 曺(綾州) 申(興陽) 廉(龍潭)	扈(淳昌) 曺(昌平) 廉(咸悅)
	임내	宋(南陽)	吳(道化) 申(豊安) 申(道陽) 曺(泰江) 邊(紆川) 全(葱谷) 孫(古多山) 張(滄尾) 裵(雲梯)
개관	도내	金(茂長) 曺(咸平)	高(龍潭) 孔(和順) 白(長興) 兪(南平) 林(會尾) 林(豊溪) 張(沃野) 曺(昌平) 趙(豊溪)
	타도	金(盆城) 吳(平海) 玉(開城) 李(密陽) 李(麟蹄) 李(淸安) 林(密陽) 張(海州) 田(密陽) 鄭(延安) 曺(綾州) 周(晉州) 崔(密陽) 崔(新豊)	金(南海) 裵(丹陽) 孫(星州) 宋(星州) 吳(宜寧) 全(咸興) 丁(星州) 周(鐵原) 車(麻田) 車(竹山) 崔(大丘) 玄(金山)

‘유지’ 성관 17개 중에는 5개 성관이 현존하고 있으며 12개 성관이 사라지고 없다. 그 가운데 주읍 보다는 임내의 탈락 비율이 더 높다. 실질적으로 ‘유지’라기 보다는 ‘개관’으로 이해되는 南陽 宋氏를 제외하면 과거 급제자를 배출하지 못한 모든 임내의 성관이 사라졌다. ‘개관’ 성관 37개 중에는 16개 성관이 현존하고 있으며 21개 성관이 사라졌다. 그 가운데 타도보다는 도내 성관의 탈락 비율이 더 높다. 위의 표에 나타난 결과를 가지고 요약하면, 『여지』 단계 이후에도 개관은 꾸준히 진행되었으며, 그 요인은 『여지』 단계까지 진행되었던 개관의 요인과 유사했다. 주읍의 성관보다는 임내의 성관이 개관을 통해 더 많이 사라졌으며, 문과 급제자로 표현되는 성관의 유력 정도가 개관의 유인 요인으로 작용했다. 그 결과 급제자를 배출하지 못한 많은 성관이 다시 사라졌는데, 다른

도 지역의 성관으로 개관한 경우에는 그 비율이 상대적으로 적었다. 이미 한번 '개관'이라는 과정을 통해 통합된 성관이었기에, 과거 급제자는 배출하지 못했지만 인구 등 다른 측면에서 경쟁력을 가질 수 있었을 것이다. 같은 도로 개관한 성관은 그러한 경쟁력이 상대적으로 부족했기 때문에, 대거 탈락하며 다시 개관의 과정을 밟았을 것으로 추정된다.

4. 맺음말

조선전기 성씨와 본관의 분포는 오늘날과 많이 달랐다. 각 고을 및 그 고을의 任內 지역마다 다수의 본관이 있었으며, 이는 『세지』와 『승람』 등의 지리지의 '성씨'조에 기재되었다. 『승람』 이후 2백여 년이 지나 편찬된 『여지』의 '성씨'조는 지역에 따라 기재 형식이 달라 얻을 수 있는 정보에 큰 편차를 보이는데, 전라도 대부분 고을의 '성씨'조에는 편찬 당시 거주하는 주민들의 본관과 성씨를 함께 수록하여 『승람』이 편찬되었던 시기와의 비교를 가능하게 하고 있다.

『승람』과 『여지』의 전라도 지역 '성씨'조를 고을별로 일일이 비교한 결과, 거의 모든 지역에서 본관을 바꾸는 현상인 '改貫'이 성행했음을 확인할 수 있었다. 『승람』에 나타난 전라도 34개 고을의 본관별 성씨, 즉 姓貫은 모두 676개였다. 『승람』에 나타난 성관 가운데 『여지』에도 그 고을에 계속 남아있는 경우는 모두 55개로 8.1%에 불과했다. 『승람』의 성씨 자체가 『여지』에서 사라진 경우는 201개로 29.7%였으며, 나머지 62.1%인 420개 성관은 모두 개관한 것으로 추정되었다.

『승람』에서 『여지』로 오는 동안 광범위한 유지나 탈락, 개관을 가져온 요인으로는 먼저 임내의 성관이 주읍의 성관, 혹은 다른 지역의 성관으로 개관하는 현상이 지적되었다. 총 676개 성관 가운데, 주읍의 성관이 276개, 임내의 성관이 400개로 임내의 성관이 많았지만, 『여지』에도 유지된 수효는 주읍이 38개, 임내가 17개로 임내의 성관이 훨씬 적었다. 그 결과 임내의 성관이 유지된 비율은 4.3%에 불과했다. 주읍과 임내 모두 사라지거나 다른 지역의 성관으로 개관하는 성관의 비율이 높았지만, 주읍에 비해 상대적으로 임내의 성관이 더욱 높았다.

또 개관은 문과 급제자의 비율과 일정한 상관관계가 있음이 확인되었다. 『여지』 단계에 유지된 성관이나 개관한 성관 모두 70% 안팎의 성관이 급제자를 배출하고 있었다. 그런데 10명 이상의 급제자를 배출한 '유력 성관'은 개관한 성관에서 훨씬 높게 나타났다. 본관을 바꾸는 부담을 감수할 바에는 보다 유력한 성관으로 바꾸려는 의도가 작용한 결과로 보인다.

『여지』 단계 이후에도 위와 같은 요인이 작용하여 계속 개관이 진행되었다. 문과 급제자를 배출하지 못한 54개 성관 가운데 33개 성관이 1985년의 통계에서 사라졌다. 그 가운데 임내의 성관이 사라진 비율이 훨씬 높았으며, 다른 道의 성관으로 개관하였던 성관은 상대적으로 탈락 비율이 낮았다. 이미 한번 '개관'이라는 과정을 통해 통합된 성관이었기에, 과거 급제는 배출하지 못했지만 인구 등 다른 측면에서 경쟁력을 가질 수 있었던 것으로 추정된다.

제3장
조선후기 仁川 지역의 姓貫과 人物

1. 머리말

18세기 중엽 英祖代에 편찬된 『輿地圖書』(이하 『여지』)는, 16세기 전반에 증보된 『(新增)東國輿地勝覽』(이하 『승람』)의 간행 이후 약 2백여 년 만에 재개된 官撰의 전국적인 지리지라는 점에서도 충분히 주목받을 만했지만, 특히 그 방대한 규모에 담겨있는 다양한 정보는 사회경제적으로 급격히 변화하는 조선후기의 지방사회를 이해하는데 중요한 자료로서 평가되어왔다.[1]

『世宗實錄地理志』(이하 『세지』)나 『승람』에 나온 '성씨'조는 연구자들에 의해서 많은 관심의 대상이 되어왔다.[2] 이는 고려말에서 조선초기에 이르는 시기의 가족제도 및 신분제도와 밀접한 관계에 있는 姓貫이 각 고을의 '성씨'조에 구체적으로 담겨있기 때문이었다. 이에 따라 『세지』에 나온 각종 姓種에 대한 분석도 이어졌으며, 그 결과 여말선초 사회에 대한 풍부한 이해를 가능하게 해 주었다. 그러나 『여지』의 '성씨'조에 대

---

1) 『여지』에 대한 연구사와 그 자료적 특성에 대해서는 변주승의 논문 참조. 변주승, 2006, 「輿地圖書의 성격과 道別 특성」 『韓國史學報』 25.
2) '성씨'조에 대한 연구사는 金東洙의 논문 참조. 金東洙, 1985, 「世宗實錄地理志 姓氏條의 檢討」 『東亞研究』 6, 서강대 동아연구소.

해서는 그다지 관심이 기울여지지 않았는데, 이는 조선 중·후기에 걸친 本貫 및 성관 의식의 변화와 관련이 된다고 생각된다. 하지만 구체적으로 그러한 변화가 실제 지리지에 어떻게 구현되었는가를 밝히는 점은 여전히 중요하다고 생각되며, 이는 특히 지역을 대상으로 한 연구를 통해서 이루어질 수 있다고 판단된다.[3] 한편 '인물'조는 『세지』에도 간헐적으로 등장하지만, 『승람』에 본격적으로 등장하는 항목이다.[4] 이 항목의 분석을 통해 당시 지역 주민들의 존재 형태는 물론, 지리지 편찬 담당자들의 입장을 포함한 시대상을 이해할 수 있을 것으로 기대된다. 이 역시 지역을 대상으로 한 구체적인 사례연구를 통해 밝혀질 수 있을 것이다.

이 글에서는 지금의 인천광역시 지역에 해당하는 仁川·富平·江華·喬桐·永宗 등 각 고을을 단위로, 『여지』의 '성씨'조와 '인물'조를 검토해보도록 하겠다. 조선시대 인천 지역에 대해서는 많은 연구가 다양한 방면에서 축적되어있지만,[5] 이와 관련된 연구는 아직 진행되지 않았다. 이를 통해 조선후기 인천 지역의 사회적 특성과 함께 『여지』의 편찬 과정 및 자료적 특성에 대한 이해가 깊어질 수 있을 것으로 기대한다.

2. 지리지 '성씨'조의 비교 검토

대체적으로 『여지』의 '성씨'조는 각 고을별로 기재양식에 따라 몇 가지 유형으로 나누어 살펴볼 수 있으며, 그 유형은 각각의 내용에 따라 다시 세분해볼 수 있다.[6] 첫째 유형은 『승람』의 '성씨'조와 기본적으로

---

3) 이에 대해서는 본서 제1부 제1장, 제2장 참조.
4) 李泰鎭, 1976, 「15世紀 後半期의 鉅族과 名族意識」 『韓國史論』 3, 서울대 국사학과, 229쪽.
5) 인천사에 대한 연구사는 남달우 등의 논문 참조. 남달우·양윤모·김현석, 2003, 「인천사 연구의 현황과 과제」 『인천학, 현황과 과제1』, 인천학연구원.
6) 이하의 『여지』 '성씨'조 유형 구분에 대해서는 본서 제1부 제1장 참조.

같은 형태의 기재양식을 가진 유형이다. 『승람』의 '성씨'조는 또한 『세지』
의 '성씨'조와 거의 유사한 형태를 지니고 있으므로, 『세지』이래 전통적
인 '성씨'조의 기재양식을 가지고 있는 유형이라고 할 수 있다. 『세지』의
'성씨'조에서는 각 고을을 본관으로 하고 있는 姓貫들을 土姓을 비롯한
來姓·續姓이나 亡姓 등의 다양한 姓種으로 구분해 기재하고 있다.[7] 이러
한 『세지』의 '성씨'조가 『승람』으로 내려오면서 전체적인 姓貫은 그대로
유지되면서 비교적 姓種의 파악이 단순화되고 있는데,[8] 이러한 『승람』
의 기재양식을 그대로 따르는 유형을 가진 읍지를 일단 〈가〉유형이라 분
류해보겠다. 〈가〉유형에는 『승람』의 '성씨'조와 완전히 일치하는 경우도
있고, 전체적인 기재양식은 유사한데 『승람』에서 姓種의 분류가 달라졌
거나, 『승람』의 성씨가 대폭 혹은 소폭으로 빠지며 나타나는 경우가 있
다. 다시 이를 〈가1〉유형과 〈가2〉유형으로 구분해보겠다.

둘째 유형은 『승람』의 '성씨'조를 그대로 전재한 바탕에서, 새로운 姓
氏를 소개하고 있는 유형이다. 이 경우 『여지』에서 새로 소개하는 姓氏
에는 읍지에 따라 〈新增〉이라는 이름을 붙여서 구분하고 있기도 하고,
구분 표시는 없으나 배열순서나 기재내용으로 보아 확인할 수 있는 경우
도 있다. 구분의 유무를 막론하고 이러한 유형을 가진 읍지를 일단 〈나〉
유형이라 분류해보겠다. 〈나〉유형의 새로 소개된 성씨에는 전통적인 기
재양식처럼 성씨만 소개된 경우도 있고, 그렇지 않고 성씨와 본관이 함
께 소개된 경우도 있는데, 이를 다시 〈나1〉유형과 〈나2〉유형으로 구분
해보겠다.

셋째 유형은 『승람』의 '성씨'조와는 기재양식이나 내용이 매우 다른

---

7) 『세지』의 다양한 姓種에 대해서는 李樹健의 논저에서 자세히 분석되었다. 李樹
健, 1984, 『韓國中世社會史硏究』, 一潮閣.
8) 徐仁源, 2002, 『朝鮮初期 地理志 硏究-東國輿地勝覽을 중심으로』, 혜안, 167
쪽.

유형이다. 즉 각 姓種에 따라 구분하던 형식도 사라지고, 그 내용도 『승람』에 나온 성씨에서 많은 변화가 있는 유형이다. 이러한 유형을 가진 읍지를 일단 〈다〉유형이라 분류해보겠다. 이 유형도 성씨만으로 구성되어있는 〈다1〉유형과, 본관이 소개되어있는 〈다2〉유형으로 구분해보겠다.

〈가〉유형이 기본적으로 『승람』의 형식과 내용을 유지한다면, 〈나〉유형은 『승람』의 형식에 새로운 내용이 추가된 형태이고, 〈다〉유형은 형식도 『승람』을 그대로 따르지 않으면서, 내용에 있어서도 『승람』의 성씨에서 빠지기도 누락되기도 하는 등 변화가 심한 유형이라 하겠다.

이상의 유형 분류에 따라 『여지』의 '성씨'조 기재 유형별 분포를 전국의 지역별로 살펴본 것이 다음의 〈표 13〉이다.

〈표 13〉 『여지도서』의 지역별 기재 유형 분포

유형	江都·京畿	忠淸	江原	平安	黃海	咸鏡	慶尙	全羅	계(%)
가1	5	16	2	6	2	0	17	0	48(17.1)
가2	18	20	6	1	9	1	2	1	58(20.7)
나1	3	6	2	0	3	0	30	0	44(15.7)
나2	0	1	3	7	2	0	8	5	26(9.3)
다1	1	5	5	0	6	4	2	0	23(8.2)
다2	4	3	8	27	1	3	1	34	81(28.9)
계	31	51	26	41	23	8	60	40	280(100)

지금의 인천 지역에 해당하는, 『여지』의 편찬 당시 조선의 행정구역은 江都府의 江華·喬桐·永宗과 京畿道의 仁川·富平이다. 『세지』에서 『여지』에 이르기까지 이상 다섯 고을의 '성씨'조 기재 실례를 도표화하고, 앞의 기준에 따라 유형을 분류한 것이 다음의 〈표 14〉이다. 〈표 14〉에 나오는 다섯 고을 가운데 『세지』와 『승람』 단계에는 없었던 행정구역인

永宗을 제외하고는 세 자료의 모든 고을에 '성씨'조가 존재하며, 永宗에
는 『여지』에만 '성씨'조가 나온다.

<표 14> 인천지역의 성씨

지역	지지	내용	유형
江華	세지	〈㊏ 崔·韋·黃·高〉〈㋣ 田·魯·韓〉〈㋦ 金·李〉 鎭江 : 〈魯·蘇·高·井·萬〉 河陰 : 〈李·田·奉·吉·萬〉〈㋣ 鄭〉 海寧 : 〈高·宋〉	나1
	승람	〈崔·韋·黃·高〉〈㋣ 田·魯·韓·金·李〉 鎭江 : 〈魯·蘇·高·井·萬〉 河陰 : 〈李·田·秦·吉·力〉〈㋣ 鄭〉	
	여지	〈㋣ 崔·韋·黃·高·田·魯·韓·金·李〉 鎭江 : 〈魯·蘇·高·萬·井〉 河陰 : 〈李·田·秦·吉·力〉〈㋣ 鄭〉 〈㊞ 姜(長嶺), 羅·奉(河陰), 張(仁政), 許(三海), 桂·丁(上道), 方(下道), 朴(松亭), 具(佛恩)〉	
喬桐	세지	〈㊏ 高·印·田〉〈㋦ 安〉	가2
	승람	〈高·印·田·合·雷〉〈㋦ 安〉	
	여지	〈高·印·田〉	
永宗	세지	해당 행정구역 없음	다2
	승람		
	여지	〈鄭(慶州)·柳(文化)·朴(密陽)·田(河陰)·兪(昌原)·金(金海)· 尹(坡平)·李(全州)·安(順興)·申(高靈)·沈(靑松)·權(安東)·洪 (南陽)·黃(昌原)·許(陽川)·愼(居昌)·咸(江陵)·曺(昌寧)·張 (仁同)〉	
仁川	세지	〈㊏ 李·貢·河·蔡·全·門〉〈㋣ 朴(唐城)〉〈㊟ 崔(貞州)〉	가2
	승람	〈李·貢·河·蔡·全·門〉〈朴(唐城)·崔(貞州)〉	
	여지	〈貢·門·河·蔡·李〉	
富平	세지	〈㊏ 金·李·柳·邢·孫·崔·陳〉〈㋣ 趙·柳·尹〉 黃魚〈㊝ 孫〉〈㊟ 鄭〉〈㋦ 金〉	가2
	승람	〈金·李·柳·陳·邢·孫·崔〉〈㋣ 趙·劉·尹〉 黃魚 : 〈孫·金〉〈㋣ 鄭〉	
	여지	〈金·李·柳·陳·邢·孫·崔·趙·劉·尹〉 黃魚 : 〈鄭〉	

*비고 : ㊏는 土姓, ㋣는 來姓, ㋦은 續姓, ㊟는 亡來姓, ㊝은 亡姓, ㊞은 『여지』의
舊增

일단 앞의 〈표 13〉과 〈표 14〉를 살펴보면 시기적, 지역적인 특징을 쉽게 찾아낼 수 있다.

첫째, 시기적인 변화에 유의해 살펴볼 때, 『세지』에서 『승람』으로, 『승람』에서 다시 『여지』로 이어지는 '성씨'조의 기재내용에 일정한 경향성을 발견할 수 있다. 즉 지역에 따른 편차는 있지만, 시대가 내려갈수록 비교적 그 파악이 단순해지고 있다는 점이다.

둘째, 지역적인 차이에 주목할 때, 『세지』나 『승람』과는 달리 『여지』 '성씨'조의 기재양식이 다섯 고을에서 일치하고 있지 않다는 점이다. 『여지』 단계에서 비로소 등장하는 永宗은 물론, 江華와 나머지 세 고을 사이에도 기재양식의 차이가 보인다. 즉 『여지』에 나타난 인천 지역의 '성씨'에 대한 정보는 크게 〈나1〉유형의 江華와 〈다2〉유형의 永宗, 그리고 〈가2〉유형의 喬桐·仁川·富平의 세 가지 형식으로 구분해볼 수 있다.

이러한 특징을 바탕으로 위의 자료를 분석하면, 조선후기 인천 지역의 '성씨' 분포에 대한 개략적 이해 및 『여지』의 자료적 특성에 대한 이해가 가능할 것으로 보인다.

첫째로 지적되었던, 시기적 변화에 따른 기재내용의 차이에 대해서 살펴보도록 하겠다. 그중에서도 『세지』에서 『승람』에 이르는 변화를 먼저 살펴보도록 하겠다. 『세지』에 나타난 전국의 姓貫을 모두 합하면 4,477종으로 조사된 바 있는데,[9] 위의 〈표 2〉에 따르면 『세지』에 나타난 인천 지역의 성관은 모두 47종이 된다. 『승람』 단계에도 인천 지역 성관의 수효는 여전히 47종으로 같지만, 그 내용과 형식에 있어서 몇 가지 다른 점을 찾아볼 수 있다.

먼저 『세지』 단계에 나타났던 자세한 姓種의 구분이 뒤섞이면서 단순화되고 있다는 점이다. 江華의 경우, 『세지』에는 本邑에 來姓과 續姓이

---

9) 이수건, 1997, 「조선초기 '土姓' 연구」 『民族文化論叢』 17, 영남대 민족문화연구소, 129쪽 〈표 3〉

구분되어 있는데 반해, 『승람』에서는 모두 來姓으로 파악되고 있다. 仁川의 경우, 『세지』에는 본읍에 來姓과 亡來姓이 있는데, 『승람』에서는 별다른 성종에 대한 언급 없이 土姓이었던 다른 성씨와 구분하여 출신 지역을 부기하는 형태로 기록되어있다. 富平의 경우, 任內인 黃魚의 亡姓과 續姓은 모두 별도의 姓種 표시가 없으며, 亡來姓은 來姓으로 기록되어있다. 또한 모든 지역에 공통적으로 『승람』에서는 土姓이라는 용어를 따로 사용하지 않고, 『세지』의 土姓에 해당하는 성씨에는 따로 성종에 대한 언급 없이 성씨만 土姓의 위치에 기재하고 있다.

또 일부 성씨의 경우에는 아예 다른 글자로 바뀌어 나오는 경우도 있다. 江華의 任內였던 河陰의 奉과 萬은 각각 秦과 力으로 나오는데, 細註를 통해 자료에 따라서는 奉과 萬으로 나온다고 기록하고 있다. 江華의 海寧의 경우처럼 『세지』에 있던 任內 가운데 『승람』의 기재에서 빠지는 경우가 있는가하면, 喬桐에 나오는 合·雷 성씨의 경우처럼 『세지』에는 없던 성씨가 『승람』에는 추가되는 경우도 있다.

그렇다면 이렇게 다양하게 나타나는 변화의 양상을 어떻게 설명할 수 있을 것인가? 이러한 경향은 『승람』 '성씨'조의 일반적인 모습으로, 인천 이외의 다른 지역에서도 찾아볼 수 있는 현상이다. 『승람』의 성씨조가 이러한 특징을 갖게 된 배경으로, 기존의 연구에서는 15세기 『세지』의 편찬 당시와는 다른 16세기 『승람』 증보 당시의 시대적 성관 관념의 변화에서 찾고 있다.[10] 즉 『승람』에서 더 이상 土姓이라는 표현을 쓰지 않는 점이나, 각 姓種의 개념이 뒤섞인데 대하여, 당시 在京 官人이나 在地 土族의 본관이 이미 거주지와 분리되고 있는 현상을 반영하는 것이라는 해석이었다. 토착적 의미의 土姓 보다는 姓의 出自와 地望 내지는 家格을 추상적으로 나타내는 本貫 만이 문제되었기 때문이라는 것이다. 또한

---

10) 이수건, 1994, 「朝鮮後期 姓貫意識과 編譜體制의 변화」 『九谷 黃鍾東敎授 停年 紀念 史學論叢』, 403쪽.

『세지』가 편찬되던 시기보다 『승람』의 편찬 당시에 향촌 사회의 인구이
동이 안정된 시기로 접어들었기 때문이기도 했다.[11]

한편 『세지』와 『승람』에 기록된 성씨의 글자가 다른 경우나, 『세지』
에는 없던 성씨가 『승람』에 추가되는 경우는 어떻게 이해해야 할 것인
가? 일단 『세지』는 實錄이라는 자료의 특성상, 왕조가 유지되는 동안에
는 공개되지 않았다. 따라서 『승람』을 편찬할 때 직접적으로 참고할 수
는 없었다. 다만 『세지』의 편찬에 바탕이 되었던 각종 문서들은 여전히
각 고을에 남아서 『승람』의 편찬에 이용되었기 때문에, 『세지』의 내용이
간접적으로 『승람』에 반영이 될 수 있었던 것이다.

따라서 성씨의 글자가 서로 다르게 나온다든가, 새로 없던 성씨가 추
가되는 것은 지극히 자연스러운 현상일 수 있다. 이 경우 그 대상이 된
성씨는 현재 거주하고 있는 성씨라기보다는, 이 지역을 본관으로 하고
있다고 조사된 성씨로 보아야 할 것이다. 현재 거주하는 성씨에 대해서
자료에 따라 글자가 다르다고 기록하는 것은 부자연스럽기 때문이다. 새
로 추가된 성씨의 경우도, 서로 다른 자료의 이용에 따라 추가된 것으로
볼 수 있을 것이다.

다음으로 『승람』에서 『여지』로의 변화를 살펴보도록 하겠다. 이 부분
은 앞에서 지적한 바와 같이 시기적 변화의 측면과 함께, 지역적 차이의
측면을 함께 고려해야 한다. 『여지』 성씨 항목의 기재양식이 고을마다
일치하고 있지 않기 때문이다. 따라서 서로 다른 형식을 가진 고을들을
각각 따로 살펴볼 필요가 있다.

먼저 다섯 고을 가운데 〈가2〉유형인 喬桐·仁川·富平의 세 고을은 『세
지』에서 『승람』으로의 변화 추이가 그대로 『여지』에까지 이어진 경우로
분류할 수 있을 것이다. 즉 姓種의 구분이 더욱 단순화되면서, 姓貫의 수

---

11) 徐仁源, 2002, 『朝鮮初期 地理志 硏究 - 東國輿地勝覽을 중심으로』, 혜안, 161~
190쪽.

효도 감소하고 있다. 『승람』단계에는 그나마 續姓이나 來姓 등의 성종이 확인되는데, 『여지』에는 세 고을 모두 성종이 따로 구분되지 않고 있다. 아울러 『승람』에 나타난 세 고을의 성관은 모두 25종인데, 『여지』에는 모두 19종으로 감소하고 있다. 성종의 구분이 없어지면서 아울러 성관의 수효가 감소하는 이러한 경향은 세 고을에서 모두 공통적으로 나타나고 있는데, 본관이 거주지와 계속해서 분리되고 있었기 때문에 나타난 현상으로 판단된다. 〈가2〉유형의 기재대상은 그 지역을 본관으로 하는 성씨로 이해되는데,[12] 『여지』의 편찬을 위한 조사과정에서 이들 세 고을을 본관으로 하는 성씨가 감소한 것으로 파악된 것이다. 실제로 거주민을 기재대상으로 하고 있는 다른 지역의 『여지』 '성씨'조를 보면, 세 고을에 남은 姓貫의 거주는 확인이 되는데, 빠진 姓貫의 거주는 확인되지 않는 것으로 보아,[13] 喬桐 등 세 고을의 『여지』에 실린 성씨는 그 지역을 본관으로 하는 성씨를 조사해 기재한 것이 분명하다.

〈나1〉유형인 江華의 경우는 유형이 다른 앞의 세 고을과는 다른 양상을 보여주고 있어서 주목된다. 일반적인 〈나1〉유형의 고을은, 『승람』의 내용을 전재한 가운데 〈新增〉 등과 같은 표시를 통해 새로운 성씨를 소개하는 유형으로, 새로운 성씨의 기재대상은 편찬 당시의 거주민의 성씨로 이해되고 있다.[14] 그런데 江華에서는 『승람』 성씨조의 내용을 거의 그대로 옮겨 실은 바탕에서, 새로운 성씨가 〈舊增〉이라는 형식으로 추가되어 있다.

江華에서 『승람』과는 달리 本邑의 모든 성씨를 來姓으로 파악한 이유

---

12) 본서 제1부 제1장 참조.
13) 전라도 淳昌에는 喬桐 印氏가, 長興에는 仁川 李氏가, 충청도 淸州에는 仁川 蔡氏가 거주하고 있음이 각각 확인된다. 이들은 모두 앞의 〈표 14〉처럼 『여지』의 해당 고을에 기재되어있는 성씨이다. 한편 『승람』에는 기재되었다가 『여지』에는 빠진 姓貫의 경우, 『여지』의 다른 고을에도 거주가 확인되지 않는다.
14) 본서 제1부 제1장 참조.

에 대해서도 따로 분석이 필요한 사항이지만,¹⁵⁾ 〈舊增〉이라는 부분은 강
화에서만 보이는 독특한 형식이기에 더욱 주목된다. 『여지』의 강화 부분
명칭인 『江都府誌』에는 이 밖에도 〈新增〉 〈增改〉 〈刪改〉 〈增註〉 〈補
遺〉 〈補註〉와 같은 내용이 나오는데, 『여지』를 편찬하는 과정에서 기존
의 읍지를 여러 차례 깁고 보탠 사정을 알 수 있게 해준다. 하지만 그
각각의 순서나 시기에 대해서는 확인하기 어려운 형편이다.¹⁶⁾ 다른 지역
의 〈나1〉유형에서 〈新增〉이라 하여 새로 보탠 부분을 설명하는 경우는
있는데,¹⁷⁾ 이 경우는 『승람』 이후에 『여지』에 새로 보태어진 부분이라고
판단된다. 하지만 〈新增〉도 아닌 〈舊增〉이 구체적으로 언제의 상황을
반영하는 것인지는 추정하기 어렵다. 물론 〈新增〉 보다는 앞선 시기였을
테니만큼 『승람』의 증보 이후 『여지』의 편찬 이전의 어느 시기일 것이
고, 肅宗代 『승람』을 개정하려는 노력이 있었던 시기를 유력하게 볼 수
도 있겠지만¹⁸⁾ 단정할 수 있는 단계는 아니다. 앞으로 전후 시기의 다른
읍지와의 비교 검토를 통해서 연구해볼 가치가 있다고 생각한다.

---

15) 이 경우 지은이는 옮겨 싣는 과정에서의 착오로 파악하고 있다. 『승람』에서는
   토성에 해당하는 성씨와 성종이 다른 성씨를 구분하는 방법으로 한 칸을 띄우는
   방식을 사용하고 있는데, 『여지』에서는 그것이 지켜지지 않으면서 착오를 가져
   온 것이다. 이와 같은 예는 다른 지역의 『여지』에서 많이 발견되는 오류이다. 즉
   경기도의 楊根에서 모든 성씨를 屬姓으로 파악하고 있다든가, 충청도의 槐山에
   서 모든 성씨를 續姓으로 파악하고 있는 따위의 경우가 그러하다. 이러한 오류는
   이미 『승람』에서부터 발생을 하고 있었다. 물론 『승람』의 경우 『세지』를 직접
   옮겨 실은 것은 아니지만, 근거했던 원 자료는 같을 수 있는데 그 과정에서 마찬
   가지의 오류가 발생하고 있다. 예를 들면 충청도 靑陽의 경우 『세지』에서 土姓
   으로 파악한 성씨를 포함하여 모두 村姓으로 파악하고 있다.
16) 문용식, 2005, 『여지도서 강도부지』, 인천학연구원, 11쪽 주12).
17) 충청도 沃川, 강원도 江陵 및 전국 여러 지역에 이러한 예가 보이는데, 앞의 〈표
   13〉에서 보듯이 특히 경상도에 집중되어있다.
18) 1679년(숙종 5)과 1699년(숙종 25)에 각각 추진되었던 『승람』의 개정 시도는 결
   말을 맺지 못하고 끝나게 된다. 배우성, 1998, 『조선후기 국토관과 천하관의 변
   화』, 일지사, 125~130쪽.

 아무튼 강화의 『여지』에는 〈舊增〉이라는 항목 아래 10종의 성관이 소개되고 있는데, 그렇다면 이 성씨들이 이 지역을 본관으로 하는 성씨인지 실제 거주했던 주민들의 성씨인지가 궁금하다. 이와 관련해서는 성씨와 함께 소개된 長嶺·河陰·仁政·三海·上道·下道·松亭·佛恩 등의 지명이 모두 강화부의 하부 행정단위라는 점이 주목된다. 이를 가지고 추정하자면, 다른 〈나1〉유형의 〈新增〉이라는 표시와 같이 〈舊增〉이라는 표시를 통해 실제 거주민을 기재한 것으로 보인다. 특히 河陰은 『세지』와 『승람』은 물론 『여지』에도 강화의 任內로서 소개되고 있는데, 〈舊增〉이라는 항목으로 羅·奉 두 종의 성씨가 새로 기재되고 있다. 특히 奉氏의 경우에는 『세지』에 나왔다가 『승람』에는 秦氏로 바뀌어 소개되면서, 자료에 다라서는 奉氏로도 나온다고 細註를 통해 기록되었던 성씨이다. 〈舊增〉의 형태로 그 지역의 거주민을 기재하면서, 실제 거주하던 奉氏를 조사해 소개하고 있는 것이다.

 새로 江華府의 행정구역으로 편입된 永宗의 경우는 『세지』나 『승람』에는 실려 있지 않아 항목의 비교는 불가능하지만, '성씨'조의 형식에 따라 〈다2〉유형으로 분류했다. 내용상 인천 지역의 다른 고을과는 다른 양상을 보인다. 즉 喬桐·仁川·富平이 현재 거주하고 있는 주민과는 관계없이 그 지역을 본관으로 하는 성씨들을 조사해서 기록하고 있다면, 永宗의 경우는 江華와 같이 현재 거주하는 주민의 성씨를 기록한 것으로 보인다. 한편 江華가 현재 거주하는 주민들의 성씨만을 기재하고 있다면, 永宗에서는 본관까지 함께 기재함으로써 더욱 풍부한 정보를 제공해주고 있다.

 永宗의 '성씨'조에는 19개의 성관이 소개되고 있는데, 慶州 鄭氏와 坡平 尹氏, 江陵 咸氏 등 전국의 성관들이 다양하게 분포하고 있다. 특히 江華의 임내였던 河陰을 본관으로 하는 田氏가 함께 함께 기록되어있다는 점도 흥미롭다. 새로 鎭을 설치하면서 들어온 주민들 가운데에는 멀

리서 온 주민들도 있을 것이고 가까이서 온 주민도 있을 것인데, 그런 의미에서는 가까운 지역을 본관으로 하는 주민이 섞여있는 것이 자연스럽기 때문이다. 물론 이는 성관과 거주지가 일치한다는 전제에서 나온 것은 아니다. 다만 성관과 거주지의 분리가 일어난다고 하더라도 본관지에 여전히 거주하는 주민들은 있을 수 있는 것이고, 河陰 田氏가 그러한 가능성을 보여준다는 점이다. 이렇게 실제 거주하는 주민을 중심으로 '성씨'조가 구성되어있는 지역도 역시 『여지』에서 많이 확인된다. 앞의 〈표 13〉에 나오는 〈나〉와 〈다〉유형의 대부분의 고을들이 실제 거주민을 기재대상으로 하고 있다.

요약하자면 인천 지역 '성씨'조의 기재 유형은 다양하게 나타나고 있는데, 이는 〈표 13〉에서 확인되는 것처럼 江都府와 京畿道의 일반적인 경향과 일치한다. 喬桐·仁川·富平과 같은 〈가2〉의 유형이 가장 많고, 江華의 〈나1〉유형과 永宗의 〈다2〉유형도 고루 분포하고 있다. 喬桐·仁川·富平은 그 지역을 본관으로 하는 성씨를 기재대상으로 하고 있으며, 江華와 永宗은 실제 거주민을 기재하고 있다. 한편 江華는 거주민의 성씨만을 기재하고 있다면, 永宗은 성씨와 본관을 함께 소개하고 있다. 그것은 다른 지역의 일반적 경향과도 일치하는 결과이다.

3. 지리지 '인물'조의 비교 검토

'인물'조는 『세지』에도 간헐적으로 등장하지만, 『승람』에 본격적으로 등장하는 항목이다. 본래 '名宦'과 '人物'조로 구분되어 있는데, 여기에서는 아울러 '인물'조로 통칭하여 살펴보기로 한다. 인천 지역의 경우, 『세지』에는 '인물'조가 나타나지 않으며, 『승람』부터 '인물'조가 등장한다. 인천 지역 『승람』과 『여지』의 '인물'조에 나타나는 각각의 하위 항목 및 그 수효를 도표화한 것이 다음의 〈표 15〉이다.

〈표 15〉 인천지역의 인물 항목

지역	지지	내용
江華	승람	名宦 : 신라1, 고려3 人物 : 고려1, 조선1 烈女 : 고려1
	여지	官案 : 名宦4(신라1, 고려3), 府使7, 府尹9, 留守116, 經歷83 人物 : 科擧80(蓮榜31, 龍榜11, 虎榜38) 仕宦78(卿相15〈고려3, 조선12〉, 藩閫5, 州鎮12, 侍從8, 郎署5, 邑宰5, 蔭仕27, 부록1) 遺逸9(學行4, 文章3, 散人2) 絶義61(忠臣11, 孝子12, 孝婦1, 烈女37〈고려3, 조선34〉)
喬桐	승람	名宦 : 고려1 烈女 : 고려1, 조선1
	여지	人物 : 孝子1, 孝女1, 忠臣2, 烈女3(고려1, 조선2), 名宦6(고려1, 조선5), 文科1, 生員2, 進士1, 縣令1, 縣監4, 兵使1, 虞侯1
永宗	승람	해당 행정구역 없음
	여지	항목 없음
仁川	승람	名宦 : 고려1, 조선2 人物 : 고려14, 조선2 孝子 : 고려1, 조선1
	여지	人物 : 孝子8, 忠臣2, 烈女5
富平	승람	名宦 : 고려5, 조선4 人物 : 고려3
	여지	人物 : 고려8, 조선4

『승람』의 '인물'조는 크게 '名宦'과 '人物'의 항목으로 구성되어있는데, '名宦'은 그 고을의 수령 등을 역임한 대표적인 인물에 대한 기록이며, '人物'은 그 지역 출신의 인물로서 고위 관료를 지냈다든가 행적이 뚜렷하여 기록할 만한 인물에 대해 싣고 있다.[19] 烈女·孝子·寓居·流寓 등의 경우는 각각 하위 항목을 따로 설정하고 있으며, 喬桐의 경우처럼 '烈女' 라는 단일한 하위 항목만 있을 경우에는 '人物'의 항목 대신에 '烈女'라는 항목을 올리기도 했다. 반면 『여지』는 각각 고을별로 항목 분류에 차이

---

19) 서인원, 앞의 책, 173쪽.

가 있다.

고을별로 살펴볼 때, 기재양식이나 내용에 있어서 앞의 '성씨'조와 유사한 경향을 확인할 수 있다. 喬桐·仁川·富平의 세 고을과 江華의 '인물'조는 인물 수록의 원칙이나 하위 항목의 배치, 수록 인물의 수효 등에 있어서 큰 차이를 보이며, 『여지』 단계에 처음 등장한 행정구역인 永宗에는 아예 '인물'조가 없다.

먼저 江華의 경우, 『승람』과는 비교가 되지 않을 정도로 많은 항목으로 구성되고 있으며, 그만큼 많은 인물이 『여지』에 실려 있다. 이러한 강화의 '인물'조는 인천 지역의 다른 고을은 물론, 다른 지역의 '인물'조와도 다른 특색을 지니는 항목이다. 『여지』에서는 '官案'과 '人物'의 항목으로 구분하고 있는데, '官案'은 '名宦' '府使' '府尹' '留守' '經歷' 등의 하위 항목으로 구성되며, '人物'은 '科擧' '仕宦' '遺逸' '節義'의 하위 항목으로 구성되는데 그 아래에 다시 각각 더 세부적인 항목이 있다.

'官案'은 『승람』의 '名宦'에 해당하는 항목이라고 볼 수 있다. 『승람』의 '名宦'에 있었던 新羅와 高麗 때의 인물을 그대로 '名宦'이라는 하위 항목을 다시 설정해 싣고 있는데, 기사내용도 큰 차이가 없다. 江華의 '官案' 항목에서 주목되는 부분은 '府使' '府尹' '留守' 등 행정구역의 개편에 따라 長官을 지낸 인물과, 留守府에서의 次官이라 할 수 있는 '經歷'을 지낸 인물을 각각 하위 항목으로 설정해 설명하고 있는 점이다. 府使의 경우는 시기가 오래 지난 탓에 당시 남아있던 遺愛碑 등에 근거해 7명의 인물을 싣는데 그쳤지만, '府尹' 이후의 인물에 대해서는 출신과 품계 등의 간단한 이력과 함께 대부분 부임과 퇴임 시기에 대해서도 기록하고 있다. 이렇게 그 지역의 長官을 지낸 인물에 대해서 망라하여 기록하고 있는 것은 다른 지역의 『여지』에서는 찾아보기 힘든 형식으로, 『江都府誌』만의 특징이라고 할 수 있다. 당시 江華府尹이나 江華留守 등의 재임 실태 등과 관련한 다양한 연구에 활용될 수 있으며, 아울러 『여지』라는 자료 자체의 편찬 과정을 추적하는 데에도 중요한 단서가 될 수 있을 것이다.

'人物' 항목은 江華 출신 인물에 대한 기록으로,『승람』의 '人物' 항목보다 수록하고 있는 인물의 범위와 수효가 훨씬 넓고 크다. 물론『승람』에 실려 있던 인물은 모두『여지』의 해당하는 하위 항목에 각각 나뉘어 실려 있다. 주목할 점은, 다른 지역의『여지』는 그 지역 출신 인물이 아닌 그 지역을 본관지로 하는 인물들을 위주로 구성되어 있었던 데에 비해,[20]『江都府誌』는 강화 출신 인물들을 중심으로 구성되어 있다는 점이다.

'人物'은 '科擧' '仕宦' '遺逸' '節義' 등의 하위 항목으로 구성되어있는데, '科擧'는 각종 과거 합격자의 기록이다. 다시 그 세부 항목인 '蓮榜'은 小科, '龍榜'은 文科, '虎榜'은 武科 합격자들의 명단으로, 인물의 本貫과 字, 합격 시기와 간단한 官歷 등이 기록되어있다. '仕宦'은 각급 관직에 진출한 사람들의 기록으로, 재상을 지낸 이는 '卿相', 監·兵·水使 등을 지낸 이는 '藩閫', 府使·牧使 등 큰 고을의 수령을 지낸 이는 '州鎭', 臺諫 등의 侍從臣을 지낸 이는 '侍從', 중앙의 郎官을 지낸 이는 '郎署', 郡守·縣令 등 작은 고을의 수령을 지낸 이는 '邑宰', 蔭官으로 벼슬한 이는 '蔭仕'로 구분하여 싣고, 醫官이었던 楊禮壽는 '蔭仕' 항목 뒤에 부록으로 덧붙였다. '遺逸'은 다시 행적에 따라 '學行' '文章' '散人'으로 구분했으며, '節義'는 '忠臣' '孝子' '烈女'로 나누고, '孝婦'는 '孝子' 항목 뒤에 부록으로 덧붙였다.

'科擧'나 '仕宦'과 같은 항목의 경우, 지역 출신으로 출세한 인물들을 거의 망라하고 있다는 점에서 앞의 '官案' 항목처럼 지역사의 연구에 중요한 자료가 될 수 있을 것이다. 한편 '遺逸'이나 '節義' 항목은 당시의 시대적 배경과 지역적 특성을 이해할 수 있는 근거로서 주목할 만한 자

---

20) 변주승, 앞의 논문.

료이다. 벼슬하지 않고 은거하던 인물들을 '山林'이라 하여 숭앙하던 사상적 분위기가 '遺逸'이라는 항목으로 나타났다면, 丙子胡亂 때 함락되며 많은 희생자를 내었던 江華의 역사가 '節義'에 59명이나 되는 많은 인물을 수록하게 했던 것이다. 구체적으로 '忠臣' 항목의 11명 가운데 10명, '孝子' 항목의 12명 가운데 3명, '烈女' 항목의 35명 가운데 32명이 병자호란과 직접적으로 관련된 인물들이다. 『승람』의 교화적인 입장에서 벗어나 지방통치에 필요한 행정적·실용적 측면을 추구해나가고 있는 점이 『여지』의 특징으로 부각되고는 있지만,[21] 江華의 경우 읍지의 편찬 실무자들에게는 여전히 교화적 입장이 주목되었다는 점이 '節義' 항목의 대폭적인 증가에서 확인된다.

다음으로 喬桐·仁川·富平 등의 세 고을의 '인물'조를 살펴보도록 하겠다. 우선 형식에 있어서, '名宦'과 '人物'로 구분되어있던 『승람』과는 달리 『여지』에서는 모두 '인물'이라는 단일 항목으로 되어있다. 喬桐은 '명환'이 '인물'의 하위 항목으로 되어있으며, 富平에서는 '명환'이 별도 구분 없이 '인물' 항목에 포함되어있다. 仁川의 경우는 아예 『승람』에 실려 있지 않은 인물만을 수록 대상으로 하고 있다.

그런데 '인물'조의 내용에 있어서는 세 고을이 조금씩 차이를 보인다. 喬桐은 『승람』에 실린 3명 이외에, 새로 21명을 추가하여 24명의 인물이 실려 있다. 그 구성은 孝子·孝女·忠臣·烈女와 名宦, 文科·生員·進士와 縣令·縣監·兵使·虞侯 등이다. 교화적 입장에서 江華의 '節義'에 해당하는 인물들을 가장 앞에 배치하고, 고을의 수령을 지낸 이 가운데 대표적인 인물인 名宦에 대한 기사를 싣고 있다. 그 다음으로 지역 출신의 과거 합격자나 관료 경력자 등이 실려 있는데, 이 경우는 앞과는 달리 이름만 소개하는데 그치고 있다.

---

21) 배우성, 앞의 책, 131쪽.

仁川의 경우는 『승람』에 실려 있지 않은 새로운 인물만을 수록하고 있는데, 모두 孝子·忠臣·烈女와 같이 교화적인 내용의 인물들이다. 『승람』에 실렸던 '인물'조의 인물은 고려시대의 이름난 가문인 仁州 李氏 가문들의 인물들이 대부분이었는데, 모두 제외하고 있다. 이는 '인물'조에서 기존의 내용을 재수록하지 않는다는 인천 고을 나름의 원칙이 반영된 것으로 보인다.[22)]

富平의 경우는 항목 분류만 약간 달라졌을 뿐, 『승람』의 내용을 그대로 옮겨 싣고 따로 추가한 내용은 없다. 『승람』의 '명환'과 '인물'조가 '인물'이라는 단일 항목으로 합쳐지고, 시대순으로 인물을 배열한 점이 차이라고 볼 수 있다.

이상 세 고을의 경우 江華와는 달리 형식상의 유사성을 보이지만, 그 내용에 있어서는 서로 편차를 보이고 있다는 점을 확인할 수 있었다. 이는 『여지』의 편찬이 일원적인 기준에 의해 일률적으로 이루어지지 않았다는 사실을 보여준다. '인물'조의 내용에 한정해서 살펴볼 때, 江華에서의 경우와 같이 여전히 교화적인 입장이 강하게 남아있다고 할 수 있다.

4. 맺음말

이상으로 인천 지역의 『여지』 '성씨'조와 '인물'조를 『세지』 및 『승람』과 비교해보았다. 이를 통해 몇 가지 사실을 확인할 수 있었다.

'성씨'조에 대한 검토를 통해 시기가 내려올수록 姓種의 파악은 단순해지며 姓貫의 수효는 줄어들고 있다는 사실이 확인되었다. 이는 본관지와 실제 거주지가 분리되는 현상을 반영하는 것으로 이해되었다. 喬桐·仁川·富平의 경우에는 전통적인 읍지와 같이 그 지역을 본관으로 하는

---

22) 항목의 말미에 '승람에 실려 있는 내용은 지금은 번거롭게 싣지 않는다.[載於勝覽者今不贅錄]'라 하고 있는 점에서 그러한 원칙을 확인할 수 있다.

성씨를 기재하고 있었으며, 江華의 경우에는 실제 거주민을 하부 행정구역에 따라 새로 조사해 기재하고 있었다. 『여지』의 강화 부분 읍지인 『江都府誌』는 형식에 있어서 독특한 면모를 보여주고 있는데, 이는 읍지 편찬과정에 대한 치밀한 검토의 필요성을 환기시켜주었다. 永宗도 실제 거주민의 성씨를 보여주었는데, 이를 통해 실제 조선후기에 살고 있었던 주민의 姓貫까지 확인할 수 있었다. 한정된 지역의 '성씨'조에 대한 검토에서 고을에 따라 기재대상이 서로 다른 점이 확인된 바, 앞으로 『여지』의 이용에는 세심한 주의가 필요하다는 사실도 확인할 수 있었다.

'인물'조에 대한 검토를 통해, 병자호란이라는 계기를 통해 많은 '節義' 관련 인물을 배출한 지역적인 특성을 확인할 수 있었다. 아울러 이를 교화의 계기로 이용하려 했던 편찬 실무자들의 입장도 유추할 수 있었는데, 이는 江華만이 아닌 다른 고을에도 해당하는 사실이었다. 또한 '인물'조의 수록 원칙이나 기준 등이 서로 일치하지 않는 점도 확인할 수 있었다. 특히 강화의 '인물'조는 다른 지역에서도 유례를 찾을 수 없는 독특한 형식으로, 자료적 가치가 있다는 사실도 확인되었다.

아울러 인천 지역의 '성씨' 및 '인물'에 대한 이해와 함께, 『여지』라는 자료 자체에 대한 이해를 더욱 깊게 할 수 있었다. 우선 『여지』가 일원적인 원칙에 의해 일률적으로 구성된 자료가 아니라는 점도 확인되었다. 지역적으로 나타나는 많은 차이를 통해 당시 『여지』의 편찬 과정에 대한 이해의 단서를 얻을 수 있었으며, 특히 『江都府誌』는 이러한 이해를 위해 더욱 연구될 가치가 있는 자료로 판단되었다. 그 풍부한 내용은 앞으로의 후속 지역사 연구에도 다양하게 이용될 수 있을 것이다.

인천 지역 『여지』에 나타난 이러한 다양한 모습, 전국의 『여지』에서 나타난 지역적 특성을 보여주는 축소판이라 할 것이며 지역 연구를 통해 얼마든지 보편성을 획득할 수 있다는 가능성을 보여준다 할 것이다.

제2부

조선후기 지방 군제의 운영

제1장
조선후기 속오군의 편성 실태 사례
-1685년 『濟州束伍軍籍簿』의 분석-

1. 머리말

조선후기 지방군에 대한 연구는 1990년대 이후로 상당히 진전되었으며,[1] 그 결과 束伍軍이나 營將制와 같은 중요한 제도적 근간에 대해서는 대체적으로 해명되었다.[2] 앞으로 이러한 성과를 바탕으로 각 지방에서의 구체적인 적용 실태를 확인할 수 있다면 조선후기의 역사상을 해명하는 데 일정한 기여를 할 수 있을 것으로 생각된다.

구체적인 연구를 위해서는 새로운 성격의 자료를 적극적으로 이용하는 자세가 바람직하다. 지금까지의 연구가 제도사 중심으로 이루어진 이유 또한 주로 연대기자료에 의존했던 그간의 연구방법에서 말미암은 탓이었다. 邑誌나 軍籍·戶籍類, 지방 관아의 각종 공문서, 관계된 인물들의 文集과 같은 자료들의 발굴과 분석이 요망되는 까닭이다.

그 가운데 당시 軍兵들의 소속과 신원 등이 기록되어있는 軍籍 관계

---

1) 김우철, 2000, 「조선후기 군사사 연구의 현황과 과제」『조선후기사 연구의 현황과 과제』, 창작과 비평사, 103쪽.
2) 徐台源, 1999,『朝鮮後期 地方軍制研究』, 혜안 ; 金友哲, 2001,『朝鮮後期 地方軍制史』, 경인문화사.

자료야말로 연대기자료에서 확인할 수 없는 생생한 구체성을 드러낼 수 있는 가장 일차적인 자료라 할 것이다. 당시 지방군의 핵심을 이루었다고 판단되는 속오군의 경우, 지금까지 알려져 분석된 군적으로서는 宣祖 29년(1596) 평안도 지방의 『鎭管官兵編伍册』(이하 『편오책』으로 略記)과 『鎭管官兵容貌册』(이하 『용모책』으로 약기)이 있으며, 正祖 22년(1798) 경상도 河東의 『河東府束伍軍兵戊午式改都案』(이하 『개도안』으로 약기) 정도가 있다. 이 자료들은 기존의 연구에서 적극적으로 이용되었는데,[3] 앞의 두 자료는 성립기인 16세기 말 속오군의 실태를 확인시켜 주었으며, 뒤의 자료는 해체기인 18세기 말 속오군의 면모를 알 수 있게 해주었다. 그러나 속오군의 체제가 강화·정비되던 시기인 17세기~18세기 전반의 軍籍이 확인되지 않아 그 실태를 파악하는데 아쉬움을 주어왔다.

그러던 가운데 몇 해 전인 2000년에 濟州에서 속오군의 軍籍簿가 발견되어, 이듬해인 2001년에 『濟州束伍軍籍簿』(이하 『군적부』로 略記)라는 이름으로 영인·간행되었다.[4] 이 자료는 肅宗 28년(1702)에 濟州牧使로 부임했던 李衡祥이 제주 지역을 巡歷하면서 작성했던 『耽羅巡歷圖』(이하 『순력도』로 약기)의 배접지로 사용했던 것으로, 『순력도』의 해체·복원과정에서 발견되었다. 이 자료는 숙종 11년(1685)을 전후한 시기[5]

---

3) 李鎭甲, 1984, 「1590年代 李朝鎭管官兵의 身長 및 筋力에 關한 硏究」『安東文化』5 ; 鄭求福, 1994, 「1596년 平安道 鎭管官兵編伍册」『古文書硏究』5 ; 金友哲, 1999, 「成立期 束伍軍의 編成 實態」『韓國史硏究』105 ; 李謙周, 1990, 「朝鮮後期 社會身分 變動問題에 대한 硏究」『蔚山史學』3 ; 김우철, 2001, 앞의 책.

4) 제주시·제주대 탐라문화연구소, 2001, 『濟州束伍軍籍簿』, 제주시·제주대 탐라문화연구소.

5) 군적부의 시기추정은 高昌錫의 견해를 따랐다. 『耽羅巡歷圖』는 숙종 29년(1703)에 제작되었으며, 군적부에 나오는 中部 千摠 夫時興의 개인적인 이력을 감안할 때 숙종 11년(1685)을 전후한 시기로 추정한 것이다. 高昌錫, 2001 「『濟州束伍軍籍簿』解題」『濟州束伍軍籍簿』, 제주시·제주대 탐라문화연구소, 15~16쪽.

제주지역 속오군의 명부인 군적으로서, 속오군의 직역·이름·연령 등의 기본적인 정보를 비롯해 신장·얼굴 특징·기예 등에 이르기까지 다양한 정보를 담고 있는 자료이다.

『군적부』는 우선 기존 군적자료의 공백을 메울 수 있는 17세기 후반의 자료라는 데에 우선 그 사료적 가치를 둘 수 있다. 그에 더하여 16세기 말의 자료는 속오군 성립기의 자료인 탓에 그 임시성이 두드러지며, 18세기 말의 자료는 해체기의 자료인 탓에 그 신빙성이 의심되는 형편이다. 이에 비하면 본 자료는 속오군의 체제가 강화·정비된 이후인 17세기 후반의 자료라는 데에서 더욱 그 가치가 빛난다.

한편 이 시기의 속오군과 관련된 자료로서 강원도 伊川 지역의 『戶籍』(이하 『호적』으로 약기)이 있다. 규장각 소장 고문서(奎 古大 4258-4)인 숙종 13년(1687)의 이 호적에는 속오군의 兼役 상황이 본래의 직역과 함께 기재되어있어서, 속오군의 담당 계층에 대한 중요한 정보를 제공해주고 있다.[6] 이 자료는 『군적부』와 거의 비슷한 시기의 것으로서 상호 비교 분석한다면, 당시 속오군의 편성 실태에 대해서 좋은 연구 결과를 얻을 수 있을 것으로 기대된다.

본 논문에서는 『군적부』에 나타난 여러 정보들을 분석하고 『호적』 및 『편오책』·『용모책』·『개도안』 등 같은 시기 및 앞뒤 시기의 자료들과 비교함으로써, 17세기 후반 속오군의 편성 실태를 살펴보고 나아가 그 역사적 의미를 추구해보고자 한다.

2. 『제주속오군적부』의 형식

본 『군적부』는 원래의 장적을 배접의 필요에 따라 원래의 크기대로 쓰기도 하고, 4절지나 3/4절지 등 낱장으로 종이를 갈라서 사용했기 때

6) 본서 제2부 제2장 참조.

문에 자료의 복원이 쉽지 않았다고 한다.[7] 필자도 연구과정에서 이천『호적』자료의 순서를 복원해본 경험이 있었기 때문에[8] 의욕을 가지고 달려들었지만 단시간 내에 용이하게 할 수 있는 작업이 아니었다. 결국 일단 영인본에 배치된 순서를 따를 수밖에 없었으며, 그 결과 제주 속오군 편제의 구체적인 내용 분석에는 한계가 있었음을 밝혀둔다.

제주시와 제주대 탐라문화연구소에서 발행한『군적부』영인본의 오른쪽 면에는 군적 원본의 사진을 영인해 싣고, 왼쪽 면에는 그 내용을 활자본으로 함께 실어놓았다. 활자본의 경우는 영인본을 판독해서 활자화하는, 쉽지 않은 작업에 공을 들인 흔적이 역력하다. 다만 정서하는 과정에서 피치 못하게 오류가 발생하고 있다.[9] 그렇지만 사진으로 영인한 부분의 상태가 판독이 가능하기 때문에 이를 참조한다면 분석에 지장을 줄 정도는 아니다. 본 논문에서는 오른쪽 면의 영인본을 기준으로 하여 분석하되, 영인본으로 판독이 애매할 경우에는 왼쪽 면의 활자본을 참조했다.

『군적부』에 나타난 자료의 기재 순서는 먼저 部-司-哨-旗-隊라는 단위 부대의 순서 아래 속오군에서의 직능이 기재되어있고, 직역과 이름, 연령, 父名, 소속 고을 및 주소, 신장, 얼굴, 수염, 흉터 여부와 기예 등이 기록되어있다. 이 자료 중 하나의 기록을 예시하면 다음과 같다.

---

7) 고창석, 앞의 해제, 16쪽.
8) 규장각에 소장된 이천의『호적』은 순서가 어긋난 상태로 결책되어있으며, 그것이 그대로 국사편찬위원회의 등사본에 반영되어『各司謄錄』으로 편찬되었다. 이에 대해서는 본서 제2부 제2장 2절 참조.
9) 인명이나 지명 등의 글자나 숫자가 정확히 옮겨지지 않았다. 영인본 59쪽만 보더라도 金先이 金光으로, 申男이 甲男으로, 再進이 春進으로 오기되어있으며, 마지막 행 寺奴 升山의 연령이 十六인데 十九로 되어있다. 다른 쪽에서도 이러한 오류가 꽤 발견되고 있다.

[자료 1] 『군적부』의 기재양식

(?部 左司 前哨 一旗 一隊)

第一 甲士 洪之江 年十八 父戒進 係濟州 住嚴莊 長四尺 面鐵 鬚未生 疤面黑
痣一 藝射

이 자료는 영인본 56쪽에 실린 洪之江에 대한 정보이다. 소속 部는 확
인되지 않지만 左司 前哨 1旗 1隊 출신이며, 소속 隊에서의 직무는 제1번
병사로 직역은 甲士이다. 그의 연령은 18세로 父의 이름은 戒進이다. 소속
고을은 濟州이며 거주지는 嚴莊이다. 키는 4尺이며 얼굴은 검고 수염은 아
직 나지 않았다. 얼굴에 검은 사마귀 하나가 있으며, 기예는 射手이다.

이상의 기재양식은 16세기 말의 『용모책』 및 18세기 말의 『개도안』과
비교해서, 몇 가지 차이점을 드러내고 있다. 『용모책』과 『개도안』의 기
재 예는 다음과 같다.

[자료 2] 『용모책』의 기재양식

(前司 中哨 一旗 一隊)

軍第一名 步 康干 年三十六 係永柔 住海靑方 長八尺 面鐵 鬚些 力九百五十斤
疤記無 習射手

[자료 3] 『개도안』의 기재양식

(右部 後司 右哨 三旗 一隊)

第六 奴好三

保朴用淂 年五十 父夫之 係河東 住內橫甫 長四尺 鬐疤無 己亥入

각각 자료의 성격이 일치하지 않다는 점을 전제로 하더라도, 유사한
자료의 기재양식에 나타나는 차이는 충분한 분석의 대상이 될 수 있을
것이다. 이상의 기재양식의 차이점을 알기 쉽게 도표화하면 다음 〈표
16〉과 같다.

<표 16> 『용모책』과 『군적부』, 『개도안』의 기재양식 비교

구분	용모책	군적부	개도안	
			호수	보인
직무	○	○	○	
직역	○	○	○	
이름	○	○	○	○
연령	○	○		○
부명		○		○
고을	○	○		○
주소	○	○		○
신장	○	○		○
얼굴	○	○		○
수염	○	○		○
근력	○			
흉터	○	○		○
기예	○	○		
등록				○

　『군적부』가 16세기 말에 나온 『용모책』에서 달라진 점을 살펴보면, 父名 항목이 추가되는 대신 筋力의 항목이 제외되고 있다. 일반적으로 항목이 추가된다는 것은 정보량의 증가를 의미하므로 해당 군병에 대한 파악의 정도가 강화된다는 뜻이다. 반면 항목이 제외된다는 것은 반대로 정보량의 감소를 의미하므로 해당 군병에 대한 파악의 정도가 약화되는 것이라고 볼 수 있다. 문제는 이처럼 한 가지 항목이 추가되는 대신 다른 한 가지 항목이 제외되는 현상을 어떻게 해석할 것인가 하는 점이다. 물론 정부의 입장에서는 보다 많은 정보를 담을 수 있다면 가장 좋았겠지만, 정보량 증가에 따른 행정력의 부담을 고려하지 않을 수 없었을 것이며, 또한 제한된 공간인 軍籍에 담을 수 있는 정보량에는 한계가 있었다. 따라서 정보량을 일정하게 유지하지 않을 수 없었던 것이다. 그렇다면 추가되고 제외되는 개별적인 항목 자체에 주목하지 않을 수 없다.

　이렇게 군적에 기재되는 개별적인 항목의 出入 이유는 무엇일까? 법전이나 연대기 자료에서는 그 이유가 확인되지 않으므로, 주변 상황을 고려해 몇 가지로 추정을 해볼 수밖에 없다. 父名의 항목을 추가한 이유는 해당 군병에 대한 사회적 관계의 확인을 통해 편성 및 관리의 효율성을 기하려는 시도로 보인다. 물론 이미 성립기인 16세기 말의 군적에서 고을과 주소를 통해 군병 개인의 기본적인 사회적 정보를 파악한 바 있다. 그렇지만 가장 중요한 사회적 관계라고 볼 수 있는 직계 가족인 父의 이름을 파악함으로써 군적 작성 당시에는 편성을 정확하고 용이하게 하며, 이후 操鍊 등의 동원 필요성이 있을 때에는 이탈이나 누락을 방지하려 한 것이 아닐까 한다.

筋力의 항목이 제외된 사실은 어떻게 보아야 할 것인가? 근력은 군병의 신체적인 능력의 지표를 나타내는 것으로, 속오군의 편성에 있어서 중요한 기준이 될 수 있는 정보이다. 실제로 성립기 평안도의 『용모책』을 분석한 결과에 따르면, 砲手와 殺手 및 射手의 三手 기예에 따라 평균 근력이 큰 차이가 난다는 사실이 밝혀졌다.[10] 즉 射手의 근력이 가장 세며 그 다음이 殺手와 砲手의 순서로 나타났는데, 이는 속오군의 편성에 근력의 정보가 중요하게 고려되었던 것으로 해석된다. 그렇다면 이렇게 중요한 정보가 새로운 군적에서는 제외된 이유가 무엇일까? 역시 군적이 작성된 시기인 16세기 말과 17세기 후반의 시대적 배경에서 그 이유를 찾을 수 있을 것이다.

속오군의 성립기인 16세기 말은 임진왜란이라는 비상시기였고, 이에 따라 속오군의 편성은 실제 전투에의 참여를 전제로 이루어졌다. 『兵學指南』에 규정된 속오군의 편성 원칙에 따라 근력이나 연령·신장 등의 신체조건이 크게 고려되었던 것이다. 17세기 전반 營將制의 설치 등과 함께 강화되어가던 조선후기 地方軍制는 17세기 후반에 이르러 정부의 관

---

10) 김우철, 1999, 앞의 논문, 69~71쪽.

심이 군사적인 부문에서 재정적인 부문으로 옮겨가면서 운영의 변화를 가져오게 된다.[11] 이에 따라 속오군에 대한 군사훈련의 빈도와 강도가 눈에 띄게 줄어들고, 給保·給復과 같이 속오군에 대한 대우책도 폐지되었다. 속오군의 군사적 기능이 약화되고 있었던 것이다. 직접적인 군사적 동원을 전제로 필요했던 조건인 근력과 같은 정보의 자리를, 인적 자원의 파악 자체가 중요했던 시대적 배경 탓에 父名과 같은 정보가 대체하게 된 것이다.

한편 『군적부』와 18세기 말의 자료인 『개도안』의 기재형식을 비교해 보자. 『개도안』은 앞선 두 시기의 자료와 기본적으로 성격이 다른 자료이다. 즉 앞의 자료들이 속오군의 戶首에 대한 파악을 목적으로 작성된 자료라면 『개도안』은 속오군의 保人에 대한 개편기록이기 때문이다.[12] 속오군의 戶首에 대한 기록이 상대적으로 소홀해 속오군 편제의 전반적인 모습을 살펴보는 데에는 한계가 있지만, 속오군에 대한 다른 군적이 발견되지 않는 상황에서는 부족한 대로 적극적으로 이용할 필요가 있는 자료이다.

『개도안』에는 戶首의 경우 직무와 직역, 이름만이 기재되어있으며, 保人의 경우에는 직무와 직역을 제외한 나머지 정보가 기재되어있다. 호수의 경우에 기재되어야할 기예의 정보가 제외되고 있으며, 보인의 경우 군적에 새로 등장한 등록 시기에 대한 정보가 새로 추가된다는 것이 특징적이다. 父名은 포함되어 있고 筋力은 제외되어 있다. 보인에 대한 군적이라는 점을 감안한다면, 전체적으로 17세기 후반의 『군적부』와 기재형식이 유사하다는 점을 확인할 수 있다. 즉 군적의 기재형식은 늦어도 17세기 후반에 확정되어 그 후 큰 변화 없이 전해 내려온 것으로 보인다. 호수의 기예 정보가 누락된 것이 보인의 군적이기 때문인지의 여부는 속

---

11) 김우철, 2001, 앞의 책, 159쪽.
12) 같은 책, 230쪽.

오군 호수의 군적이 확인되지 않아 단언하기 어렵다. 다만 보인의 등록 시기가 추가되고 있는 점에서, 인적 자원의 파악 자체를 중요시하는 17세기 후반 이후의 경향이 지속되고 있음을 짐작할 수 있다.

3. 『제주속오군적부』의 내용

원 자료가 불완전하기 때문에 정확한 인원을 확정하는 것 자체가 어려운 일이었지만, 이 논문에서 분석 대상으로 삼은 전체 인원의 수효는 모두 1,750명이다. 영인본 『군적부』의 해제에서는 1,705명 정도로 파악을 하고 있는데, 이 논문에서는 대상 인원의 연령이나 직역, 신장 등 여러 정보 가운데 하나라도 확인이 되는 경우는 모두 포함시켰다. 따라서 인원파악에 차이가 나며, 분석 대상에 따라서 대상 인원의 수효가 얼마든지 가변적일 수 있다. 물론 통계 분석에는 활자본이 아닌 영인본에 나온 정보를 일일이 확인해서 이용했다. 연령이나 신장 등에 나타나는 불완전한 정보들, 예를 들어 연령이 '四▨'으로 나타나고 있는 경우나, 신장이 '四尺▨寸'으로 나타나는 경우는 모두 통계에서 제외했다. 물론 연령의 경우 40대의 평균이라고 볼 수 있는 '45세' 정도로 평균해 통계처리하거나, 신장의 경우 '4척 4촌'으로[13] 평균해 통계 처리할 수도 있지만, 오히려 통계가 왜곡될 우려도 있고 굳이 그렇게까지 해야 할 의미가 없을 듯해 제외했다.

예외 없이 일정한 유형으로 나타나는 경우는 누락된 정보를 복원해서 통계 처리했다. 최소 단위부대인 隊에서는 맡은 직무에 따라 기예가 일정하게 나타나는데, 이 때 기예의 정보가 누락된 경우에는 해당하는 기예를 복원해 넣었다.

---

13) 신장의 경우 가장 작은 경우가 3척 6촌이고 가장 큰 경우가 4척 8촌이므로, 4척 대에서 굳이 평균값을 구하자면 4척 4촌이 되어야한다.

1) 편제의 특성

먼저『군적부』에 나타난 제주 속오군의 편제를 살펴보도록 하겠다.『군적부』의 내용이 완전하게 전하지 않기 때문에 그 전모를 확인할 수는 없지만, 남아있는 자료를 통해 대체적인 편제를 추정해 볼 수는 있다.『군적부』에서는 가장 최상급 지휘관으로 中部 千摠인 奉事 夫時興이 확인된다. 千摠은 部의 책임자로서, 營의 책임자인 營將의 지휘를 받아 司의 책임자인 把摠을 지휘하는 위치에 있었다. 즉 營-部-司-哨-旗-隊로 이어지는 속오군 편제에서 비교적 상위에 해당하는 고급 지휘관이었다.

『군적부』보다 반세기 가량 앞선 효종 3년(1653)에 편찬된『耽羅志』에 따르면, 제주 속오군의 숫자는 3,056명이며 中部・左部・右部로 구성되어 있었다.[14] 大靜과 旌義를 포함한 현재의 濟州道 전역이 하나의 營인 셈이며, 그 아래 三部로 구성되어 있는 편제였다. 17세기 후반의『군적부』는 17세기 중엽의 이러한 체제를 그대로 따르고 있는 것으로 보인다. 제주 지역의 3邑에서는 節制使인 濟州牧使가 군적 작성의 담당자였다는 점을 고려하면,[15] 제주목사가 營將의 역할을 맡았던 것으로 보인다.『增補文獻備考』에서는 전라도의 영장을 소개하면서, 제주 지역은 다른 營에의 소속 여부를 밝히지 않고 제주목사를 영장과 같은 비중으로 언급하고 있는데,[16] 제주 지역의 지역적 특수성을 감안한 것으로 보인다.

그런데 속오군의 성립기인 16세기 말에는 部의 편제가 없고, 營 아래에 바로 司로 이어지는 營-司-哨-旗-隊의 체제였다. 이는 속오군의 교범이 되었던 戚繼光의『紀效新書』에 따른 것으로,『紀效新書』에서는 隊長

---

14) 李元鎭,『耽羅志』濟州, 軍兵 ; 김찬흡 등 옮김, 2002,『역주 탐라지』푸른역사, 154쪽.
15)『經國大典』兵典, 成籍.
16)『增補文獻備考』권118,「兵考」10.

과 火兵을 포함한 12人으로 1隊를 구성하고, 그 이후 순차적으로 3~5隊로 1旗를, 3~5旗로 1哨를, 3~5哨로 1司를, 3~5司로 1營을 구성하도록 하고 있었으며,[17] 이에 따른 각급 지휘관의 명칭을 아래부터 위로의 순서대로 隊長-旗摠-哨官-把摠-千摠 등으로 하고 있다. 그런데 柳成龍의 주관으로, 『紀效新書』를 알기 쉽게 요약하여 전국에 반포했던 『兵學指南』에서는 隊長-旗摠-哨官-把摠-營將이라 명명했다. 즉 상급부대인 營의 長官 이름이 千摠에서 營將으로 바뀌어져 있는 것이다.

이러한 체제는 실제로 속오군의 편성에 적용되어, 평안도의 『편오책』과 『용모책』에는 隊摠-旗摠-哨官-把摠-營將의 체제로 나타나고 있다. 隊의 책임자가 隊長에서 隊摠으로 바뀌었을 뿐, 營의 책임자를 營將으로 하고 있는 것은 『병학지남』과 같다. 『기효신서』에도 千摠이 등장하지만 이는 營의 지휘관일 뿐, 部라는 단위부대는 『기효신서』에도 『병학지남』에도 나오지 않는 새로운 단위였다.

그렇다면 千摠을 長官으로 하는 部라는 새로운 단위부대가 설치된 시기는 언제일까? 유감스럽게도 연대기자료에서 관계된 기사를 확인하지 못했다. 다만 제주지역의 향토자료인 『耽羅紀年』의 효종 2년(1651)조에 "3部 千摠을 설치했다[設三部千摠]"는 기사가 나오는데,[18] 이 시기를 전후해서 속오군의 편제 개편이 있지 않았을까 추측할 뿐이다. 효종대는 北伐論과 연결되어 군사제도가 강화되던 시기로서, 속오군에 대해서는 操鍊의 제도화, 保人과 復戶의 지급 등이 취해지고 있었다.[19] 營과 司 사이에 部를 설치하는 편제의 개편은 이 시기 지방군제의 강화현상과 관계되는 것이 아닌가 한다. 이때의 편제 개편은 속오군이 虛設化되는 18세

---

17) 戚繼光, 『紀效新書』 권1, 束伍編1, 明活法. 한편 『紀效新書』에서는 營의 상급 부대로 따로 師를 두고 있다.
18) 金錫翼, 1918, 『耽羅紀年』 권2, 신묘 효종 2년, 瀛洲書館, 56쪽.
19) 김우철, 2001, 앞의 책, 110쪽.

기 후반까지도 여전히 지속되고 있다. 18세기 말 河東의 『개도안』에도
(營)-部-司-哨-旗-隊의 편제가 확인되는 것이다.[20]

　이번 『군적부』에서 16세기 말의 『편오책』과 달라진 또 하나의 부분은
가장 작은 단위부대인 隊의 구성과 관련한 것이다. 먼저 隊의 책임자의
명칭이 隊長으로 나타난다. 『紀效新書』나 『兵學指南』에서도 隊長으로
되어있지만, 16세기 말 『편오책』에는 隊摠으로 되어있던 것이 다시 隊長
이라는 이름으로 나오고 있다.

　『군적부』에서 눈에 띄게 달라진 점은 隊의 구성 내용이었다. 16세기
말 성립기에는 한 隊가 같은 기예로 구성되는 것이 원칙이었으며, 隊의
상급 단위인 旗의 단계에 있어서도 같은 기예로 편성되는 경우가 많았
다.[21] 즉 砲手나 射手의 경우는 물론 같은 기예로만 隊가 구성되어 있었
고, 殺手의 경우도 籐牌·狼筅·長鎗·鏡鈀 등 殺手의 주무기로만 조합을
이루어 隊를 구성하고 있었다. 그런데 이번 17세기 후반의 『군적부』에서
는 모든 隊에서 三手의 조합이 이루어져 있는 점이 발견된다. 모든 隊에
서 일관되게 적용되는 기예별 구성 실태를 보면 다음 〈표 17〉과 같다.

〈표 17〉 隊의 기예별 구성

직무	隊長	제1	제3	제5	제7	제9	
기예	鎗	射	砲	砲	鎗	鎗	
직무		제2	제4	제6	제8	제10	火兵
기예		射	砲	砲	鎗	鎗	刀

　隊長과 火兵을 제외한 일반 隊員의 三手別 비율은 射手 : 砲手 : 殺手

---

20) 기존의 연구에서는 部라는 단위부대가 『紀效新書』 등의 원칙과 달리 추가로 신
　　설된 사실을 알지 못한 탓에, 『개도안』에 나타나는 部를 營과 혼동하여 동일한
　　것으로 보았다(김우철, 2001, 앞의 책, 230~232쪽). 그러나 『군적부』의 분석에
　　따라, 部가 營과 司 사이에 신설된 새로운 단위부대임이 확인되었다.
21) 김우철, 1999, 앞의 논문, 52~54쪽.

가 1 : 2 : 2의 비율이었다. 16세기 말에는 殺手의 무기가 네 가지였는데, 『군적부』에서는 鎗 한 종류로 단일화되었으며 火兵이 지니고 있는 刀를 포함하면[22] 두 가지라고도 볼 수 있다. 각 隊의 隊長은 鎗을 주무기로 하고 있었다. 隊長·火兵을 殺手에 포함시킬 경우, 隊員의 三手別 비율은 射手 : 砲手 : 殺手가 1 : 2 : 3의 비율인 셈이다. 상급 단위부대의 경우 旗摠은 隊長과 같이 기예가 鎗이었으나, 哨官 이상은 射를 기예로 하고 있었다. 즉 전체 속오군을 놓고 보았을 때, 殺手의 비율이 가장 높고 다음이 砲手·射手의 순서가 된다. 그런데 16세기 말 『편오책』에 따르면, 射手의 비율이 가장 높고, 다음이 砲手·殺手의 순서였다.[23]

이렇게 16세기 말과 달리 17세기 후반의 『군적부』에 隊의 구성이 달리 나타난 이유와 그 의미는 무엇일까? 이 부분을 뒷받침해줄 만한 특별한 사료가 발견되지는 않는다. 다만 척계광의 병법이 조선에 적용되면서 우리 현실에 맞게 변용되는 과정으로 이해할 수 있지 않을까 생각한다. 본래 『기효신서』에 따르면, 부대편성은 殺手와 砲手만으로 이루어지는 것이 원칙이었다. 이렇게 『기효신서』에서 받아들인 '砲殺法'에 우리 전래의 射手를 포함시켜 독립된 부대로 편성한 것이 바로 '三手法'이었다.[24] 따라서 삼수법의 적용 초기에는 종래 전통적인 사수의 비율이 가장 높았지만, 차츰 차츰 비율이 줄어들다가 한 세기 가까이 지난 뒤에는 가장 적은 비율을 차지하게 되었다. 그리고 사수가 줄어든 만큼을 살수가 차지하게 된 것이다. 『기효신서』에서는 살수를 포수보다 훨씬 많이 편성하도록 한 만큼[25] 살수의 비율이 많은 것은 『기효신서』의 의도에도

---

22) 16세기 말 『용모책』에서 火兵의 기예는 소속된 隊의 기예와 같았다. 즉 射手隊에서는 '射手'로, 砲手隊에서는 '鳥銃'으로 기재되었으며, 4가지 무기를 사용하던 殺手隊에서는 '鏡鈀'로 되어있었다.(김우철, 1999, 앞의 논문, 62쪽) 모든 隊에서 三手 기예가 혼성 편성된 『군적부』에서는 火兵의 기예가 '刀'로 통일되어 나온다.
23) 김우철, 1999, 앞의 논문, 55쪽.
24) 같은 논문, 43쪽.

부합하는 것이었다.

각 기예별로 별도의 隊로 편성되어 있다가 한 隊에 삼수 기예가 함께 편성된 부분이라든가, 살수의 무기가 실질적으로는 鎗 한 종류로 단순화된 이유에 대해서는 쉽게 단언하기 어렵다. 다만 등나무 넝쿨을 사용한 籐牌나 긴 대나무가지를 이용한 狼筅 따위의 무기가 중국 남방에서 구하기 쉬운 재료를 바탕으로 만들어졌으며, 또 등패와 낭선은 모두 방어용 무기로서 모두 다른 무기를 가진 병사의 지원을 필요로 하고 있었다는 점을 고려할 필요가 있다.[26] 우리 현실에 맞는 무기로 단순화하면서, 그 방어의 공백을 활이나 총과 같은 長兵으로 보완하려한 것이 이렇게 나타난 것이 아닐까한다. 이는 陣法이나 무기체계의 변화와 같은 여러 가지 상황을 고려해서 추후에 해명해야 할 과제이다.

2) 신분과 직역

제주의 속오군은 어떠한 계층의 사람들이 담당하고 있었을까? 제주지역 전체 민인들의 직역분포가 동시에 확인되지 않는 상황에서 속오군을 兼役하고 있는 민인들의 직역분포에 대해 섣불리 의미를 부여할 수는 없다. 그렇지만 같은 시기, 같은 지역의 군적과 호적이 동시에 발견되기를 기대하기 어려운 상황에서, 간접적인 형태로나마 그 분포의 의미를 추구해야 한다고 생각한다. 『군적부』에 나타난 속오군의 本役, 즉 兼役하고 있었던 직역을 분석한 것이 다음의 〈표 18〉이다.

---

25) 척계광, 『기효신서』 권1, 속오편1, 編伍法. "每編隊一司 先殺手四哨完 次鳥銃一哨".

26) 籐牌는 圓牌라고도 하며, 등나무 넝쿨로 만든 방패를 말한다. 狼筅은 긴 대나무 가지 끝에 칼날을 달아 사용하는 것으로, 역시 적의 접근을 막는 방어용 무기였다. 李象鼎, 『兵學指南演義』 地2, 營陣正彀, 遠近兼授5, 器械.

〈표 18〉 제주 속오군의 本役

직역	수	%	직역	수	%	직역	수	%
寺奴	1,057	60.40	司奴	8	0.46	律生	2	0.11
私奴	254	14.51	保人	6	0.34	通德郞	1	0.06
正兵	244	13.94	業務	5	0.29	萬戶	1	0.06
(미상)	130	7.43	兼司僕	4	0.23	▨生	1	0.06
▨奴	13	0.74	守門將	2	0.11	醫生	1	0.06
鄕吏	9	0.51	武學	2	0.11			
甲士	8	0.46	定虜衛	2	0.11	계	1,750	100.00

寺奴가 가장 많은 비율을 차지하고 있으며, 다음이 私奴, 正兵 등의 순서이다. 직역이 아예 확인되지 않는 사람도 130명을 차지하며, '▨奴'나 '▨生'과 같이 신분만 추측되는 불완전한 정보를 주는 사람도 14명이다. 속오군을 兼役하고 있는 이들의 본역 가운데에는 양반이나 중인 계층이라고 볼 수 있는 兼司僕·守門將·通德郞·萬戶 등과 鄕吏·業武·武學·定虜衛가 있다. 상민의 本役으로는 律生·醫生과 같은 직역 명색이나 正兵·甲士·保人 등과 같은 군역 명색이 보인다. 그렇지만 가장 많은 비율을 차지하는 것은 역시 寺奴·私奴 등의 천인이었다.

제주의 『군적부』에서 나타난 특징적인 현상은 寺奴나 司奴와 같은 公賤의 비율이 매우 높다는 사실이다. 16세기 말 평안도 安州의 경우에는 시노·내노·官奴 등의 공천과 사천이 같은 비율을 차지하고 있었고,[27] 17세기 후반 강원도 伊川의 경우에는 내노·驛奴와 같은 공천은 보이지 않고 천인 중에는 사천만이 속오군을 兼役하는 것으로 나타나고 있었다.[28] 이에 따라 17세기 후반에 私賤에게 束伍役이 집중되는 것으로 해석하기도 했지만[29] 이는 지역에 따른 차이를 간과한 결과였다.

大靜 지역의 戶籍 中草를 분석한 연구에 따르면, 正祖 10년(1786)의

---

27) 김우철, 1999, 앞의 논문, 64쪽.
28) 본서 제2부 제2장 4절 참조.
29) 金友哲, 1996, 「朝鮮後期 束伍軍 給保·給復策의 推移」 『全州史學』 4, 132쪽.

경우 전체 家戶 가운데 公奴婢戶가 45.2%의 비율을 차지하던 것이, 純祖 1년(1801) 內寺奴婢 혁파를 계기로 급감하는 것으로 되어있다.[30] 그리고 그 公奴婢의 대부분은 寺奴婢였다. 『군적부』보다 꼭 1세기 이후의 자료이고, 戶籍 자료인 탓에 戶主를 중심으로 분석하여 私奴의 비율이 드러나고 있지 않다는 한계를 감안한다고 하더라도, 추세로 보아 제주 지역은 公奴婢, 특히 寺奴婢의 비율이 높았던 것으로 파악된다. 이러한 까닭에 寺奴가 전체 속오군의 60%를 상회하는 비율을 차지하게 된 것이다.

常民 가운데 가장 많은 비율을 차지하고 있는 것은 正兵인데, 이는 甲士와 같은 특수 병종을 제외한 騎兵이나 步兵과 같은 일반 군역 명색 가운데 戶首를 범칭한 것으로 여겨진다. 함께 등장하는 保人이 어느 병종의 보인인지 밝히고 있지 않은 것과 같은 경우인 것이다.

눈에 띄는 것은 양반으로 이해되는 兼司僕 등의 직역이다. 품계가 있는 양반 직역은 4명의 兼司僕, 2명의 守門將, 각각 1명씩인 通德郎·萬戶가 있다. 그런데 이들은 모두 哨官 이상의 고급 장교직을 지니고 있었다. 이에 대한 이해를 돕기 위해 『군적부』의 속오군 가운데 隊長 이상 장교의 本役을 분석한 것이 다음의 〈표 19〉이다.

〈표 19〉 제주 속오군 장교의 本役

구분	내역(인원)	계
千摠	萬戶(1)	1
把摠	通德郎(1) 兼司僕(1)	2
哨官	業武(5) 兼司僕(3) 守門將(2) 定虜衛(2) 미상(2)	14
旗摠	寺奴(21) 私奴(9) 正兵(5) 甲士(1) ▨奴(1) 미상(4)	41
隊長	寺奴(74) 私奴(18) 正兵(16) 甲士(2) ▨奴(2) 미상(12)	124

---

30) 金東栓, 1995, 「朝鮮後期 濟州道 住民의 身分構造와 그 推移」 『國史館論叢』 65.

千摠을 맡고 있던 夫時興의 경우, 訓鍊院 奉事이며 前 萬戶로 되어있다.[31] 훈련원 봉사는 종8품 관직이며, 만호는 수군에 속한 종4품 관직이므로,[32] 최종 관직은 萬戶로 보아야 할 것이다. 천총은 訓鍊都監 등 중앙군의 경우 정3품에 해당한다.[33] 그런데 조선시대 법전에는 外官職에 따로 천총이나 파총 등의 품계가 규정되어있지 않다. 다만 천총의 직속상관인 營將이 정3품으로 규정되어있을 뿐이다.[34] 부시흥이 전직 만호의 자격으로 맡았던 속오군 천총이 實職인지, 아니면 명예직인지의 여부도 불분명하지만, 품계 또한 해명해야할 과제이다.

把摠은 역시 중앙군의 경우 종4품에 해당하는데,[35] 通德郎은 정5품에 해당하는 품계이므로[36] 이 경우는 어느 정도 직책과 품계가 호응한다고 볼 수 있다. 兼司僕의 경우는 품계가 따로 정해져있지 않고 정3품에서 종9품까지의 遞兒職을 배당받았으므로,[37] 1명은 파총을 나머지 3명은 그 아래 직책인 초관을 맡고 있다고 해서 이상할 것은 없다.

哨官은 兼司僕과 함께 守門將·定虜衛 및 業武 등이 담당하고 있다. 초관 또한 법전에 따르면 중앙군의 경우 종9품에 해당한다.[38] 守門將은 『經國大典』에 4품 이상의 武班으로 임명하도록 규정되어 있었지만,[39] 임진왜란이 발발하면서 천인들도 軍功에 의해 임명할 수 있게 해,[40] 宣祖 27년에는 430여 명에 이르러 그 가운데 일부를 훈련도감의 殺手로 삼는 문제가 논의될 만큼[41] 지위가 하락하고 있었다. 이러한 하락세는 임진왜란

---

31) 『군적부』 94쪽.
32) 『경국대전』 병전, 京官職 ; 外官職.
33) 『續大典』 병전, 경관직.
34) 『속대전』 병전, 外官職.
35) 『속대전』 병전, 경관직.
36) 『경국대전』 吏典, 경관직.
37) 『경국대전』 병전, 番次都目.
38) 『속대전』 병전, 경관직.
39) 『경국대전』 병전, 入直.
40) 『宣祖實錄』 27년 5월 8일.

이후에도 더욱 가속화되었던 것으로 보인다. 16세기 말 평안도의 『편오책』에서는 수문장이 영장을 맡고 있었는데,[42] 이제 17세기 후반 제주의 『군적부』에서는 2명의 수문장 모두 초관을 맡고 있다. 어쨌든 품계가 있는 양반은 모두 초관 이상의 고급 장교직을 맡고 있었다.

나머지 초관 자리는 定虜衛와 業武가 맡고 있었다. 정로위는 中宗 7년(1512) 설치되었던 특수 병종으로, 처음 한량을 중심으로 편성했다가 나중에는 서얼 등이 포함되었다.[43] 영조 22년(1746)에 편찬된 『續大典』에는 나타나지 않는 것으로 보아 그 사이에 사라진 것으로 보인다. 양반 직역이었던 업무는 숙종 22년(1696)에 서얼의 칭호가 되면서 중인 직역화 하는 것으로 이해되고 있는데,[44] 『군적부』에 나타난 시기와 거의 일치한다. 이들을 양반으로 볼 것인가 중인으로 볼 것인가 논란이 있을 수 있지만, 아무튼 『군적부』에 등장하는 정로위와 업무 전원이 초관으로 나타난다는 사실은 충분히 의미를 지닌다고 볼 수 있다.

이상에서 살펴본 바와 같이 초관 이상의 고급 장교는 모두 양반 또는 그에 준하는 중인 계층에서 맡고 있었다. 같은 장교라 해도 초관 이상과 旗摠 이하는 확연히 신분적으로 구분되고 있는데, 이러한 현상은 16세기 말 평안도의 편성 실태에서도 똑같이 드러난 바 있다.[45] 이는 법제적으로 哨官 이상이 品官으로 정식 관직체계 속에 포함되고 있는 것과 관련되는 것으로 보인다. 이에 따라 지휘관에 직속된 認旗手나 馬夫와 같은 標下軍도 초관 이상의 장교에게만 배정되고 있었다. 旗摠이나 隊長과 같은 초급 장교는 일반 속오군 가운데에서 선발되는 존재였던 것이다. 비슷한 시기인 숙종 6년(1680) 庚申換局 때의 자료에서 당시의 관행을 엿

---

41) 『선조실록』 27년 6월 26일.
42) 김우철, 1999, 앞의 논문, 59쪽.
43) 車文燮, 1973, 「中宗朝의 定虜衛」 『朝鮮時代軍制研究』, 단국대학교 출판부.
44) 李俊九, 1993, 「業儒·業武의 地位」 『朝鮮後期 身分職役變動研究』, 일조각.
45) 김우철, 1999, 앞의 논문, 59쪽

볼 수 있는데, 江原道 伊川 屯軍의 경우 旗摠과 隊摠은 일반 군병을 대상
으로 한 군사훈련 과정에서 선발되고 있다.[46] 속오군의 경우는 아니지만,
당시 屯軍의 편제로 볼 때 속오군의 관행을 준용했던 것으로 여겨진다.

한편 중인으로 볼 수 있는 직역 가운데 鄕吏는 左司 後哨의 哨官에
직속된 伺候 1명을 제외하고는 모두 隊 소속의 일반 군병이었다. 武學도
전원이 隊 소속의 일반 군병이었다. 무학은 17세기 중반부터 양반과 상
민의 중간계층화하고 있었으므로,[47] 이 시기에는 업무보다 지위가 낮았
던 것으로 보인다. 16세기 말 평안도의 경우에도 鄕吏나 閑良·營吏 등
중인에 해당하는 직역이 일반 군병으로 편성된 사례가 있으며,[48] 『군적
부』와 비슷한 시기 강원도 이천의 『호적』에는 驛吏로서 속오군을 겸역
하고 있는 사실이 확인된다.[49] 무학이나 향리 또한 비슷한 처지로서 속
오군의 편성 대상이 되었던 것이다.

위의 〈표 18〉에 나타난 결과를 바탕으로, 〈표 19〉의 장교 182명을 제
외한 일반 군병 1,568명을 신분별로 나누어 살펴본 것이 다음의 〈표 20〉
이다. '▨奴'로 나타난 것은 賤人으로, '▨生'으로 나타난 것은 良人으로
통계 처리했다.

〈표 20〉 제주 속오군병의 신분

구분	수	%	신분 확인 수	신분 확인 %
良人	249	15.88	249	17.10
賤人	1,207	76.98	1,207	82.90
(미상)	112	7.14	-	-
계	1,568	100.00	1,456	100.00

---

46) 『推案及鞠案』 83책 「(庚申)逆堅柟推案 上」. "…… 旗隊摠及諸將官 亦爲差定次
 一番聚會習操之意 ……"(아세아문화사 영인본, 8책 287쪽).
47) 이준구, 「武學의 地位」, 앞의 책.
48) 김우철, 1999, 앞의 논문, 64쪽.
49) 본서 제2부 제2장 4절 참조.

일반 속오군병 가운데 良人은 15.88%, 賤人은 76.98%를 차지했으며,
직역이 확인되지 않아 미상으로 처리된 비율이 7.14%였다. 미상을 제외
하고 신분이 확인된 속오군만을 계산하면, 양인이 17.1%, 천인이 82.9%
였다. 이 결과를 전후 시기의 다른 자료와 비교한 것이 다음의 〈표 21〉
이다.

<표 21〉 조선후기 속오군의 신분 구성

시기	지역	양인(%)	천인(%)	근거
선조 29년(1596)	평안도 寧邊 등 4읍	73.8	26.2	『편오책』
숙종 11년(1685)	전라도 濟州 등 3읍	17.1	82.9	『군적부』
숙종 13년(1687)	강원도 伊川	65.3	34.7	『호적』
정조 22년(1798)	경상도 河東	70.6	29.4	『개도안』

위의 표에서 확인되는 바와 같이, 양인과 천인의 비율만 가지고는 시
기적으로 의미 있는 추이를 확인할 수 없다. 오히려 지역적인 차이만이
확인될 뿐이다. 비슷한 시기인 17세기 후반의 자료임에도 濟州와 伊川의
良·賤 비율은 거의 정반대로 나타나며, 오히려 16세기 말이나 18세기 말
의 자료와 17세기 후반 伊川의 양·천 비율이 비슷하게 나타나고 있는 것
이다. 기존의 학계에서는 17세기 후반에서 18세기 전반에 걸친 시기에
속오군이 賤隷化된다고 보는 입장과[50] 18세기 말까지도 완전한 천예화
가 이루어지지 않고 있으며 여전히 양·천 혼성이 계속된다고 보는 견해
가[51] 대립해 왔다. 그러나 위의 표를 놓고 볼 때, 속오군 신분변동의 추
이를 놓고 성급한 결론을 내리기는 곤란하다고 판단된다. 같은 시기임에

---

50) 張弼基는 금위영이 설치되는 숙종 8년(1682)을, 車文燮은 兼役 良丁의 속오탈하
조치가 시행된 영조 12년(1736)을 천예화의 계기로 보고 있다. 張弼基, 1990, 「17
世紀 前半期 束伍軍의 性格과 位相」『史學研究』 42 ; 차문섭, 1971, 「束伍軍
研究」『東洋學』 1.
51) 이겸주, 앞의 논문.

도 지역에 따라 얼마든지 다른 결과가 나온다는 사실을 고려해보면, 속오군 자체의 양·천 비율보다는 전체 인구에 있어서의 양·천 비율이 먼저 해명되어야 하는 것이다. 이는 속오군의 兼役 상황이 함께 기재되어있는 호적 자료의 분석으로 통해서 해명되어야할 과제라고 생각한다.

이제는 군병 내부의 직능별로 신분 정보가 어떤 의미를 가지고 있는지 분석해보도록 하겠다. 旗摠과 隊長은 장교이기는 하지만 哨官 이상과는 차이가 난다는 점이 앞의 신분·직역 분석에서 확인된 바 있다. 그렇다면 기총·대장과 일반 군병과는 어떠한 차이가 있었는지를 살펴볼 필요가 있다. 또한 초관 이상의 고급 장교에 소속된 標下軍의 경우나, 가장 작은 단위부대인 隊에 반드시 소속되어있었던 火兵 또한 일반 군병과 어떠한 신분적 차이가 있었는지도 확인해볼 필요가 있다. 화병은 隊에 소속된 경우 이외에 표하군에 포함되어 경우도 있었다. 중복을 피하기 위해 표하군에 포함된 화병도 화병으로 분류하고, 표하군의 통계에서 제외했다. 비교 대상인 일반 군병은 隊에 소속된 제1에서 제10까지의 射手·砲手·殺手를 가리킨다. 신분 정보가 확인되는 각 직능의 신분을 통계로 내어보면 다음 〈표 22〉와 같다.

〈표 22〉 旗摠·隊長과 標下軍·火兵의 신분 구분

구분	良人		賤人		계	
	인원	%	인원	%	인원	%
旗摠	6	16.22	31	83.78	37	100
隊長	18	16.07	94	83.93	112	100
標下軍	43	25.15	128	74.85	171	100
火兵	14	11.20	111	88.80	125	100
일반 군병	192	16.57	967	83.43	1,159	100

기총과 대장의 경우, 일반 군병의 양·천 비율과 큰 차이를 드러내지는 않고 있었다. 아주 근소한 차이로 전체 군병보다 천인의 비율이 약간 높

지만, 무시해도 좋을 정도의 차이로 의미 있는 결과라고 보기는 어려웠다. 즉 신분은 기총이나 대장을 선발하는데 중요한 요소가 아니라는 점을 알 수 있다. 이러한 점은 16세기 성립기와는 좀 다른 분포를 보여준다. 『편오책』에 따르면 93명의 기총 가운데 1명의 천인 기총을 제외하고는 모두 양인이었으며, 274명의 대총 가운데에 천인 대총은 27명에 불과했다.[52] 기총의 경우는 물론, 대총의 경우에도 어느 정도 신분적인 고려가 있었음을 알 수 있다. 그런데 17세기 후반의 『군적부』에서는 오히려 상대적으로 賤人의 비율이 약간 높게 나타날 정도로 천인 기총·대장이 이제는 보편적인 존재가 된 것이다. 기총과 대장을 선발하는데 신분조건이 큰 요소가 되지 않았다면, 다른 조건을 확인해 볼 필요가 있다. 이는 다음 3)항 신체 조건의 분석을 통해서 살펴보도록 하겠다.

標下軍의 경우는 일반 군병보다 양인의 비율이 눈에 띄게 높았다. 표하군의 선발에는 신분적 요소가 큰 고려 대상이 되었음을 알 수 있다. 초관 이상 고급 장교에 직속된 표하군은 기총이나 대장 등 초급 장교보다도 신분적으로 우월한 존재임이 확인되는 것이다.

한편 신분이 확인되는 火兵 125명 가운데, 천인의 비율이 약 89%를 차지하고 있다. 이는 전체 속오군의 천인 비율인 약 83% 보다도 비교적 높게 나타난 결과이다. 16세기 말 화병의 신분 구성이 전체적인 양·천 비율과 큰 차이가 나지 않았던 점을 고려하면,[53] 화병의 편성에 신분적인 요소가 고려된 결과라고 볼 수 있다. 화병의 선발에 고려되었던 요소가 신분적인 요소뿐이었는지 또한 다음 항목, 신체 조건의 분석을 통해서 함께 설명히도록 하겠나.

다음으로 속오군의 신분이 三手 기예별로는 어떻게 구성되고 있었을

52) 김우철, 1999, 앞의 논문, 60쪽.
53) 16세기 말, 평안도 속오군의 양·천 비율이 73.8 : 26.2였는데, 火兵의 양·천 비율은 73.6 : 26.4로 거의 근사했다. 김우철, 1999, 앞의 논문, 57쪽.

까? 將校와 標下軍·火兵을 제외하고, 기예가 확인되는 1,159명의 隊 소속
일반 군병을 신분별로 구분해본 것이 다음의 〈표 23〉이다.

〈표 23〉 제주 속오군의 三手別 신분구분

구분	良人		賤人		계	
	인원	%	인원	%	인원	%
射手	63	26.92	171	73.08	234	100
砲手	61	13.38	395	86.62	456	100
殺手	68	14.50	401	85.50	469	100
계	192	16.57	967	83.43	1,159	100

제주지역 속오군 전체의 양·천 비율이 약 17 : 83이었던 것과 비교해
보면, 三手 기예별로 그 구성비가 다르게 나타나고 있는 점이 눈에 띈다.
射手의 경우는 약 27 : 73의 비율로 양인이 전체 평균에 비해 상대적으로
많은 비율로 나타나며, 砲手는 약 13 : 87의 비율로 천인이 상대적으로
더 많이 나타난다. 전체적으로는 사수〉살수〉포수의 순서로 양인 비율이
높게 나타나고 있다.

射手의 양인 비율이 상대적으로 높게 나타난 것은 충분히 의미 있는
결과이다. 앞에서도 지적했던 바와 같이 사수는 우리의 전통적인 기예로
서, 『기효신서』의 砲殺法과 함께 三手法으로 편제되었다. 전통적인 무기
체계였던 弓矢는 단기간에 습득하기 어려운 것이었으므로, 16세기 말 속
오군의 성립기에도 사수에 양인의 비율이 압도적으로 높게 나타난 바 있
다.[54] 양인의 절대적인 비율은 다소 줄어들었지만, 이러한 추세가 1세기
쯤 지난 17세기 후반에도 지속되고 있는 것이다.

반면 포수와 살수의 경우는 16세기 말과 약간의 차이를 보여주고 있
다. 16세기 말에는 포수가 살수보다 양인의 비율이 근소하게 높았지

---

54) 같은 논문, 57~58쪽.

만,[55] 17세기 후반에는 살수가 포수보다 양인의 비율이 근소하게 높게 나타나고 있다. 이 근소한 차이가 의미를 부여할 수준의 차이인지, 그렇다면 그 의미는 무엇인지에 대해서는 앞으로의 연구를 기다려 보아야 할 것이다.

3) 신체 조건

『군적부』에 실린 여러 정보 가운데, 연령이나 신장과 같은 신체조건도 여러모로 분석에 유용한 정보이다. 특히 『용모책』에서의 근력과 같은 정보가 빠진 상황에서, 연령과 신장의 정보는 더욱 중요하다고 할 수 있다.

연령이 확인되는 대상은 모두 1,518명으로, 15세부터 59세까지의 분포를 보이고 있었다. 평균 연령은 31.49세였다. 신장이 확인되는 대상은 모두 1,559명으로, 3척 6촌 즉 3.6척에서 4척 8촌 즉 4.8척까지의 분포를 보이고 있었다. 통일성을 기하기 위해 尺을 단위로만 표시하면 평균 신장은 4.25척이었다.

속오군의 연령이 15세에서 59세로 나타난 사실이 우선 주목된다. 속오군이 처음 성립된 16세기 말, 속오군의 대상이 되는 연령은 15세~50세였다.[56] 물론 50세 이상이라도 勇力이 뛰어난 사람은 나이에 구애받지 않고 충정할 수 있도록 했지만 기준이 되는 연령의 상한은 50세였던 것이다. 이러한 원칙에 의해 『용모책』에 편성된 속오군의 연령은 일부의 예외를 제외하고는 50세의 상한이 지켜지고 있었다.[57] 이러한 속오군의

---

55) 같은 논문, 57쪽.
56) 柳成龍, 『軍門謄錄』 乙未(1595, 선조 28) 12월 18일. "且年五十歲以下 十五歲以上 不至殘病者 則雖不解操弓者 皆可編入行伍 且又雖過五十歲 而勇力絶倫者 則亦不當以年歲爲拘".
57) 50세가 넘고도 속오군에 편성된 군병은 모두 射手이며, 평균 신장이나 근력도 砲手나 殺手보다는 높았다. 즉 신체 조건이 뛰어난 자들을 포함시킬 수 있다는

연령 상한은 60세를 상한으로 하는 身役과 차이를 드러내는 것이었다.[58] 실제 전투에의 투입이 중요한 기준이 되었던 전쟁기와는 달리, 편성과 관리를 위주로 하는 17세기 후반이 되면서 身役과 기준을 동일하게 한 것으로 보인다. 이러한 기준은 18세기 말의 『개도안』에도 그대로 적용된다.[59] 앞에서 살펴본 바, 『군적부』의 파악 항목에 근력 항목이 제외되고 父名 항목이 추가된 것과도 같은 이치인 것이다. 이러한 연령 분포를 전후 시기와 비교한 것이 다음의 〈표 24〉이다.

〈표 24〉 조선후기 속오군의 연령 비교

시기	지역	최저	최고	평균	근거
선조 29년(1596)	평안도 寧邊 등 4읍	12	57	30.5	『편오책』
숙종 11년(1685)	전라도 濟州 등 3읍	15	59	31.5	『군적부』
숙종 13년(1687)	강원도 伊川	18	52	36.7	『호적』
정조 22년(1798)	경상도 河東	23	62	47.2	『개도안』

규정연령보다 미달한 군병까지도 편성했던 16세기 말이나,[60] 규정연령보다 미달한 군병은 물론 규정연령을 넘어서는 군병의 존재가 확인되는 18세기 말과[61] 비교해볼 때, 17세기 후반의 군적은 비교적 엄격한 기준에 의해 작성되었다는 점을 확인할 수 있다. 이러한 점이 종합적으로 반영된 결과 속오군의 평균 연령이 자연스럽게 상승하고 있는 추세도 확인할 수 있다.

예외 규정에 해당하는 경우였다. 김우철, 1999, 앞의 논문, 74쪽.

58) 『경국대전』 병전, 免役. "軍士年滿六十者 篤疾廢疾者 並免役".
59) 김우철, 2001, 앞의 책, 236쪽.
60) 『용모책』에는 15세에 미달하는 8명의 군병도 확인된다. 김우철, 1999, 앞의 논문, 74쪽.
61) 『개도안』에는 등록된 해를 기준으로 볼 때 15세가 되기 전에 충정된 경우와 함께, 60세가 넘어서도 여전히 충정되고 있는 경우가 발견된다. 김우철, 2001, 앞의 책, 236~237쪽.

속오군의 신장에 관해서는 먼저 적용된 도량형에 대해서 언급하지 않을 수 없다. 16세기 말에 7.25척이던 평균 신장이 17세기 후반에는 4.25척으로 나타나고 있는 데, 이 경우 기준이 된 尺이 달라진 것으로 보아야 한다. 도량형에 대한 기존의 연구 성과를 바탕으로 조선시대에 사용하던 尺의 길이와 그 변화를 도표화한 것이 다음의 〈표 25〉이다.[62]

〈표 25〉 조선시대 尺의 길이

종류	비율	조선전기(cm)	개항기(cm)
黃鐘尺	1.000	약 34.48	약 34.12
周尺	0.606	약 20.62	약 19.90
營造尺	0.899	약 30.80	약 30.03
禮器尺	0.823	약 28.63	약 27.88
布帛尺	1.348	약 46.66	약 48.78

위의 표에 나타난 비율은 『經國大典』에 수록된 내용으로, 黃鐘尺을 기준으로 하여 다른 尺의 비율을 나타낸 것이다.[63] 조선후기의 尺은 조선전기의 길이와 비슷하거나 다소 축소되었을 가능성이 있는데, 布帛尺의 경우는 수취와 관련해 조선전기보다 길이가 확대되었다고 한다.[64] 전체적으로 큰 차이가 없기 때문에, 일단 본 논문에서는 조선전기의 길이를 기준으로 논의를 전개하도록 하겠다.

기존의 연구에서는 16세기 말 『용모책』에 적용된 尺을 周尺으로 추정했는데, 21.04cm의 길이를 적용했다.[65] 李宗峯의 연구에 따라 周尺 1尺을 20.62cm로 수정해 적용하면 평균 신장 7.25척은 149.5cm에 해당한

62) 李宗峯, 2001,「朝鮮前期 度量衡制 硏究」『國史館論叢』95 ; 2004,「朝鮮後期 度量衡制 硏究」『역사와 경계』53.
63) 『경국대전』工典, 度量衡.
64) 이종봉, 2004, 앞의 논문, 62쪽.
65) 이진갑, 앞의 논문 ; 정구복, 앞의 논문.

다. 오늘날의 기준으로 보면 매우 작다고 볼 수 있지만, 그 당시의 현실을 반영하는 것으로 보아야 할 것 같다. 다른 尺을 적용하기에도 곤란한 것이, 가장 周尺에 가까운 禮器尺을 적용한다고 하더라도 7.25척은 207.6cm가 되기 때문이다.

그렇다면 『군적부』에 적용된 尺은 어느 것일까? 평균 신장 4.25척에 周尺을 적용하면 87.6cm이므로 크게 불합리하다. 禮器尺이나 營造尺을 적용해도 121.7~130.9cm에 지나지 않는다. 아마도 『군적부』에는 黃鐘尺이 적용된 것이 아닌가 한다. 이 경우 146.54cm에 해당해 16세기 말의 통계와도 근접한다. 황종척은 본래 音律을 교정하려는 목적에서 만들어진 尺인데, 모든 尺의 기준이 되었으며 이는 『경국대전』으로 법제화되었다. 조선시대에는 官尺이라하여 檢屍에 사용되기도 했다.[66] 16세기 말까지 周尺을 사용해 軍兵의 신장을 재다가 17세기 후반부터 黃鐘尺을 사용하게 된 이유에 대해서는 좀 더 연구가 필요하다. 아무튼 이후로 황종척은 계속 군병의 신장을 재는 기준이 되었던 듯하다. 18세기 말 『개도안』의 경우, 비록 모든 군병의 신장이 4척으로 기록되어 실질적인 파악이 이루어지지 않았다는 사실을 말해주고 있지만,[67] 기준이 된 尺의 길이는 황종척의 값에 근사하기 때문이다. 또 이러한 점을 보아도 최소한 17세기 후반까지는 작성된 군적이 실상을 반영하고 있다는 사실을 확인할 수 있다.

그렇다면 먼저 양·천 신분이 확인되는 『군적부』상의 전체 인원을 대상으로, 〈표 26〉에서 평균 연령과 평균 신장을 살펴보았다. 연령과 신장의 두 정보가 함께 확인되지 않는 경우도 있기 때문에, 각각의 대상 인원에는 차이가 있을 수 있다.

---

66) 이종봉, 2001, 앞의 논문, 234~235쪽.
67) 김우철, 2001, 앞의 책, 231쪽.

〈표 26〉 신분별 평균 연령 및 평균 신장

구분	대상 인원	평균 연령(세)	대상 인원	평균 신장(척)
良人	247	32.48	244	4.26
賤人	1,215	31.25	1,214	4.25
(미상)	56	32.27	100	4.24
계	1,518	31.49	1,558	4.25

　속오군에 편성된 양·천 신분 사이에 의미 있는 신체조건 상의 차이는 찾기 어려웠다. 연령의 경우 양인이 천인보다 1세 정도 높고, 평균 신장의 경우 양인이 0.01尺, 즉 1푼[分] 정도 높았지만 무시해도 좋을 정도로 거의 차이가 없었다. 그렇다면 군병 내부의 직능별로 신체조건의 정보에 대해서 분석해보도록 하겠다. 앞의 신분 분석과 마찬가지로, 〈표 27〉에서 연령 및 신장 정보가 확인되는 기총·대장과 표하군·화병의 통계를 일반 군병과 비교해 보았다.

〈표 27〉 旗摠·隊長과 火兵의 평균 연령 및 평균 신장

구분	대상 인원	평균 연령(세)	대상 인원	평균 신장(척)
旗摠	35	38.69	38	4.39
隊長	105	34.81	109	4.33
標下軍	168	33.84	176	4.34
火兵	118	29.39	126	4.19
일반 군병	1,092	30.80	1,107	4.23

　旗摠은 평균 연령에서 일반 군병보다 8세 가량 높았고, 평균 신상에서도 일반 군병보다 0.1尺, 즉 1치[寸] 이상 컸다. 隊長도 연령은 4세가량 높았고, 신장은 1치가량 컸다. 앞 절의 신분 분석에서, 기총·대장의 신분 구성은 일반 군병과 큰 차이가 없는 것으로 밝혀졌다. 결국 기총과 대장의 선발에는 신체조건이 주된 고려 대상이었던 것이다. 이는 16세기 말,

성립기에도 지켜지던 원칙이었는데[68] 더욱 엄격하게 적용된 셈이다. 16세기 말에는, 旗摠의 연령이 6,8세, 隊摠의 연령이 0.9세 정도 일반 군병보다 높았다. 한편 신장은 기총이 1치 남짓, 대총이 2치가량 일반 군병보다 높았다. 그런데 이제는 모든 조건에서 기총이 대총보다 나았고, 일반 군병과의 차이도 더 벌어지게 되었다.

가장 나이가 젊은 기총은 22세, 대장은 20세였다. 일반 군병이 15세부터 소속된다는 점을 고려하면, 어느 정도 나이 들고 경험을 쌓아야 초급 장교에 임명된다는 사실을 알 수 있다. 반면 가장 나이가 많은 기총과 대총은 모두 55세였다. 역시 59세에 免役된다는 점을 고려하면, 너무 나이가 많은 경우도 결격 사유가 되었던 것이다.

표하군도 일반 군병보다는 연령과 신장 등 신체조건이 우월했다. 기총이나 대장과 비교해서는 연령이 적었고, 신장은 비슷했다. 특히 표하군은 앞의 신분 분석에서도 양인의 비율이 훨씬 높게 나타난 바 있다. 즉 기총·대장의 임명에 신체조건을 우선적으로 고려했다면, 표하군의 임명에는 신분과 신체조건을 종합적으로 고려했다고 볼 수 있다.

화병은 일반 군병보다 신체조건이 떨어졌다. 연령은 1세 이상 낮았고, 신장은 4푼[分] 정도 근소하게 적었다. 火兵은 신분조건에서도 일반 군병보다 약간 떨어지는 것으로 분석된 바 있다. 16세기 말에도 화병은 연령·신장·근력 모든 점에서 일반 군병보다 떨어지는 것으로 분석되었다.[69] 『병학지남』에서 규정한 것처럼, '사람됨이 용렬하고 녹록하여 남의 부하됨을 달게 여기는 자'[70]로 충정하는 원칙이 계속 지켜진 것이다.

이제 일반 군병의 三手 기예와 신체적인 조건과의 연관성을 확인해 볼 필요가 있다. 〈표 28〉에서 역시 정보가 확인되는 隊 소속 일반 군병

---

68) 김우철, 1999, 앞의 논문, 70쪽.
69) 같은 논문, 71~72쪽.
70) 『兵學指南』 권2, 營陣正彀, 編兵 제1. "庸碌甘爲人下者一名爲第十一充火兵".

의 평균 연령 및 평균 신장을 살펴보았다.

〈표 28〉 三手別 평균 연령 및 평균 신장

구분	대상 인원	평균 연령(세)	대상 인원	평균 신장(척)
射手	216	31.55	218	4.28
砲手	435	32.98	436	4.26
殺手	441	28.29	453	4.18
계	1,092	30.80	1,107	4.23

평균 연령은 포수〉사수〉살수의 순으로 높았고, 평균 신장은 사수〉포수〉살수의 순으로 높았다. 지휘 계통인 기총이나 대장의 경우는 연령이 높은 것이 유리한 조건이 될 수 있지만, 삼수 기예의 경우에는 큰 차이가 나지 않는 이상 의미를 두기 어렵다. 16세기 말에는 사수의 평균 연령이 10세 정도 높았지만,[71] 이는 전쟁 이전부터 군역에 종사하던 자원이 주로 사수로 포함되었기 때문에 빚어진 결과로 추론되었다.

筋力에 대한 정보가 제외된 상황에서, 평균 신장은 가장 우선적으로 고려되어야할 요소이다. 역시 射手의 신장이 가장 높게 나타났다. 16세기 말에도 사수의 신장과 근력이 가장 높았는데,[72] 이는 활을 쏘기 위해서는 일정한 신체조건이 요구되었기 때문이었을 것이다. 앞의 신분조건에서도 사수의 양인 비율이 가장 높게 나타난 바 있다. 삼수 기예 가운데 사수를 선발할 때에는 신분이나 신체 조건을 고려했던 것으로 보인다.

그런데 포수·살수의 선발 조건의 차이는 확실히 해명하기 어렵다. 16세기 말의 경우, 신분은 포수의 조건이 약간 좋았고, 신체 조건은 살수가 더 나았다. 이에 대해 적과 근접하여 백병전을 치르며 위험에 노출되는 살수가 신분이 낮고 신체조건은 좋은 것으로 추론한 바 있다.[73] 그런데

---

71) 김우철, 1999, 앞의 논문, 69~70쪽.
72) 같은 논문, 69~70쪽.

17세기 후반의 『군적부』에서는 신분은 살수가 약간 좋은 반면, 신체 조건은 포수가 더 나았다. 물론 신분 조건의 차이가 크지는 않았지만, 두 기예 사이에 조건이 완전히 바뀐 이유에 대해서는 설명이 되지 않는다. 살수의 주무기가 鎗으로 단일화된 사실이라든가, 사수·포수·살수가 같은 隊에 편성된 사실, 전쟁의 위협이 사라진 사실 등과 같은 역사적 조건의 변화와 연관이 있는 것인지 앞으로 연구가 필요한 부분이다.

4. 맺음말

蕭宗 11년(1685)을 전후해 작성된 것으로 추정되는 『제주속오군적부』를 분석한 결과, 다음과 같은 사실을 확인할 수 있었다.

먼저 군적의 형식이 16세기 말, 속오군의 성립기의 『진관관병용모책』과는 달라졌다. 筋力의 항목이 제외되는 대신 父名의 항목이 추가되었다. 이는 두 시기의 역사적 조건의 차이에서 빚어진 결과였다. 임진왜란이라는 비상시기에 실제 전투에의 참여를 전제로 편성되었던 16세기 말에는 군병 개인의 신체조건이 더욱 크게 고려되었던 반면, 17세기 후반 속오군의 군사적 기능이 약화되면서 군병의 사회적 관계의 확인을 통한 인적 자원의 파악 자체가 중시되었던 것이다. 속오군에 편성되는 연령이 15~59세로 신역과 기준이 동일해졌다는 사실도 이와 관계가 있다.

또한 『군적부』의 분석을 통해서, 속오군의 편제가 16세기 말 營-司-哨-旗-隊의 체제에서 營-部-司-哨-旗-隊의 체제로 변화한 사실을 확인할 수 있었다. 그 시점은 17세기 중반, 속오군의 강화조치와 관련이 있는 것으로 추정된다. 한편 최소 단위부대인 隊의 구성에도 변화가 있음이 확인되었다.

---

73) 같은 논문, 58쪽 ; 71쪽.

신분·직역에 대한 분석에서는 公賤을 포함한 賤人의 비율이 매우 높다는 사실도 밝혀졌다. 哨官 이상의 고급 장교는 해당 직급에 걸맞은 양반이나 중인 계층이 담당하고 있었다. 반면 旗摠이나 隊長과 같은 초급 장교는 신분보다는 신체적인 조건에 따라 선발되는 존재였다. 초관 이상의 고급 장교에 직속된 標下軍은 신분이나 신체 조건이 모두 일반 군병보다는 우월한 존재였다. 반면 火兵은 신분이나 신체 조건이 모두 일반 군병에 비해 떨어지는 존재였다. 속오군의 기예에 대한 분석 결과 射手의 경우, 16세기 말과 같이 신분이나 신체 조건이 선발에 고려되었던 것으로 보인다.

이상의 분석결과를 종합하면, 『군적부』가 작성된 17세기 후반까지는 속오군의 근간이 편제상으로 유지되었던 것으로 보인다. 고급 및 초급 장교들의 선발이나, 직무나 기예별 편성에 있어서 각각 유의미한 조건에 따라 일정한 기준을 유지하고 있었다. 18세기 후반의 『하동부속오군병무오식개도안』 단계에서 신장이나 용모에 대한 정보가 차별 없이 형식화되는 것과 견주면, 17세기 후반의 『군적부』 단계에서는 군적이 실상을 반영하고 있다고 판단된다. 다만 이 시기 이후로 속오군의 실질적 기능이 정지되면서, 군적도 따라서 虛簿化되었던 것이다.

분석 자료가 만족스럽게 복원되지 못한 까닭에 좀 더 심도 있는 분석이 이루어지지 못한 것이 아쉬움으로 남는다. 한정된 지역의 특수 자료인 까닭에 일반화가 지나친 것은 아닌지 경계된다. 또 편제 변화의 시기나 이유, 기예에 따른 편성 기준의 변화 등에 대해서도 명확히 밝히지 못했다. 앞으로의 과제가 될 것이다.

제2장
조선후기 속오군의 兼役 실태 사례
-1687년 伊川『호적』의 분석-

1. 머리말

束伍軍은 임진왜란을 맞아 창설된 이래, 조선후기 지방군의 근간으로서 존재해왔다. 16세기 말에 성립되어 19세기 말에 이르기까지, 제도의 운영과 그에 따른 역할은 시기에 따라 변화되는 모습을 보이지만, 그 변화 또한 조선후기의 역사상을 정확하게 반영하는 것이었다. 속오군에 대한 연구가 진행되면서,[1] 군사제도적 측면에서의 대체적인 문제는 해명이 되었지만 아직도 몇 가지 해결해야할 문제가 남아있다.

그 하나는 신분과 관련한 문제이다. 일반적으로는 성립 당시에 良·賤 혼성으로 편성된 속오군이 賤隷化하면서 그 역할을 다한 것으로 설명하고 있는데 그 시점에 대해서는 견해가 일치하지 않고 있다.[2] 다른 하나

---

1) 조선후기 속오군과 관련해서는 다음의 논저 참조. 柳承宙, 1969,「朝鮮後期 軍需鑛工業의 發展 - 鳥銃問題를 中心으로」『史學志』3 ; 車文燮, 1973,「束伍軍 研究」『朝鮮時代軍制研究』, 檀大出版部 ; 李謙周, 1990,「朝鮮後期 社會身分 變動問題에 대한 研究 - 軍役의 良賤混成과 관련된 側面」『蔚山史學』3 ; 張弼基, 1990,「17世紀 前半期 束伍軍의 性格과 位相」『史學研究』42 ; 徐台源, 1993,「束伍軍의 設置意義에 대한 研究」『論文集』13, 紀全女子專門大學 ; 李弘斗, 1997,「束伍軍을 통해 본 朝鮮後期 賤人의 身分變動」『軍史』34 ; 金友哲, 2001,『朝鮮後期 地方軍制史』, 경인문화사 ; 본서 제2부.

는 속오군의 兼役 문제이다. 속오군은 그 자체가 독립된 職役이라기보다
는 본래의 직역에 부가되는 형태를 띠고 있으며, 따라서 일반적인 직역
으로서의 兵種과는 구별되는 것이었다. 양·천 혼성과 兼役이라는 두 가
지 문제는 서로 밀접한 관련을 맺고 있는 것으로[3] 속오군의 성격을 이해
하기 위해서는 함께 고려되어야할 과제라 할 수 있다. 그러나 종래의 연
대기자료를 중심으로 한 연구만으로는 그 구체적인 실태에 대한 해명에
한계가 있을 수밖에 없었고, 따라서 戶籍이나 軍籍 등을 포함한 古文書
자료가 적극적으로 이용될 필요가 있었다.

   이 글에서 분석할 『戶籍』(이하 『호적』으로 약기)은 奎章閣 소장 고문
서(奎 古大 4258-4)로서 강원도 伊川지역의 호적 자료인데, 국사편찬위원
회에서 『各司謄錄』 55책에 포함시켜 다시 淨書하여 펴낸 바 있다. 종래
주목받지 못하던 이 자료는 조선후기 流民에 관한 연구에서 비로소 그
가치가 인정되었다.[4] 이 자료는 각 가호를 元民戶와 流民戶로 구분하여
기재함으로써, 유민의 생활상에 대한 다양한 정보를 전해주고 있다. 한
편 이 자료에서는 속오군의 兼役 상황이 本役과 함께 기재되어 있다. 따
라서 이를 분석한다면, 민인들이 담당하고 있던 직역의 분포와 함께 속
오군의 겸역 실태에 대한 조망이 가능할 것이다. 또 겸역 명색의 분석을
통하여 17세기 후반 향촌에서의 속오군 운영의 구체적인 모습을 그려볼
수 있을 것이다.

---

 2) 張弼基는 숙종 8년(1682)으로, 車文燮은 영조 12년(1736)으로 보고있는데 대하
    여 李謙周는 정조 22년(1798)까지도 완전한 천예화가 이루어지지 않고 있으며
    여전히 良賤 혼성이 계속된다고 보고 있다.
 3) 18세기 초에 있었던 兼役 良丁의 束伍 頉下와 관련한 논란은 이 두 가지가 분리
    될 수 없는 문제임을 잘 보여 준다. 이에 대해서는 이겸주, 앞의 논문 참조.
 4) 邊柱承, 1997, 『朝鮮後期 流民研究』, 高麗大 博士論文. 이 연구를 통하여 종래
    연대미상으로 처리되던 이 자료의 작성시기가 肅宗 13년(1687)으로 밝혀지게 되
    었다.

2. 자료의 복원

『호적』을 분석하기 위해서는, 우선 자료의 원형을 복원하는 작업이 선행되어야 했다. 이 자료가 전해져 내려오는 과정에서 상당한 부분이 산실되었고, 또 남아있는 자료도 그 순서가 심하게 뒤바뀐 채로 보관되고 있기 때문이었다. 한편 국사편찬위원회에서 이를 『各司謄錄』으로 묶어내는 과정에서도 필사되어 있는 원본을 알아보기 쉽게 등사하는데 그쳤을 뿐, 순서의 뒤바뀜 등의 오류는 전혀 손을 보지 않아 앞으로의 활발한 연구에 큰 지장이 될 것으로 보인다. 이 글에서는 우선 뒤섞인 자료의 순서를 바로잡음으로써 자료를 보다 정확히 분석할 수 있는 바탕을 마련해보려고 하였다. 물론 누락된 부분이 많기 때문에 완벽하게 복원할 수는 없으나, 마이크로필름의 사본으로도 순서의 잘못이 명확히 확인되는 경우가 많아 필자 나름대로 순서를 바로잡아보았다.

『호적』에는 강원도 伊川府[5]의 4개 面, 82장의 호적 자료가 남아있다. 규장각의 원 자료와 이를 바탕으로 한 『各司謄錄』에는 그 순서가 上西面, 北面, 東面, 下西面의 순서로 되어 있고 上西面에는 長洞里 등의 8개 里가, 北面에는 草原里 등의 3개 里가, 東面에는 下倉田里 등의 4개 里가, 下西面에는 柄山里 등의 14개 里가 수록되어 있는 것으로 나온다. 그런데 그 중에 일부 里는 중첩되어 나타나고, 더욱이 그 중에는 자료의 일부가 다른 面의 자료에 혼입되어 있는 것이 발견되는 등 많은 오류가 있다.

한편 이천 호적에 따르면, 이 지역의 面里 구조는 기재된 면과 리의

---

5) 이 시기를 전후하여 伊川은 수차례 邑號가 陞降된다. 光海君이 세자이던 임진왜란 당시 이곳에 머무르며 撫軍司를 설치한 것을 계기로 하여 광해군 즉위년 (1608) 都護府로 올렸다가, 仁祖反正으로 인조 1년(1623)에 다시 縣으로 강등된다. 다시 숙종 12년(1686)에는 府로 승격되었는데, 바로 이 호적이 작성되기 직전의 해이다. 『邑誌』 19, 江原道 2, 142쪽(아세아문화사 영인본) ; 『肅宗實錄』 12년 12월 21일.

사이에 또다른 '里'의 존재가 확인되어 주목된다. 이는 下西面의 경우에서 명확히 드러나는데, '遷下里' 안에 제1 回山里, 제2 院洞里 식으로 전개되어 나가고, '草位(里)'에 제1 柄山里, 제2 墨幕里 등으로 나가는 식이다. 이럴 경우 앞의 '遷下里'는 행정적인 편제로서의 '里'이고 뒤의 回山里와 같은 것은 자연촌락 단위의 '里'일 것으로 생각된다.[6] 그리고 자연촌락 앞의 '제1' '제2'와 같은 순서는 행정편제 내에서의 나름대로의 기준에 의한 순서인 듯하다. 上西面의 경우 '山內(里)' 안에 제6 長洞里, 제7 三岐里 등의 구조로 되어 있는 것이나, 北面의 경우 '防墻(里)'안에 제8 草原里, 제9 劒同洞里 등이 있는 식이며 東面의 경우에는 '丸方(里)'안에 제11 下倉田里, 제12 水波里 등이 있는 것도 이와 같은 형식이다. 이상 伊川의 면리구조를 남아있는 호적자료를 바탕으로 도표화한 것이 다음의 〈표 29〉이다.

〈표 29〉 이천의 面里 구조

面	(行政)里	(自然)里
上西	山內	제6 長洞, 제7 三岐, 제8 件隱峙, 제9 銅店洞, 제10 地位洞, 제11 小峴, 제12 九日洞, 제13 獐項
北	防墻	제7 某, 제8 草原, 제9 劒同洞, 제10 某, 제11 猪洞,
東	丸方	제11 下倉田, 제12 水波, 제13 梧桐洞, 제14 大猪目,
下西	遷下	제1 回山, 제2 院洞, 제3 伊洲鎭, 제7 深洞, 제8 蘆洞, 제9 遷下, 제10 酸梨洞, 제11 箭灘, 제12 黃澗, 제13 禾巖
	草位	제1 柄山, 제2 墨幕, 제3 葛田

1장[7]에서 26장까지는 上西面의 호적이다. 그런데 18장이 小峴里[8]의

---

6) 한편 '遷下里'라는 지명은 제9 遷下里 하는 식으로 자연 촌락의 명칭으로서도 등장하고 있어 기존의 분류에서 혼란을 가져온 것으로 보인다.
7) 이하 '장'수는 현재 규장각에 마이크로필름으로 보관되어 있는 순서대로 필자 임의로 붙인 것이다. 국사편찬위원회에서도 이 순서대로 각사등록을 편찬하였다.

1통 3호의 기사에서 끝이 나고 19장이 7호와 九日洞里의 1통 1호로 이어
지고 있는데 이는 중간에 77장에서 80장까지의 4장이 덧붙여져야 완벽
하게 될 것이다. 이 부분은 下西面에 포함되어 결책되어 있는데, 77장이
1통의 4호부터 시작해 80장에 이르기까지 2통, 3통을 거쳐 4통의 6호에
서 끝이 나고 있다. 원래 결책된 순서대로 보자면 앞의 76장이 禾巖里의
1통 2호에서 끝이 나고 81장이 酸梨洞里로 연결되어 부자연스러웠던 것
을 감안하면, 上西面의 해당 부분에 포함시킬 경우 통·호의 숫자까지 완
벽하게 일치한다. 호적에 기재된 필적으로 보아도 이는 上西面의 호적이
확실하다. 이렇게 조정할 경우 上西面의 호적은 모두 30장이 되며 里의
순서는 그대로 된다.

　27장에서 32장까지는 北面의 호적이다. 北面의 경우에는 워낙 적은
양의 자료가 남아있어 누락이 심한 것으로 짐작되는데, 그 가운데 순서
도 일부 뒤바뀌어 있다. 즉 종래의 분류에 의하면 제8 草原里 2통, 제9
劍同洞里를 거쳐 다시 제8 草原里 1통, 제11 猪洞里의 순서로 되어 있는
데 이는 면-리-통-호의 순서로 기재되어야 할 호적의 기재 양식으로 볼
때 매우 불합리한 것이다. 또한 그 순서에 따르자면 36세인 牙兵 李莫乃
에게 23세인 아들 日先이 있는 꼴이 되어 역시 부자연스럽다. 이는
27~28장과 29~30장이 바뀌어서 결책된 것으로 짐작된다. 즉 北面의 7번
째인 제7 某里[9] 某統의 1호~5호에 이어 8번째인 草原里의 1통 1호~5호,

　　혼동을 피하기 위해, 필자가 교정한 뒤 인용할 때에는 바로 잡은 순서대로 '쪽'이
　　라 표기하였다.
8) '小峴里'라는 지명이 호적 작성시의 기재란 안에는 호적자료와 동일한 필체로
　　'小峴里'라 쓰여있고, 난외의 공백부분에는 다른 필체의 큰 글씨로 '小峙里'라 씌
　　여있는데 이는 '小峴里'라고 보는 것이 옳을듯하다. 참고로 1871년에 편찬된『關
　　東邑誌』제3책「伊川」조에는 九皐面의 관내에 '小河峴里'의 지명이 보이는데,
　　이 마을의 옛 지명이 '小峴里'로 추정된다.『읍지』19, 강원도 2, 144쪽.
9) 里의 이름을 확인할 수 없지만 그 순서는 확인되는 경우, 편의상 그 里의 순서에
　　따라 제7 某里, 제10 某里 식으로 이름 붙여 보았다.

2통 1~4호의 기사가 나오고 9번째인 劒同洞里의 일부, 그리고 10번째 제
10 某里에 이어 11번째 猪洞里의 순서로 이어지는 것이 합리적이라고 생
각된다.[10]

東面은 33장부터 42장까지로 되어 있는데 역시 北面과 마찬가지로 자
료의 양이 적어 많은 부분이 빠진 것으로 짐작된다. 제11 下倉田里, 제12
水波里, 제13 梧桐洞里, 제14 大猪目里의 순서는 큰 오류가 없는 것으로
판단된다. 하지만 앞뒤로 빠진 부분이 많아 전체적으로는 빈약한 편이
다. 41장과 42장에는 이상의 기록을 원민·유민의 가호수, 作統의 수효,
남·녀의 老·壯·弱별로 통계를 내고 있어 관심을 끄는데, 이는 東面의 기
록이 아니라 뒤에 실린 下西面의 52장에 이어지는 것으로, 下西面 '遷下
里'의 통계로 보아야 할 것 같다.

본 호적에서 가장 순서의 혼잡이 심한 부분이 마지막 下西面의 기록
이다. 下西面에는 '遷下里'와 '草位里'가 있고 각각 그 안에 제1, 제2 하는
식으로 자연 촌락의 명칭이 나오고 있다. 바로잡은 순서대로 살펴 보자
면 우선 47~49장의 遷下里 제1 回山里, 49~50장의 제2 院洞里, 50장의
제3 伊洲鎭里에 이어 4개리가 누락되고 53-54-61-62-55-56장의 순으로 제
7 深洞里, 56장에 이어 63-64-57-58장의 순서대로 제8 蘆洞里로 이어진
다. 58~60장에는 제9 遷下里가 이어지며 60-81-82장[11]이 제10 酸梨洞里,
82장에 이어 71장이 제11 箭灘里, 71~76장이 제12 黃澗里, 76장에 이어
51~52장과 41장이 제13 禾巖里의 기록이다. 이 禾巖里의 기록은 76장의
부분과 이후의 51~52장의 부분이 따로 파악되는 바람에 앞의 것이 '禾岩
里'로, 뒤의 것이 '未巖里'로 각각 서로 다른 마을인 깃처럼 오해되기도

---

10) 이렇게 교정할 경우, 30장에서 바로 이어져야 할 27장의 내용에 제1호의 호주가
보이지 않아 역시 문제가 될 수 있으나, 이는 첫 줄이 인멸된 탓으로 보인다.
11) 60장의 마지막 행에는 1통의 統首 성명으로 御營軍 金愛祥이 기재되어 있는데,
81장의 제3호 호주가 바로 御營軍 金愛祥이다.

했다.[12] 이어지는 41장의 통계는 전술했듯이 이상의 下西面 遷下里의 통계이다.[13] 한편 42장의 마지막 행에는 '下西面 草位'라고 기록되어 있어 43장 이하의 '草位里' 기록들과 이어진다. 43~45장의 제1 柄山里에 이어 45~46장과 65~68장의 제2 墨幕里의 기사로 이어지고 68~70장의 제3 葛田里의 기사가 伊川 호적의 마지막 기사가 되는 것으로 판단된다. 이상의 결과를 요약한 것이 본 논문의 말미에 나오는 〈표 37〉이다.

3. 직역의 분포

바로 잡은 결과를 바탕으로 분석한, 남아있는 伊川 호적에 나타난 총 戶數는 323戶에 口數는 1,888口이다.[14] 伊川 호적에는 원래부터 거주하던 '元民' 이외에 타지에서 옮겨온 호구를 호주의 직역 앞에 '流來' 혹은 '流寓'라는 표현을 덧붙이면서 구분하고 있는데, 이러한 구분에 따라 원

---

12) 변주승, 앞의 논문, 221~224쪽, 부록1. 호적이 뒤섞여 있는데다가, 필사된 글씨가 곳에 따라서 '禾'로도 '未'로도 보이기 때문에 각각 다르게 본 것 같다. 그러나 실은 같은 마을의 기록이다. 지명은, 앞에 언급한 『關東邑誌』에도 나오는 '禾嚴里'가 맞는 것으로 보인다. 『읍지』19, 강원도 2, 144쪽.

13) 이는 52장의 마지막 '妻'자와 41장의 첫 '鄭召史'의 부분이 문맥으로도 호응될 뿐 아니라 필체가 똑같아 의심의 여지가 없다. 종전에는 이 통계를 동면의 기사에 이어지는 것으로 파악했기 때문에 草位里 산하 마을 들의 기사를 遷下里의 그것들보다 앞서서 편책했지만 실은 반대가 된다. 한편 面의 순서도 그 때문에 上西-北-東-下西의 순서로 보아왔지만 실제로는 上西와 下西가 나란히 기재되지 않았을까 한다.

14) 이천 호적 자체가 중간에 결락된 부분이 많아 분석의 대상을 확정하는 기준이 애매할 수가 있다. 이 글에서는 직역의 분석을 주요한 목적으로 하였기 때문에 직역, 성별, 이름, 나이가 확인이 되는 사람만을 대상으로 하였고 그 총 구수가 1,888구이다. 호는 위의 기준에 의해서 1구 이상의 존재가 확인되는 총 호수이다. 단 『호적』48쪽 下西面 伊洲鎭里 1통 4호 金召史는 '年四十'에서 끝이 나고 뒷장이 누락되었다. 따라서 정확한 나이는 40이상이 되겠지만 그대로 통계에 포함시켰다.

민·유민을 남·녀 구수 별로 구분한 것이 아래의 〈표 30〉이다. 호주에 관한 정보를 확인할 수 없는 '不明'戶 7호 33구를 제외한 원민호는 162호에 1,116구, 유민호는 154호에 739구이다.

〈표 30〉 元民·流民別 남녀 戶數 및 口數

구분	호수(%)	구수(%)	남(%)	여(%)	호당구수
원민호	162(50)	1,116(59)	629(60)	487(58)	6.9
유민호	154(48)	739(39)	407(38)	332(40)	4.8
불명	7(2)	33(2)	20(2)	13(2)	4.7
계	323(100)	1,888(100)	1,056(100)	832(100)	5.8

*비고 : 호당구수 통계는 원민 3호, 유민 2호의 불완전한 결호를 포함한 통계임.

다음 〈표 31〉에서는 1,888구를 신분별로 구분해 보았다. 일반적인 직역은 '良役'이므로 신분별 구분이 불필요할 수 있지만, 束伍는 양·천 혼성이라는 특성을 지니고 있으므로 사전 작업으로 신분별 분석이 필요한 작업이라고 생각된다. 신분별 분류에서는 良 신분과 賤 신분으로만 나누어 구분하였다.

〈표 31〉 신분별 남녀 口數

구분	남(%)	여(%)	계(%)
양	940(89)	715(86)	1,655(88)
천	116(11)	117(14)	233(12)
계	1,056(100)	832(100)	1,888(100)

이 시기의 신분구조를 양·천으로만 나누어 살펴볼 수는 없는 일이지만, 양 신분의 경우 호적상의 직역만을 가지고 兩班·中人·常民 등으로 구분하는 것은 지나치게 자의적일 수 있다는 판단에서였다. 또 종래의

연구자들이 다른 지역의 호적자료를 분석하면서 직역에 따라 신분을 구분했던 의도는 신분의 변동 혹은 고정화 등의 문제를 증명하려고 했던 것이지만, 한 시기의 자료만이 남아있는 伊川의 경우에는 크게 의미가 있는 작업이 아니라는 생각이다. 이에 따르면 良 신분이 1,655구로 전체의 88%를 차지하며 賤 신분이 233구로 나머지 12%에 해당한다. 남·녀별 양·천 비율은 그리 큰 차이를 보이지 않는다.

호주의 직역에 대한 개략적인 분석은 이미 기존의 연구에서 시도된 바 있으므로,[15] 이 글에서는 개개인을 단위로 직역 분포를 조사하기 위하여 우선 총 1,056명의 男口에 대하여 분석을 해 보았다. 특히 이 글은 束伍軍의 兼役실태에 주된 관심을 두고 있으므로 개인 단위의 분석이 더욱 합당한 방법이 될 수 있을 것이다.[16] 따라서 호주에 대한 정보가 없는 '不明'戶의 男·女 口도 통계에 포함시켜 분석하도록 하였다. 또 여기에서는 겸역의 형식으로 기재된 속오 등의 통계는 제외하고 본역만을 기준으로 하였다. 속오의 경우 이외에도 주된 직역이라고 생각되는 것을 기준으로 하였다. 이를테면 '老騎兵禦侮將軍'이라고 기재된 경우[17]에는 騎兵을 직역으로 하였다. 따로 표기되어 있지는 않지만 직역 뒤에 붙은 '禦侮將軍'이라는 표현은 納粟職이나 老人職이라고 판단된다. 정3품 당하관인 禦侮將軍과 騎兵직을 함께 수행한다고 보기에는 무리가 있기 때문이다. 나이가 67세인 李承賢의 경우에 '老'자를 덧붙인 것도 같은 맥락에서 이해할 수 있을 것이다. 실제 직역이 騎兵이기 때문에 '老'자를 붙여 '老除'

---

15) 변주승은 앞의 논문에서 원민과 유민의 호주 316인에 대한 직역분포를 조사하여 제시하였다. 이 논문에서 원민호를 163호로, 유민호를 153호로 파악한 것은 上西面 地位洞里 2통 2호의 호주인 盧承先을 원민으로 파악한데서 온 착오로 보인다. 변주승, 앞의 논문, 36쪽 표8 ; 38쪽 표9 ; 221~224쪽, 부록1.

16) 호주의 경우에는 총 323명 중에 속오를 겸역하고 있는 경우가 9건에 불과해 분석대상으로는 너무 부족하다.

17) 『호적』 6쪽, 上西面 三岐里 1통 1호. "老騎兵禦侮將軍李承賢年六十七辛酉生本平昌 父納粟嘉善大夫得男 …… 率子騎兵惠明年四十七辛巳生 ……".

되었음을 명시하고 있기 때문이다. 李承賢의 父인 得男의 경우에는 본역
없이 '納粟禦侮將軍'이라고 표기되어 납속직임을 명시하고 있으며 아들
인 惠明은 '騎兵'으로 표기되고 있다. 한편 '步兵右手病人'으로 기재된 경
우[18]에는 步兵을 본역으로 파악하였다. '右手病人'이라는 표현은 본역을
수행할 수 없는 상태 즉, 면제사유에 대한 설명이라고 보이기 때문이다.
다만 본역에 대한 설명 없이 '病人' 혹은 '盲人' 등으로 기재된 경우에는
그대로 통계처리 하였다. 다만 이 경우에는 직역이 처음부터 부여되지
않고 면제된 것으로 이해해야 할 것 같다. 또한 60세 이상으로 나이가
차서 면역의 대상이 되는 '老除'의 경우에도 '老騎兵' 등의 형식으로 본래
의 직역이 대부분 노출되기 때문에 전체 직역의 구성비를 살펴볼 수 있
다는 점에서 함께 포함시켜 분석하였다.[19] 역시 60세 이상과 마찬가지로
15세 이하의 경우에도 모두 함께 포함시켜 분석하였다. 15세 이하의 男
兒 가운데에도 직역이 표기되어 나타나는 경우가 있기 때문이다. 奴의
경우에는 '奴' '私奴' '班奴' 등으로 각각 표기되어 있지만, 모두 개인의
소유라는 의미에서 '私奴'로 통일하였고, 소속처가 명확한 '驛奴' '內奴'
등은 따로 구분하였다. 이 결과를 직역별, 원·유민별로 구분해 나타낸
것이 다음의 〈표 32〉이다.

---

18) 『호적』 8쪽, 上西面 三岐里 2통 3호. "砲保束伍朴終先 …… 同姓姪步兵右手病
人應象年三十戊戌生 ……".
19) 여기에는 분석의 기술적인 어려움도 고려되었다. 이천 호적에 나타난 기재 양식
을 살펴보면 '老除'의 대상이 되어도 '老'자가 붙지 않는 경우가 간간이 발견된
다. 예를 들어 下西面 墨幕里 4통 2호 李淑男의 경우 78세인데도 '老步兵'이 아
닌 '步兵'이라 기재되고 있다.(『호적』, 77쪽) 이는 실제로 현 직역에 복무했다고
볼 수도 있지만 호적 작성 시의 착오가 아닌가 여겨진다. 이와 같은 현상은 보다
상급 직역이라고 여겨지는 '幼學'이나 '閑良'의 경우에 더욱 빈번히 나타나는데,
60세 이상일 경우에 '老'자를 붙이는 경우도 있고 그렇지 않은 경우도 있어 일정
치가 않다. 유학이나 한량의 경우에는 실제로 신역 부담을 지지 않았으므로 더욱
느슨하게 파악된 것이 아닌가 한다. 아무튼 전체적으로 볼 때는 60세 이상의 老
除가 충실하게 지켜지고 있었다.

〈표 32〉 이천 男口의 직역

직역	수	구성	직역	수	구성	직역	수	구성
閑良	274	68-205-1	贖良	4	4-0-0	納粟通政大夫	1	1-0-0
私奴	111	95-14-2	箕子後裔	4	4-0-0	通德郎	1	0-1-0
牙兵	75	8-66-1	唱準	3	2-1-0	魯陵參奉	1	1-0-0
牙兵保	71	5-65-1	旗手	3	0-3-0	典設司諸員	1	1-0-0
(兒弱)	68	39-25-4	吹螺赤	3	3-0-0	落講校生	1	1-0-0
禁衛保	49	47-1-1	內奴	3	3-0-0	忠翊衛	1	1-0-0
騎保	39	38-0-1	禁衛資保	3	3-0-0	吏曹書吏保	1	1-0-0
砲保	37	33-2-2	馬隊保	3	1-2-0	旗牌官	1	1-0-0
御營保	33	30-2-1	侍丁	3	3-0-0	守禦廳軍官	1	1-0-0
幼學	21	21-0-0	餘丁	3	3-0-0	別武士	1	1-0-0
騎兵	20	18-1-1	雇工	2	2-0-0	馬隊	1	0-1-0
步兵	20	18-1-1	扈輦隊保	2	2-0-0	別隊	1	1-0-0
病人	20	14-5-1	武學	2	2-0-0	甲士	1	1-0-0
禁衛軍	20	20-0-0	武學保	2	2-0-0	別破陣	1	1-0-0
校生	16	14-0-2	典醫監前御	2	0-2-0	水軍	1	1-0-0
步保	14	14-0-0	出身	2	2-0-0	驛率	1	1-0-0
御營軍	13	13-0-0	定虜衛	2	2-0-0	驛吏保	1	0-1-0
(無役)	12	11-1-0	鷹師保	2	2-0-0	精抄保	1	1-0-0
業武	11	11-0-0	忠順衛	2	2-0-0	別馬隊保	1	1-0-0
吹保	11	11-0-0	內官保	2	1-1-0	水鐵匠	1	1-0-0
驛吏	8	8-0-0	驛保	2	2-0-0	水鐵匠保	1	1-0-0
童蒙校生	6	5-0-1	驛奴	2	2-0-0	尙衣院匠人保	1	0-1-0
(老除)	6	5-1-0	居士	2	0-2-0	藥生保	1	1-0-0
盲人	5	3-2-0	嘉善大夫	1	1-0-0	敬順王後裔	1	1-0-0
司僕諸員	5	5-0-0	納粟嘉善大夫	1	1-0-0	大聖後裔	1	1-0-0
樂工保	4	3-1-0	通政大夫	1	1-0-0	孝子	1	1-0-0
						계	1,056	629-407-20

*비고 : 구성의 순서는 원민-유민-불명의 순서

이 분석에 의하면 伊川의 민인이 지니고 있었던 직역은 총 78종이
다.[20] 兒弱이나 病人 등과 같이 실제 직역이라고 볼 수 없는 경우를 제외
하면,[21] 총 67종 정도가 실제 직역이라고 이해할 수 있다. 그런데 위의
표에서는 눈에 띄는 특징적인 사실이 확인된다. 우선 원민과 유민별로
직역의 분포에 있어서 큰 차이를 보이고 있다는 점이다. 호주의 직역을
분석한 논문에서도 대략 언급된 바가 있지만,[22] 각 개인에 대한 분석을
통해서도 이와 같은 추이는 확인된다. 가장 많은 구성을 차지하는 한량
의 경우 274명으로, 전체 모집단 1,056명중에 26%나 차지하고 있는데
유민호에서 나타나는 비중이 압도적으로 나타난다. 즉 원민이 자기 모
집단에서 차지하는 비율(11%=68/629)에 비해 유민의 경우는 무려 50%
(205/407)를 상회하고 있는 것이다. 또한 유민내에서는 牙兵과 牙兵保
(각 16%)의 점유율이 높게 나타나 이 3개 직역의 구성비가 83% 가까이
차지한다.[23] 반면 원민의 경우에는 賤 신분인 私奴가 15%를 차지하는
것을 제외하면, 閑良 이외에는 10%를 넘는 직역이 보이지 않는다. 禁衛
保(7%), 騎保(6%), 砲保(5%) 등의 순으로 비교적 고른 분포를 보이고
있다.

그러면 이렇게 유민과 원민의 직역 부담에 있어서의 편중이 나타나는

---

20) 이 수효는 분류 기준에 따라서 다소 차이가 있을 수 있다. 이 글에서는 앞에 언
　급한 바와 같이 겸역하고 있는 경우 등은 모두 본역 만을 기준으로 정리하였다.
21) 兒弱·無役·老除와 같이 실제 호적에는 기재되지 않았는데, 필자가 임의대로 붙
　인 경우와 病人·盲人이나 贖良·居士·孝子, 箕子後裔·敬順王後裔·大聖後裔 등
　11종이 이에 해당한다. 필자가 임의대로 붙인 직역에 대해서는 뒤에 따로 설명을
　하였다.
22) 변주승, 앞의 논문, 36~38쪽. 유민호주 153인의 직역 8종중에 閑良(62.1%) 牙兵
　(24.1%) 牙兵保(9.1%)의 3개 직역이 거의 대부분을 차지하였고, 원민호주 163인
　의 직역 47종은 거의 비슷한 분포를 보이는 가운데 禁衛軍, 閑良, 騎兵保 등이
　비교적 높은 비중을 차지하고 있다.
23) 실제 직역이라고 볼 수 없는 兒弱, 病人, 老除, 盲人, 居士와 賤 신분인 私奴를
　제외하고 良 신분의 실제 직역만으로 계산하면 무려 94%(336/358)에 달한다.

원인은 무엇일까? 우선 유민의 입장에서 볼 때 원거주지에서 유리하여
새로운 거주지에 정착하는 과정에서 직역을 모칭하는 경우를 상정할 수
있고, 다음으로는 伊川의 지역적인 특수성과 관련된 것으로 보인다. 첫
번째의 경우가 '閑良' 직역이 많이 나타나는 이유에 대한 설명이 될 수
있다면, 두 번째의 경우는 '牙兵'이나 '牙兵保'의 직역이 또한 많이 나타
나는 이유에 대한 설명이 될 수 있을 것 같다. 첫 번째의 문제와 관련해
서는 이미 기존의 연구에서 상론한 바 있으므로,[24] 이 글에서는 두 번째
의 문제에 대하여 살펴보기로 하겠다.

'牙兵'은 원래 법전에 근거한 것이 아니라, 임진왜란을 치르면서 관행
화한 것이었다.[25] 실제로 왜란이 발생한 직후인 선조 25년 5월에 守令과
兵使가 牙兵을 소유하고 있음이 확인되며 이후 監營 등에 설치되기 시작
해 인조대에는 이미 그 폐단이 지적되고 있었다. 정예한 군사가 수령의
牙兵이 되면서 私兵化하는 것이 문제되고 있는 것이다. 이렇듯 牙兵은
처음부터 지방 장관의 친병적인 성격으로 시작한 것으로 후에는 수어
청·총융청 등의 屯牙兵 등의 명색으로도 나타나게 된다. 牙兵은 18세기
전반을 전후해서는 '私募屬'의 주요한 통로가 되고 있었는데,[26] 특히 감
병영 소속의 군액은 원래 정해진 액수가 없는 것이어서 定額의 필요성이
제기되어 왔다.[27]

한편 伊川의 경우에는 '牙兵'이 이러한 일반적인 경우와는 좀 달랐다.
伊川은 평안·함경도와 연결되는 군사적 요충지였던 곳으로, 광해군대에
府로 승격되었던 이유도 '적의 진로를 방어하기 위한 것'[28]이었다. 다시

---

24) 변주승은 內奴들이 閑良 직역을 모칭했을 가능성을 추론한바 있다. 변주승, 앞의
   논문, 36~37쪽.
25) 이하 '아병'에 대한 설명은 김우철, 2001, 앞의 책, 188쪽 참조.
26) 본서 부록 참조.
27) 『備邊司謄錄』숙종 29년 1월 23일. "(兵曹判書李)濡曰 各軍門軍兵 自今詳定額
   數 外方監兵營軍兵 曾無限數 至於各營將各鎭堡所屬 無不過濫 亦宜一併定額'.

縣으로 강등된 인조대에도 수령은 武弁으로 차임하였다.[29] 또한 伊川에
는 훈련도감이 屯田을 설치하고 유민을 모아 경작케 하고 있었는데,[30]
숙종 2년 南人 정권 아래서 領議政 許積의 주장에 의해 둔전은 體府로
이속되고 屯民은 牙兵으로 편제되게 된다.[31] 이는 남인 정권의 권력기반
강화와도 밀접한 관련을 맺고 있었던 것으로 생각되는데[32] 바로 이 伊川
屯軍의 훈련과 관련하여 許積의 아들인 許堅이 반역혐의를 쓰게 되고,[33]
남인 정권이 몰락하는 계기를 마련하게 된다. 남인 정권을 대신하여 등
장한 西人 정권에 의하여 體府가 혁파된 뒤에도 伊川에 설치된 屯營은
혁파되지 않고, 오히려 새로 鎭을 설치하여 僉使가 주관하는 형식으로
개편되게 된다.[34] 이는 이미 조련된 군사를 혁파하기는 아깝다는 군사적
인 이유 이외에도, 원래 유민들에 의해 구성되었던 것이니만큼 혁파하고
일반 민인과 똑같이 신역을 부과할 경우 안집하기 어려울 것이라는 현실
적인 이해가 바탕이 되고 있었다.[35]

　　그러나 鎭이 설치되고 군액이 정해진 이후, 伊川에서는 군액의 충당과

---

28) 『光海君日記』 11년 3월 6일. "備邊司啓曰 …… 伊川陛府 專爲守禦賊路而設
　　也".
29) 『仁祖實錄』 15, 5년 1월 21일.
30) 朴泰輔, 『定齋集』 「陳邑弊疏」. "向者 訓鍊都監 稱以屯田 本縣西面山谷 皆出立
　　案 收合流民 私徵田稅".
31) 『숙종실록』 2년 10월 3일. "(領議政) 許積曰 …… 訓局屯田之在於伊川平康者
　　移屬體府 則穀物雖零星 猶可以補軍餉 屯民則使別將 團束作隊 稱以牙兵 以爲
　　臨急 入守山城之地 則庶可得力矣 上從之".
32) 都體府의 復設은 남인정권의 軍權 장악을 위한 시도였다. 이에 대해서는 다음
　　논저 참조. 李泰鎭, 1985, 『朝鮮後期의 政治와 軍營制 變遷』, 韓國硏究院, 190~
　　193쪽.
33) 『숙종실록』 6년 4월 7일.
34) 『숙종실록』 6년 6월 23일. "上曰 別設一鎭 使僉使主管 而量減軍額 本邑良民則
　　勿充屯軍 闕額事 別作事目申飭 以爲遵行之地".
35) 같은 사료. "領議政金壽恒曰 伊川屯近千之軍 旣已團束成才 棄之可惜 屬之本官
　　與土着軍兵 一體應役 則本來流氓 必無安頓之理 別設僉使 俾令專管 則似爲着
　　實矣".

관련해 심각한 문제에 봉착하게 된다. 숙종 9년(1683)의 예를 들면, 武學·鷹師·諸員 등의 직역을 제외한 군액만 1,200여 명이었는데 伊川의 男丁 총수는 6천여 명으로 그 가운데 流民과 儒品·公私賤·雜類 등을 제외하면 應役者가 1~2할에 불과하다는 것이다. 게다가 設鎭 이후에 牙兵의 戶·保 군액만 1천수백이 되었던 것을 감안하면 군액의 부족은 심각한 것이었다. "예전에는 양민의 군액을 유민들이 나누었는데, 이제는 유민의 군액을 양민들이 함께하고 있다."는 탄식은 빈말이 아니었던 것이다.[36] 한편 이 호적이 작성되기 바로 직전의 해인 숙종 12년(1686), 伊川이 府로 다시 승격하면서 伊洲鎭은 폐지된다.[37] 그렇지만 伊洲鎭이 伊川府에 병합되면서[38] 鎭의 소속으로 배정되었던 牙兵의 군액은 그대로 伊川府로 합쳐졌던 것 같다. 여기에서 한량을 제외한 유민들의 직역이 대부분 牙兵이나 牙兵保로 나타난 배경을 이해할 수 있다.

牙兵은 다른 일반 직역, 특히 양인들이 지고 있었던 군역과는 크게 구별되는 것이었다. 牙兵은 때때로 조련만 하면 되는 團束軍[39]이었다. 따

---

36) 박태보, 『정재집』「진읍폐소」. "姑以本縣言之 辛酉所籍民戶二千 而男丁六千有餘 其中流民 居十分之六 儒品公私賤雜類 又當二三 良民之可爲兵者 不過一二分 而各衙軍額一千二百餘名 武學鷹師諸員樂保之屬 不在此數 計丁量額 殆無可塡之理 自設鎭以來 牙兵之在本縣者 幷其戶保千有數百 昔則稍選流民中有根着者 以充軍額 今則無復餘地矣 柳赫然募訓局別隊於流民中 將八十名 此屬有闕流民旣皆屬牙兵 又將簽丁於良民 昔則良民軍額 分於流民 今則流民軍額 幷於良民矣".

37) 『숙종실록』 12년 12월 21일. "陞伊川縣監爲府使 以伊洲僉使韓碩良爲府使 罷僉使".

38) 『호적』의 下西面 伊洲鎭里는 혁파된 伊洲鎭과 관계된 지명으로 보인다.

39) '團束軍'이라는 표현은 일반 '正軍'과 구별하는 의미로 쓰이는데, 평소에는 군역에 복무하지 않고 유사시에 대비하여 조련만을 하는 군대를 뜻한다. 束伍軍이 대표적인 것으로, 비상시에 대비한 편성 자체가 중요시되었기 때문에 이렇게 불리지 않았나 한다. 일반 정군은 '歲抄軍'이라 불렸는데 매해 궐액을 찾아내어 충정하는 것이 의무화되었기 때문일 것이다. '歲抄軍'과 '團束軍'을 서로 대비하여 언급한 다음의 사료를 참조. "咸鏡監司李宗城疏曰 …… 先王之法 已變於乙酉

라서 속오와 다름이 없게 인식되었던 것이다.[40] 속오군과 아병이 단속군
이라는 조건은 같았지만, 속오군은 그 자체가 독립된 직역이 아니고 일
반 양인들이 정군의 역과 함께 兼役하는 부담이었다면 아병은 그 자체가
독립된 직역으로 인정되었고,『호적』에도 직역으로 기재되었다. 따라서
일반 양인과의 형평성을 고려해 아병에게도 정군의 군역을 부과하자는
논의가 제기되는 것은 당연한 것이었다.[41] 하지만 아병이 유민들을 중심
으로 편성되었다는 사실은, 그들에 대한 엄격한 군역 충정을 불가능하게
했다. 농민층 유망의 직접적인 계기가 군역의 부담이었던 점과[42], 또 이
미 언급한 바와 같이 유민들을 모아 設鎭하고 아병으로 편성했던 상황이
유민의 안집과 관련이 있었던 점을 고려하지 않을 수 없었던 것이다. 물
론 이천의 아병에는 위에 언급한 진 소속의 아병만 있는 것이 아니었다.
다른 지역과 마찬가지로 감영 소속의 아병도 있었던 것으로 보인다.[43]
그런데 감영 소속의 아병이 속오군과 함께 취급되며 군액의 충정이 논의
되는 점을 볼 때, 이 역시도 '正軍'이라기 보다는 '團束軍'이었던 것 같다.
또한 營牙兵은 鎭의 牙兵과는 달리 '兼役'이었다.『호적』에서는 '營牙兵'
의 사례가 꼭 한 군데서 발견되는데,[44] 班奴로서 營牙兵을 兼役하는 사
례였다. 이 밖에는 營牙兵의 경우가 보이지 않는데, 朴泰輔가 '近百'이라
고 언급한 것을 고려하면 더 발견될 듯도 하지만 자료의 누락에 기인한

　　　即今成規　不過合五衛束伍而成軍制　混歲抄團束而爲兵額"(『承政院日記』 영조
　　　23년 7월 3일).
40) 박태보,『정재집』「진읍폐소」. "鎭之牙兵 不過團束爲伍 以時調練而已 其制與束
　　　伍無異".
41) 같은 사료, "束伍亦得兼定正軍 牙兵何人獨可免乎 流民之朝東暮西者 固不可定
　　　其中土着者 亦間有之 自今勿論牙兵 均許定軍 則簽丁路寬 民可以得息矣".
42) 변주승, 앞의 논문, 11쪽.
43) 박태보,『정재집』「진읍폐소」. "今則本縣束伍 爲五百十九名 不但無所減 而又有
　　　加矣 此外復有營牙兵 舊不滿十 今則近百 合爲六百餘名矣".
44)『호적』21쪽, 上西面 小峴里 3통 3호, "私奴鄭不里孫 …… 三子班奴營牙兵太男
　　　年三十八庚寅生".

것인지 아니면 다른 이유가 있는 것인지 명확치 않다. 한편 '營牙兵'이 아닌 '牙兵'으로 기재되면서 겸역하고 있는 경우도 있다.[45] 北面 제7 某里 某統 3戶 高亂承의 경우에는 직역이 '아병'으로 기재되어 있지만, 서울에 사는 정승 權大運이 주인으로 기재된 것을 보면 奴로 파악되며 따라서 통계에서는 '私奴'로 처리하였다. 高亂承의 아들인 周元도 직역이 '班奴牙兵保'로 기재되어있어, 역시 아병보를 겸역하였음을 알 수 있다. 이 경우 소속처를 어디로 보아야 할지는 확언하기 어렵다. 『호적』에 나타난 원민 아병 8명과 아병보 5명이 어떠한 성격의 牙兵이었는지도 결론내기가 쉽지 않다. 『호적』에서는 아병의 소속처에 대해서 따로 언급하고 있지 않고, 또 兼役하고 있는 경우도 아니기 때문에 鎭의 아병이라고 판단은 되지만, 그래도 문제는 남는다. 원민이면서 아병에 소속된 이유가 불확실하기 때문이다. 원래 유민 출신이었던 것인지, 아니면 박태보의 상소에서 나온 것처럼 원민이 유민의 군액을 떠맡게 된 것인지 알 수 없다. 아무튼 '牙兵'이라는 직역은 여러 가지 측면에서 좀 특수한 경우라고 볼 수 있으며, 조선후기 지방군제 전반의 이해와 관련하여 해명해야할 과제임에 틀림없다.

앞의 〈표 32〉의 직역별 구분에서 괄호로 표시된 것은, 아무 표시도 없는 사람의 경우에 필자가 임의로 붙인 것이다. 15세 이하의 양인 남아의 경우, 호적상에 아무 직역이 붙지 않는데, 이럴 경우 '兒弱'으로 표시하였다. 드물게는 15세 이하로서도 직역의 부담을 지고 있는 경우가 발견되는데, 이른바 사료상에서 자주 언급되는 '黃口簽丁'이나 '兒弱充定'의 경우가 될 것이다. 그렇지만 호적상으로는 일정한 기준이 있는 것으로 보이는데, 8세의 자진 투속자를 제외하고는 12세 이하의 남아가 충정된 경우는 확인되지 않는다. 15세 이하의 양인남아 86명중 '病人' '盲人'을

---

45) 『호적』 31쪽, 北面 제7 某里 某統 2戶, "牙兵高亂承 年六十三乙丑生 本江陵 主京居政承(丞?)權大運 …… 率子班奴牙兵保周元 年二十七辛丑生 ……".

제외하고 직역이 표시된 경우는 모두 16건이었다. 그중 상급 직역이라고
볼 수 있는 '閑良'이나 '童蒙校生'에 포함되어 있는 경우가 7건으로 높은
비율을 차지하고 있으며, 8세에 '忠翊衛'에 포함된 張守延의 경우[46]도 자
진해서 투속한 것으로 보아야 할 것이다.[47] 나머지 8건은 吹保·砲保·牙
兵保 등 다양한데, 13세가 1명이고 14세가 4명, 15세가 3명이었다. 군역
부담이 시작되는 해는 원칙적으로 16세였는데,[48] 15세 이하로 충정되는
경우도 드물지 않았다. 이렇게 '아약'으로서 충정되는 경우가 빈번해지니
까 『續大典』에 복무 연한에 따른 免役의 규정이 신설된 것으로 보인
다.[49] 즉 15세 이하로 충정된 경우는 그만큼 일찍 면역케 하고, 17세 이
후에 충정된 경우는 늦게 면역시켜 형평을 맞추려 한 것이다.[50] 朝鮮前
期에 반포된 『經國大典』에서는 복무 연한에 대한 언급 없이, 다만 나이
만을 기준으로 하고 있는 점을 감안하면,[51] 18세기 중반 반포된 『속대전』
의 규정은 17세기 후반의 이러한 상황을 반영했던 것으로 보인다. '老除'

---

46) 『호적』14쪽, 上西面 地位洞里 1통 3호, "禁衛軍保社原從功臣展力副尉張玉先
…… 率子忠翊衛守延(年)八庚申生 ……".
47) 忠翊衛는 광해군 8년에 原從功臣을 우대하기 위해 설립한 것이었으나, 현종 연
간 이전부터 사회적 지위가 저하되어 중인 직역으로 간주되고 있었다. 李俊九,
1993,「諸衛屬과 그 地位變動」『朝鮮後期身分職役變動研究』, 一潮閣, 192~197
쪽.
48) 『續大典』에서는 號牌를 패용하는 男丁의 기준을 16세 이상으로 규정하고 있다.
『續大典』戶典, 戶籍. "男丁十六歲以上佩號牌".
49) 『속대전』兵典, 免役. "軍士物故者 年滿六十 而應役四十五年者 逃亡過十年者
並代定".
50) 참고로 伊川 호적의 양인 남자로 60세인 경우는 모두 12건인데, 1명은 직역 표기
가 없고(표에서는 '老除'로 추정) 4명은 '老'자를 직역앞에 붙여 老除되었음을 명
확히 하고 있으며, 나머지 7명은 老除가 확인되지 않는다. 60세에 '老除'가 되려
면 역시 15세부터 복무를 해야 45년을 채우게 된다. 또 드문 경우이기는 하지만
下西面 深洞里 1통 3호의 峻謙은 57세의 나이에 노제되어 '老退校生'이라 표기
되고 있다.
51) 『經國大典』병전, 면역. "軍士年滿六十者 篤疾廢疾者 並免役".

4. 겸역의 실태

16세기말 전란시의 비상조치로서 출발했던 束伍軍은, 17세기 중엽 孝宗 연간에 이르러 크게 강화된다. 營將制를 통한 효과적인 군사조련,[61] 給保制의 시행을 통한 軍額의 확보[62] 등을 내용으로 하는 속오군의 강화 노력은 현종대 이후 점차 정돈상태에 빠지게 된다. 의욕적으로 군비강화를 추진하던 효종의 사망이나 현종 연간에 빈발한 자연재해 등 몇 가지에 그 원인을 구할 수도 있겠지만, 근본적으로는 속오군이 '兼役'이라는 사실이 더 이상의 확대를 불가능하게 했다. 伊川의 『호적』이 작성된 시기는, 이렇듯 속오군의 확장 움직임에 제동이 걸리며 군액이 고정화되는 시기와 대체적으로 일치한다.[63] 군액이 고정화된 이후의 시기는 그 이전의 시기와 속오군의 운영에 있어서도 다른 모습을 띠었을 것으로 추측되는데, 『호적』의 분석과 관계되는 사료의 검토를 통하여, 그 구체적인 실상을 이해해보기로 하겠다.

伊川의 호적에 속오군을 겸역하고 있는 것으로 기재된 사람은 모두 75명이다. 그들의 현실적 처지를 살펴보기 위해 본래의 직역을 분석하였다. 다음 〈표 34〉는 속오군을 겸역하고 있는 75명의 본역을 도표화한 것이다.

---

61) 營將制 및 束伍軍의 操鍊과 관련해서는 다음의 논저 참조. 차문섭, 「朝鮮後期의 營將」, 앞의 책 ; 徐台源, 1999, 『朝鮮後期 地方軍制研究』 혜안 ; 김우철, 2001, 앞의 책.

62) 속오군의 給保 문제와 관련해서는 다음의 논문 참조. 김우철, 1996, 「朝鮮後期 束伍軍 給保·給復策의 推移」 『全州史學』 4.

63) 사료를 통해 추적되는 전국 규모의 속오군의 군액은 다음 부표와 같다. 표를 통해서 인조대까지 10만 내외를 유지하던 군액이 숙종대 이후에는 20만 정도로 배증함을 확인할 수 있다. 이러한 급격한 증가는 효종대의 적극적인 군액확보책의 결과라고 생각된다.

〈표 34〉 속오군의 本役

직역	수	비율(%)	직역	수	비율(%)	직역	수	비율(%)
私奴	26	33.3	御營保	6	8.0	侍丁	1	1.3
砲保	11	14.7	步保	4	5.3	贖良	1	1.3
騎保	9	12.0	吹保	4	5.3	驛吏	1	1.3
禁衛保	9	12.0	步兵	3	4.0	계	75	≒100

위의 표에서 보는 바와 같이 속오역을 겸역하고 있는 직역의 수는 모
두 11종이다. 伊川 男口의 총 직역이 78종으로 나왔던 것과 비교하면 크
게 차이가 난다. 물론 모집단의 크기 자체가 큰 차이를 보인다는 점을
전제하더라도 束伍役이 특정한 직역에 집중된다는 사실은 쉽게 확인할
수 있다. 종래의 구분에 의해 양반 신분이라고 할 수 있는[64] 각급의 大夫
나 幼學 등은 물론이고 중인 신분으로 간주되는 忠順衛, 校生, 閑良 등의
직역은 하나도 발견되지 않았다. 그리고 같은 상민 중에서도 주로 각종
병종의 保人들에 집중되어 있고 戶首가 속오군을 겸역하는 경우는 步兵

〈부표〉 속오군액의 변천

시기	액수	전거
선조 33년(1600)	95,226	『磻溪隨錄』
인조 4년(1626) 이전	75,000	『碧梧遺稿』
인조 6년(1628) 2월 28일	약 100,000	『仁祖實錄』
인조 11년(1633) 2월 4일	90,070여	『인조실록』
인조 18년(1640) 12월 1일	101,914	『인조실록』
인조 19년(1641) 5월 17일	110,000	『備邊司謄錄』
숙종 7년(1681) 8월 8일	200,000여	『肅宗實錄』
숙종 7년(1681) 12월 15일	200,000여	『숙종실록』
숙종 24년(1698) 8월 30일	200,000	『承政院日記』
숙종 37년(1711) 2월 15일	200,000	『비변사등록』
정조 2년(1778) 윤6월 13일	210,000	『正祖實錄』
정조 2년(1778) 9월 10일	190,000	『정조실록』

64) 이준구, 앞의 책, 261~274쪽의 「時期別 戶主의 身分·職役 一覽」을 기준으로 하
였다.

뿐이었다. 즉 속오군의 경우만을 놓고 보면 직역 사이에 심한 편차가 존재한다고 볼 수 있다. 물론 그 의미는 각 신분층의 경우에 따라 다를 수 있다. 양반이나 중인 신분이 속오군에 속하고 있지 않다고 하는 사실은 이미 正軍의 군역도 지지 않고 있던 상황에서 당연한 일이라고 이해할 수도 있다. 하지만 속오군의 창설 자체가 양반에서 천인까지를 망라하는 비상체제 형식으로 출발한 것이었다는 점을 상기하면, 속오군의 운영이 17세기 후반에 오는 동안 이미 심각하게 변질되었음을 보여주는 것이라고 이해할 수 있다. 반면에 상민층의 경우에 正軍인 戶首보다는 保人에 집중되고 있다고 하는 사실은 기능적인 측면에서의 설명이 가능할 것 같다. 즉 현역의 복무와 속오군의 조련이라는 이중의 업무를 수행하는 것 자체가 어렵다는 현실을 반영하는 것으로 볼 수 있다. 이 또한 성립 초기와는 상황이 달라졌음을 보여준다. 17세기 전반만 해도 '上番하면 騎兵, 下番하면 束伍軍'이라 하듯이[65] 正軍으로서 속오를 겸역하는 경우가 드물지 않아 폐단이 되었던 것이다.[66] 또 위의 표에 의하면 천인의 경우에도 內奴나 驛奴는 제외되고 私奴만이 속오역을 지는 것으로 나타나고 있다. 물론 내노나 역노의 경우, 호적에 5명밖에 나타나지 않기 때문에 일반화하기에는 문제가 있지만, 公賤이 속오역에서 빠져나가고 私賤에게 속오역이 집중되는 현상은 17세기 후반의 일반적인 추세였다.[67] 숙종 2년(1676)에는 內需司 노비도 일제히 속오에 충정키로 결정하지만,[68] 실제 시행여부는 의문이다. 내수사 노비의 속오 충정 문제는 이미 光海君

---

65) 『인조실록』6년 12월 5일. "軍籍廳堂上李曙啓曰 …… 一正兵之身 而當其上番 則謂之騎兵 還屬營將則謂之束伍."

66) 李民寏, 『紫巖集』「對或問」. "公私賤流 旣有身上本役 而又被束伍之苦 騎保之兵 出而赴邊 爲邊將之呑噬 入而束伍 爲將官之剝割 終歲勤動 無一日間 束伍之不堪其苦 日就無形者 無足怪矣."

67) 김우철, 1996, 앞의 논문, 132쪽.

68) 『승정원일기』숙종 2년 8월 20일.

代부터 문제되어[69] 함경도에는 일부가 충정되기도 했다.[70] 그렇지만 仁祖反正 직후 다시 內奴를 속오로 삼자는 건의가 나오고[71] 실제로 그 일부를 속오군으로 삼는다는 결정이 내려지는 것으로 보아[72] 지속적인 시행에는 이르지 못했던 것 같다. 孝宗의 즉위 직후부터 내수사 노비의 속오 충정 요청이 잇달았지만[73] 뚜렷한 결론을 내리고 있지 못한 채 숙종대에까지 이르게 되었던 것이다. 지역적으로 특수한 함경도 지방을 제외하고는, 대체적으로 내노의 속오 충정은 쉽지 않았다. 내노를 속오군에 충정했다하여 내수사로부터 鄕所・色吏 등이 엄벌을 받은 載寧郡의 예에서 그와 같은 사정의 일단을 엿볼 수 있다.[74] 비록 대상이 3명에 불과하지만, 『호적』에 내노가 하나도 속오를 겸하고 있지 않는 것으로 나타난 것은, 어느 정도 현실을 반영하고 있다고 보아도 무방할 것이다. 즉 양인 중에서는 군보를 신역으로 하고 있는 일부 상민층에게, 천인 중에서는 공천을 제외한 사천에게 속오역이 집중되는 현실을 『호적』에서는 여실히 드러내주고 있는 것이다.[75]

그러면 元民과 流民간의 분포는 어떻게 나타나고 있을까. 조사결과 속오 겸역자 중에 유민호의 남정은 모두 3명에 불과하였다. 또 그들은 모두 한 가호내의 사람들로 私奴였다.[76] 원민・유민을 판별할 수 없는 가

---

69) 『광해군일기』 즉위년 12월 20일.
70) 『광해군일기』 2년 11월 18일.
71) 『인조실록』 1년 3월 20일.
72) 『인조실록』 1년 6월 12일.
73) 『孝宗實錄』 즉위년 11월 16일 ; 4년 2월 29일.
74) 『승정원일기』 숙종 2년 8월 20일. "(領議政許)積曰 …… 自前內奴與公私賤 一體充定於束伍 而上年載寧郡 以內奴充定束伍事 鄕所色吏面任等 至於移囚他道而嚴刑."
75) 그러나 지역에 따라서는 公賤의 비율이 더 높게 나타나는 곳도 있다. 본서 제2부 제1장 3절 참조.
76) 『호적』 27쪽, 上西面 獐項里 1통 5호의 連孫, 連先, 連福 형제이다. 호주는 이들의 父인 車士立으로 직역은 '流來老閑良'으로 기재되어 있다.

호의 2명[77]을 제외하고 나머지 70명은 모두 원민이었다. 앞 장에서도 살펴보았듯이 대부분의 유민들은 한량이나, 牙兵(保) 등의 명색에 속해 있었다. 한량이나 아병의 직역은 원민을 포함해서도 한명도 속오를 겸하고 있지 않은 직역이었다. 한량은 그 자체가 한유하는 직역이고, 아병은 속오와 비슷한 단속군으로 속오를 겸역할 수는 없었음은 이미 언급한 바와 같다.

　일부 상민층과 사노만이 속오역을 담당했다면, 그들 사이의 비율은 어떠했을까? 일부에서 속오군의 천예화 경향을 설명하면서 숙종 8년(1682)을 전후한 시기를 그 시점으로 상정한 것은[78] 타당한 견해일까? 이러한 점을 해명하기 위해서는 속오군 내부에서의 신분별 비율을 살펴볼 필요가 있을 것이다. 앞의 〈표 34〉에 의하면 75명의 속오군 중 賤 신분인 私奴가 26명이고 良 신분이 49명이니 단순히 보면 65%가 양인이고 35%가 천인이라는 계산이 나온다. 그러나 이것은 각 신분이 차지하고 있는 비율을 고려하지 않은 것이다. 즉 각 신분이 차지하고 있는 원래의 비율을 감안해야 하는 것이다. 그런데 여기에서 또 한 가지 염두에 두어야할 점이 있다. 앞의 원·유민별, 신분별, 직역별 통계 등은 호적에 나타난 남구 모두를 대상으로 한 것이었다. 따라서 연령적으로 '老除'의 대상이나 '兒弱'까지를 모두 포함하는 것이었다. 그런데 속오군의 대상은 16~60세의 장정에 한하였다.[79] 따라서 속오군의 대상이 되는 장정의 수효가 얼마인지를 정확히 파악할 필요가 있다. 良 신분의 경우 나이가 차지 않으면 직역이 아예 표시가 되지 않는데 대하여 賤 신분은 나이에 관계없이 '私奴' '內奴' 등과 같이 직역이 표시 되면서 모두 통계에 포함되었기 때문이다. 이에 따라서 호적에 표시된 나이를 기준으로 해, 16세~60세 사이의

77)『호적』1쪽, 上西面 長洞里 1통 2호. 禁衛保인 獻과 騎保인 應龍이 그들이다.
78) 장필기, 앞의 논문, 161쪽.
79) 분석 대상 75명 가운데 장정이 아니면서 속오군을 겸역한 사례는 하나도 발견되지 않는다. 참고로 가장 적은 나이는 18세이고, 가장 많은 나이는 52세였으며 평균연령은 37세였다.

연령층만을 신분에 따라 비교한 것이 다음의 〈표 35〉이다.

〈표 35〉 속오군의 신분별 비교

신분	장정의 수	속오의 수	속오의 비율
양	740	49	6.6%
천	81	26	32.1%
계	821	75	9.1%

　이 결과에 따르면 속오는 양 신분 대상의 6.6%에 불과하고, 천 신분은 대상의 32.1%가 속오군을 겸하고 있는 것으로 나타난다. 즉 이에 따르면 이 시기에 속오군이 완전한 賤隷化에 이르지는 못했다고 해도 천예화가 상당히 진행된 것으로 이해할 수도 있다. 천인이 양인보다 속오군을 겸역할 가능성이 5배 가까이 높은 것이다. 그런데 여기서 또 한 가지 생각해 보아야할 점이 있다. 앞에서 살펴본 바에 의하면 같은 良 신분 내에서도 직역별로 매우 심한 차이를 보이고 있다. 즉 良 신분 78종 중에 11종의 직역만이 속오군을 겸하고 있는 것으로 나타난 것이다. 즉 단순한 신분별 비교보다는 직역별 비교가 더 합당한 비교가 될 수 있을 것이다. 그러니 위와 같은 방식으로 직역별로 〈표 36-1〉을 만들어 보았다.

〈표 36-1〉 속오군의 직역별 비교

직역	장정의 수	속오의 수	속오 비율	직역	장정의 수	속오의 수	속오 비율
私奴	77	26	33.8	吹保	8	4	50.0
砲保	34	11	32.4	步兵	16	3	18.8
騎保	28	9	32.1	侍丁	2	1	50.0
禁衛保	48	9	18.8	贖良	3	1	33.3
御營保	32	6	18.8	驛吏	7	1	14.3
步保	12	4	33.3	계	267	75	28.1

이 결과는 위의 결과와 상당한 차이를 나타내고 있다. 직역별로만 비교를 할 때에는 속오에 해당하는 직역의 평균 28.1%가 속오를 겸역하는데, 천 신분인 사노의 겸역 비율이 33.8%로 높기는 하지만 단일 직역으로 볼 때에는 양 신분의 직역이 더 높은 경우도 있다. 즉 표본의 수가 극히 작은 侍丁의 경우는 제외하고라도 吹保의 경우 50%로 사노보다 높게 나타나고 있으며, 步保나 砲保·騎保 등의 경우도 30%를 넘어 거의 私奴와 비슷한 비율을 보여주고 있는 것이다. 이 표를 종합하여 양·천별로 구분한 것이 다음의 〈표 36-2〉이다.

〈표 36-2〉 속오군 해당 직역의 신분별 비교

신분	장정의 수	속오의 수	속오의 비율
양	190	49	25.8%
천	77	26	33.8%
계	267	75	28.1%

이에 따르면 해당 良 신분의 25.8%, 賤 신분의 33.8%가 속오를 겸역하고 있는 것으로 나타난다. 천인들이 속오를 겸역하는 비율이 상대적으로 높게 나타나고 있기는 하지만, 양 신분에 비해 압도적이라고 할 수는 없으며, 따라서 아직까지는 속오군의 신분 구성에 있어서 천예화를 논의하기는 어려울 것 같다. 일단 수적으로는 良 신분이 압도적으로 많았고, 비율을 고려해도 크게 밑돌지는 않았다. 즉 17세기 후반까지는 아직 천예화를 논의하기에는 좀 이르지 않나 한다. 그렇지만 분명한 사실은, 각각의 신분 내에서 일부 직역에로의 집중현상이 일어나고 있는 것은 분명하였다. 양반·중인 계층은 물론 속오역의 부담에서 벗어나고 있었고 상민층에서도 일부 軍保에게로 束伍의 직역이 집중되고 있었다. 천인층에서도 私賤에게로 그 부담이 집중되고 있었다.

집중의 문제와 관련하여 설명해야할 사실이 있다. 양·천 신분에서 속오의 대상이 되는 사람만을 통계로 한 앞의 〈표 35〉를 보면 양·천을 통틀어 대상의 9.1%가 속오를 겸역하고 있는 것으로 나온다. 이는 17세기 전반에 있었던, 대상 남정의 1/10을 속오군에 충정하자는 논의와 거의 일치하는 결과이다. 仁祖 7년(1629), 해당 장정의 1/10을 뽑아 속오군에 충정하기로 한 결정은[80] 심한 소요를 일으키게 하였다. 지방 장관이 실제로 이를 시행하는 과정에서 1/3이나 1/4을 뽑아 폐단이 되었던 것이다.[81] 束伍軍을 대상의 1/10을 충정하도록 한 조치의 본래 의도는 이와 달랐다.[82] 즉 지나친 충정으로 인한 민심의 동요를 방지하기 위해 1/10로 제한을 했던 것이다. 하지만 이것은 해당 男丁 중 양반 등의 계층이 빠져나가는 현실을 미처 고려하지 않은 결정이었다. 따라서 면역자를 제외한 나머지 대상자 중 1/10을 충정하자는 건의가 있게 된 것이다.[83] 결과적으로 1/10을 束伍에 충정하기로 한 인조대의 결정은 숙종대까지도 유지된 것으로 볼 수 있다. 하지만 처음부터 우려되었던 집중의 문제는 해결되지 않고 오히려 더욱 강화되었던 것이다.

한편 伊川의 『호적』에는 속오군뿐 아니라 속오군의 장교라 할 수 있는 '哨官'의 직책이 확인되어 주목된다. 초관 역시도 일반 속오와 마찬가지로 겸역의 형태였는데, 형제인 2명의 초관 모두 본역은 '業武'였다.[84]

---

80) 『인조실록』 7년 12월 21일.
81) 『인조실록』 8년 1월 20일.
82) 鄭經世, 『愚伏集』 「經筵日記」, (崇禎)3년 1월 23일. "臣自嶺南來時 所經諸邑守令品官等皆曰 以束伍加抄民心騷動云 …… 回啓時大臣及金時讓以什一之抄(細注:號牌男丁中十分之一)整頓之後 民亦便之云".
83) 같은 자료, (崇禎)3년 10월 20일. "(特進官張)維曰 通計號牌時男丁自上士夫下至黎庶之謂也 除其不當充軍者 則應充軍役者甚少 若如前日全羅兵使上疏 除其不當爲軍役者 而只以應爲軍役者充十分之一 則未知何如".
84) 『호적』 70쪽, 下西面 禾嚴里 2통 6호. "老業武李秀擇 …… 次子業武哨官廷亨年五十二丙子生 …… 次子業務哨官廷必年三十八庚寅生".

초관은 속오 편제에 따른 단위부대인 哨의 長이었다. 속오군의 창설자라고 할 수 있는 柳成龍의 관련 기록에 의하면 1營은 5司로, 1司는 3哨로, 1哨는 3旗로, 1旗는 3隊로, 1隊는 11人으로 구성되어 있다.[85] 즉 1哨는 99명의 군사에 3旗의 旗摠, 9隊의 隊長을 포함 111명으로 구성되어,[86] 哨官의 지휘를 받았다. 한편 業武는 본래 武業의 연마를 의미하던 일반적 용어 혹은 유사직역으로 사용되다가, 인조 4년(1626)의 호패법 실시와 함께 제도적 직역명으로 수용되었다고 한다.[87] 이후 숙종 22년(1696)에는 서얼 직역화함으로써 종전과는 신분 개념이 달라졌다는 것이다. 숙종 4년 이전에는 양반 직역으로 하자가 없지만, 이후 班·常의 중간 계층에 존재하며 有役 하층민의 피역과 신분상승의 階梯的 역할을 담당하였다고 한다. 『호적』에 나타난 이들의 경우도 중인층 정도로 설정을 할 수 있을 것 같다. 호주인 이들의 父도 직역이 '老業武'로 되어 있고, 호주의 4祖는 모두 '學生'이며, 이들의 妻가 모두 '召史' 표기가 되어 있는 것으로 보아[88] 그러하다. 한편 이 시기에 哨官을 중인층인 業武가 담당하고 있었다는 사실은 이후 18세기 전반의 사정과 비교하면 역시 차이점을 드러낸다. 英祖 7년(1731)의 상소에는, 常漢들이 哨官을 거쳐 免役을 시도하는 현실에 대한 언급이 있다.[89] 17세기 후반에 중인층이 담당했던 束伍軍의 哨官을, 18세기 전반에는 常漢들이 담당하는 경우가 발견되는 것이다. 물론 이 때에도 초관직 자체는 '免役'이 인정되는 정도의 위치였으므

---

85) 柳成龍, 『西厓集』「年譜」, (萬曆)24년 1월.
86) 영조대에는 1초에 이상의 111명 이외에 書記·將旗手·鼓手 각 1명, 卜馬軍 9명을 포함, 총 123명으로 편제된다. 『비변사등록』 영조 6년 9월 25일, 「束伍節目」, 圖式.
87) 이준구, 「業儒·業武와 그 地位變動」, 앞의 책, 44~61쪽.
88) 앞의 각주 84)의 자료.
89) 『비변사등록』 영조 10년 4월 29일, 「上疏別單」, 辛亥 6월 26일 司勇 林秀桂 상소. "其一 常漢一經哨官 則賤役之侵 不及其身與子 首將官利其廳禮 廣開蹊道 汚濁莫甚".

로, 중인층 이상으로 임명하는 것이 원칙이었을 것이다.[90] 다만 18세기 전반에는 상한들의 입속처로도 이용되었던 초관직을, 17세기 후반에는 중인 신분인 업무가 담당하고 있다는 사실이 『호적』을 통하여 확인된다는 점이 의미가 있다고 생각한다.

이상 『호적』의 자료 분석을 통하여, 17세기 후반의 속오군의 실태에 대하여 몇 가지 사실을 확인할 수 있었다. 우선 이 시기에 오면, 계층별·직역별로 속오역의 부담이 특정한 부류로 집중화되어 나타난다는 사실이다. 양반 및 중인 계층이 속오의 부담으로부터 벗어나고 있었는가 하면, 상인 및 천인 계층에서도 각각 직역에 따른 집중화현상이 뚜렷하였다. 한편 속오군 내부의 신분 구성에서는 아직까지 천예화가 뚜렷이 진행되고 있다고 보기는 어려웠다. 초관을 담당하는 業武의 존재가 확인되는 것도, 18세기 이후의 상황과는 일정하게 구별되는 것이었다.

5. 맺음말

『호적』과 같은 고문서 자료의 이용은, 연대기 자료보다 더욱 세심한 주의가 필요하다고 생각된다. 특수한 사실을 자칫 보편적인 것으로 일반화시키는 오류를 범할 가능성이 크기 때문이다. 그렇지만 연대기 자료에서 추적하기 힘든 구체적인 사실들이 생생하게 드러나 있다는 점은 고문서 자료만이 갖는 장점이라 할 것이다. 이 글에서는 두 측면을 모두 염두에 두고, 『호적』에서 부족한 점을 연대기 자료의 이용을 통해 보완하고자 했다.

---

90) 같은 사료에 이어지는 부분을 보면, 양반의 자제로 선임하도록 청하고 있다. "別爲定式 以兩班子枝擧薦差定 哨官而把摠 把摠而千摠 千摠而別將 非經哨官 不許直差首將官事也 常漢之一經哨官 得免賤役 實爲痼弊 另加申飭諸道 必以兩班子枝擇差 毋得數遞宜當是白乎旀".

자료의 이용에 앞서, 착오가 심한 채 전해져 온『호적』의 복원을 시도
해 보았다.『호적』자료를 다루는데 미숙해 적지 않은 오류가 있을 법
하지만, 순서는 대강 바로잡았으리라고 생각한다.

伊川의 직역분포를 분석한 결과, 향촌사회에서의 직역 부과 실태에 대
해서 매우 구체적으로 이해할 수 있었다. 우선 이천지역에서는 원민과
유민 사이에 직역의 분포에 있어서 커다란 차이가 존재함을 재확인하였
다. 유민의 직역은 한량과 아병·아병보 등 특정한 직역에 편중되어 있었
다. 특히 아병의 직역이 많이 나타나게 된 원인은 이천의 군사적인 사정
과 함께, 남·서인의 대립이라는 정치적 상황, 유민 안집책이라는 정책적
문제 등과 상호 관련이 있음을 알게 되었다. 한편 직역분포의 분석과정
에서, 직역의 부과 시점과 기간 그리고 직역을 부과하지 않는 경우 등
호적 작성을 둘러싼 여러 가지 문제들을 확인할 수 있었다.『호적』에서
도 일부 '兒弱充定'의 경우가 확인되는데, 아약충정이 빈번해짐에 따라
복무 기간에 대한 신축적인 적용이 불가피하게 되었다.『續大典』에 나타
난 조항은 17세기 후반 이래의 이러한 현실을 반영한 것이었다. 한편『호
적』에는 직역이 기재되지 않는 男丁이 몇 건 발견되는데, 이는 일반 민
인들과는 구별되는 특수한 경우에 해당되는 것이었다.

속오군의 兼役 실태 분석을 통해서는 전후 시기와 비교되는 17세기
후반 속오군 운영의 특징을 몇 가지 살펴볼 수 있었다. 속오군역의 부담
이 일부 직역에만 국한하여 맡겨지는 현실을 통해, 성립기인 17세기 전
반과는 달라진 사정을 짐작할 수 있었다. 성립기에 양반에서 천인에 이
르기까지 신분을 불문하고 편성되었던 속오군이, 이 시기에 오면 양반과
중인계층이 제외된 채로 구성되고 있었다. 특히 상민 중에서도 일부 직
역에만 그 부담이 편중되고 있었으며, 천인도 私賤에 집중되고 있었다.
이를 통해 속오군의 담당 계층이 18세기 이후에 더욱더 집중화되면서 결
국 賤隷化되는 배경을 이해할 수 있었다. 하지만, 17세기 후반의 속오군

은 아직 賤隸軍이라기보다는 良·賤 混成軍으로 존재하고 있었다. 앞으로 다른 지역의 호적자료를 분석한다면, 18세기 이후 속오군의 변화상에 대한 새로운 이해가 가능하다고 본다.

〈표 37〉 이천 『호적』의 교정

新	내용	舊	新	내용	舊	新	내용	舊
1	上西-長洞-1-2~1-5	1	29	里正·風憲 署名	25	57	下西-蘆洞-3-3~4-1	57
2	〃-〃-1-6~2-4	2	30	기록 없음	26	58	〃-〃-4-2~ 〃-遷下-1-1	58
3	〃-〃-2-5~3-4	3	31	北-제7某-?-1~ 〃-〃-?-4	29	59	〃-〃-1-2	59
4	〃-〃-3-5~4-4	4	32	〃-〃-?-5~ 〃-草原-1-1	30	60	〃-〃-1-3~1-6	60
5	〃-〃-4-5~5-5	5	33	〃-〃-1-2~2-1	27	61	〃-酸梨洞-1-1~1-6	81
6	〃-〃-5-6~ 〃-三岐-1-3	6	34	〃-〃-2-2~ 〃劍同洞-1-1	28	62	〃-〃-1-7~ 〃-箭灘-1-4	82
7	〃-〃-1-4~2-2	7	35	〃-제10某-1-?~2-4	31	63	〃-〃-1-5~ 〃-黃澗-1-1	71
8	〃-〃-2-3~ 〃-件隱峙-1-2	8	36	〃-〃-2-5~ 〃-猪洞-1-2	32	64	〃-〃-1-2~1-5	72
9	〃-〃-1-3~ 〃-銅店洞-1-1	9	37	東-下倉田-1-1~1-4	33	65	〃-〃-2-1~2-3	73
10	〃-〃-1-2~2-1	10	38	〃-〃-2-1~2-3	34	66	〃-〃-3-1~4-1	74
11	〃-〃-2-2~3-2	11	39	〃-水波-1-1~1-3	35	67	〃-〃-4-2~5-1	75
12	〃-〃-3-3~4-1	12	40	〃-〃-1-4~1-5	36	68	〃-〃-5-2~ 〃-禾嚴-1-2	76
13	〃-〃-4-2~ 〃-地位洞-1-1	13	41	〃-梧桐洞-1-1~1-3	37	69	〃-〃-1-3~2-2	51
14	〃-〃-1-2~1-4	14	42	〃-〃-1-4~2-2	38	70	〃-〃-2-3~2-7	52
15	〃-〃-1-5~2-4	15	43	〃-〃-2-3~ 〃-大猪目-1-1	39	71	下西面 遷下 統計	41
16	〃-〃-2-5~3-5	16	44	〃-〃-1-2~1-5	40	72	下西面 草位 表紙	42
17	〃-〃-4-1~4-5	17	45	下西-回山-1-1~1-5	47	73	下西-柄山-1-1~2-2	43
18	〃-〃-4-6~ 〃-小峴-1-3	18	46	〃-〃-1-6~2-2	48	74	〃-〃-2-3~3-2	44
19	〃-〃-1-4~2-2	77	47	〃-〃-2-3~	49	75	〃-〃-3-3~3-5	45

				〃-院洞-1-4				
20	〃-〃-2-3~3-2	78	48	〃-〃-1-5~ 〃-伊洲鎭-1-4	50	76	〃-墨幕-1-1~1-3	46
21	〃-〃-3-3~3-5	79	49	〃-深洞-1-3~1-5	53	77	〃-〃-4-1~4-3	65
22	〃-〃-4-1~4-6	80	50	〃-〃-2-1~2-5	54	78	〃-〃-4-4~5-1	66
23	〃-〃-4-7~ 〃-九日洞-1-3	19	51	〃-〃-3-1~3-4	61	79	〃-〃-5-2~5-3	67
24	〃-〃-1-4~2-3	20	52	〃-〃-3-5~4-3	62	80	〃-〃-5-4~ 〃-葛田-1-2	68
25	〃-〃-2-4~3-3	21	53	〃-〃-4-4~4-6	55	81	〃-〃-1-3~1-4	69
26	〃-〃-3-4~ 〃-獐項-1-2	22	54	〃-蘆洞-1-1~1-4	56	82	〃-〃-1-5~2-4	70
27	〃-〃-1-3~2-2	23	55	〃-〃-2-1~2-4	63			
28	〃-〃-2-3~2-6 上西面 山內 統計	24	56	〃-〃-2-5~3-2	64			

*비고 : '新'은 교정한 쪽수, '舊'는 본래 결책된 장수. '내용'의 순서는 면-리-통-호의 순.

제3장
조선후기 지방군 운영의 변화 사례
-開城의 操鍊과 收米 문제를 중심으로-

1. 머리말

조선후기 지방군의 근간을 이루었던 속오군에 대해서는 적지 않은 연구가 이루어져 왔다. 조선후기 광공업 발전의 배경으로 주목된 이래,[1] 속오군에 대해 본격적인 연구가 후속되면서[2] 대체적인 골격이 제시되었다. 이러한 선구적인 성과를 바탕으로 그 내용 및 성격에 대한 연구가 계속되었다.[3] 그 과정에서 속오군의 실체를 둘러싸고 서로 다른 주장이 제기되었으며, 연구가 진행되면서 많은 부분에 대해서 해명이 이루어졌다.

속오군은 賤人들이 본격적으로 정규군에 편입되는 계기가 되었다는 점에서 그 신분 구성과 관련하여 연구자들의 관심을 모아왔는데, 특히 賤隷化의 시점이 논쟁이 되어왔다. 兼役 良丁의 束伍頃下조치가 시행된 英祖 12년(1736)을 천예화의 계기로 보는 입장에 대하여,[4] 正祖 22년

---

1) 柳承宙, 1969,「朝鮮後期 軍需鑛工業의 成長-鳥銃問題를 중심으로-」『史學志』3.
2) 車文燮, 1973,「束伍軍 研究」『朝鮮時代軍制硏究』, 檀大出版部.
3) 李謙周, 1990,「朝鮮後期 社會身分 變動問題에 대한 硏究-軍役의 良賤混成과 관련된 側面-」『蔚山史學』,3 ; 張弼基, 1990,「17世紀 前半期 束伍軍의 性格과 位相」『史學硏究』42 ; 徐台源, 1993,「束伍軍의 設置意義에 대한 硏究」『論文集』13(紀全女子專門大學) ; 金友哲, 2001,『朝鮮後期 地方軍制史』, 景仁文化社.

(1798)의 군적 분석을 토대로 18세기말까지도 완전한 천예화는 이루어지지 않고 여전히 良賤 混成이 계속된다는 주장도 제기되었다.[5] 한편 속오군의 신분이 私賤으로 고정되는 시기는 禁衛營이 설치되는 肅宗 8년 (1682) 이후라는 견해도 나왔다.[6] 肅宗代를 천예화의 계기로 보는 입장에 대해서, 戶籍 분석을 토대로 숙종대는 아직 신분 구성에서 천예화가 진행되었다고 보기에는 어려우며 각 신분별로 특정한 직역에 집중되는 현상이 주목되어야 한다는 의견이 제시되었다.[7] 또한 영조대를 천예화의 계기로 보는 주장과 정조대까지도 천예화가 이루어지지 않고 있다는 상반된 주장에 대해서도, 이는 동일한 현상의 양 측면으로 이해해한다고도 하였다.[8] 즉 정조대에도 법제적으로는 양천 혼성이 지속되었지만 현실적으로는 이미 賤人들 중심으로 재편되고 있었다며, 속오군에 대한 조련이 변질되며 군사적인 의미를 둘 수 없던 당시의 상황이 이렇게 모순된 형태로 나타나게 되었다는 것이다.

속오군의 성격 변화와 관련하여, 또한 收米軍 혹은 收布軍으로 변질했다는 주장도 검토해볼 필요가 있는 견해이다. 良役이 收布軍化하면서 군사적인 기능에서 재정적인 기능으로 변화했듯이 속오군도 같은 경로를 취했다는 이해인데, 초창기 연구에서 그 가능성이 조심스럽게 언급된 이후[9] 확정적인 사실처럼 서술되었지만, 별다른 논증이 없거나[10] 잘못된 사료 해석에서 말미암은 것이었다.[11] 이는 지역별로 다양하게 운영되었

4) 차문섭, 앞의 논문, 212~213쪽.
5) 이겸주, 1990, 앞의 논문, 16~17쪽.
6) 장필기, 앞의 논문, 161쪽.
7) 김우철, 앞의 책, 167~170쪽.
8) 같은 책, 225~239쪽.
9) 차문섭, 앞의 논문, 228쪽.
10) 이겸주, 1998, 「지방 군제의 개편」『한국사 30』, 국사편찬위원회, 298쪽.
11) 全炯澤, 1989, 『朝鮮後期 奴婢身分硏究』, 一潮閣, 173쪽. 이 책에서 인용하고 있는 영조 4년과 24년의 기사는 모두 속오의 收米에 대한 언급이 아니라, 속오가

던 속오군의 특성을 해명하는 것과 관련해서도 분명하게 밝혀질 필요가 있는 주제인데, 이에 대해 다룬 연구 성과는 없다. 따라서 이 글에서는 開城 지역의 操鍊과 收米 문제를 중심으로, 지방군 운영의 변화 과정을 살펴보기로 하겠다. 속오군의 收米軍化를 언급하면서 가장 많이 등장하는 지역이 개성이고, 이는 나름대로의 이유와 의미를 내포하고 있기 때문이다. 그 과정에서 속오군을 비롯한 조선후기 지방군의 성격과 특성을 이해할 수 있는 많은 정보가 확인될 수 있을 것이다.

2. 관리영 이전의 束伍軍 운영

고려의 수도였던 개성은 조선에 들어와서도 市廛 상업이 서울과 큰 차이 없이 발달하고 있었으며, 특히 전체 국내 상업계를 연결하는 行商 활동에 활발했다.[12] 개성은 중국의 산물이 서울로 반입되는 길목에 있어서 상업상 유리한 위치를 점하고 있었으며, 또 前 왕조의 유민으로서 조선왕조와 타협하지 않고 생활로를 상업부문에 개척하였기 때문에 서울과 함께 최대의 상업도시로 발전하였다는 것이다. 조선상업계에 있어서 개성상인의 위치는 왕조의 후기로 접어들어도 변하지 않았을 뿐만 아니라, 오히려 확고해져서 개성은 실제로 전국 제일의 상업도시로 발전해갔다.[13]

개성의 이러한 특성은 속오군의 편성 초기인 宣祖代부터 지적이 되고 있었다. 선조 36년에 '이곳(개성) 사람들은 장사가 아니면 글 읽기를 일삼아 무예를 단련하는 일을 전폐'[14]한다며, 그에 대한 대책으로 星州牧

겸역하고 있는 본역의 收米 또는 收布에 관한 것으로 이해해야 한다.

12) 姜萬吉, 1973, 「開城商人과 人蔘栽培」 『朝鮮後期 商業資本의 發達』, 고려대 출판부, 103~104쪽.
13) 같은 책, 106쪽.
14) 『宣祖實錄』 36년 10월 23일.

使를 지낼 때 군사 조련에 큰 효과를 내었던 許潛을 留守로 임명하여[15] 軍政을 강화하려고 했다. 실제 허잠은 부임 이후에 行商까지도 전부 훈련에만 종사하게 하여 백성들의 원망을 사게 되었다. 이에 따라 선조는 몇 해 뒤 申礏을 유수로 임명하는 자리에서 군정과 민생을 다 잘 할 방도를 강구하도록 하지만[16] 부임 후의 보고에서 신잡은 그 어려움을 토로하였다.

> 그러나 이곳에 와 보니 백성이 다 행상을 일삼고 있어서 이들을 지난날 束伍에 붙이기는 하였으나 얽매어 두기 어려운 형세입니다. 전부가 行狀을 받아 가지고 출입하므로 어쩔 수 없이 들어왔을 때에 射藝를 가르치는데 하다 말다 하여 일정하지 않은 탓으로 재주를 성취하는 것은 시일을 정하여 기대할 수 없습니다.[17]

이러한 상황은 光海君代에 와서도 바뀌지 않았다. 요동 정벌을 위한 明나라의 원병 요구로 나라가 들썩이던 광해군 10년(1618)에 각 지역의 방어대책을 논의하는 과정에서 비변사는, 개성을 守城하기로 되어 있는 束伍軍이 市井의 상인이라 武事를 익히지 않았다면서 유사시에 개성을 포기하고 平山·坡州나 江華로 들어가는 방안을 제시했다가[18] 어떻게 개성을 포기할 수 있느냐는 광해군의 질책을 받았다. 초창기부터 개성에서의 속오군은 편성만 되어 있을 뿐, 실제 효과를 기대할 수 없는 존재로서 출발했으며 이는 정부의 용인 아래 가능했던 것이다.

유사시 전투에 동원되기 위한 속오군의 평상시의 의무, 즉 束伍役의 중심은 군사훈련, 즉 操鍊에의 참가였다.[19] 그러나 개성의 속오군은 평

---

15) 허잠은 선조 36년(1603) 4월에 개성유수로 임명되어, 선조 38년 2월에 崔天健으로 교체될 때까지 재직하였다. 『선조실록』36년 4월 17일 ; 38년 2월 19일.
16) 『선조실록』39년 9월 10일.
17) 『선조실록』39년 10월 6일.
18) 『光海君日記』10년 7월 5일.

소에 조련에 참가할 수 없었고 이는 정부에서도 인정하고 있던 상황이었다. 그 과정에서 개성의 속오군에게 收米를 하고 대신 그들의 조련을 면제시켜주는 조치가 시행되었다.

> 이전에 故 綾城府院君 具宏이 訓鍊大將 兼 摠戎使로 있을 때, 경기의 束伍 가운데 건장하고 총을 잘 쏘는 자 1천 명을 가려 뽑아 훈련도감에 소속시키고, 해마다 10월에서 1월까지 番을 나누어 기예를 훈련시켰는데 먹일 군량을 마련할 방법이 없었습니다. 開城의 속오군 1천여 명은 모두 행상하면서 거래에 힘쓰는 무리들인데, 각각 20斗의 쌀을 바치고 속오의 조련하는 役에서 면제되기를 다투어 원했으므로, 그때 총융사가 사유를 갖추어 급히 보고하고 비변사에서 回啓하여 定式으로 삼았습니다. 그런데 도망치거나 사망하는 자가 서로 잇달아 액수가 점점 줄 뿐만 아니라 연달아 흉년으로 5두의 수량을 줄여주어, 해마다 거두는 것이 겨우 9백여 石도 되지 않습니다.[20]

사료에 따르면 개성의 속오군에게 조련을 면제해주는 대가로 쌀을 거두었던 유래는 구굉이 훈련대장 겸 총융사로 있을 때에서 비롯하였다. 구굉의 관력이 정확히 확인되지는 않지만, 李曙의 후임으로 총융사에 임명되는 때가 인조 12년(1634)이고[21] 처음 훈련대장으로 연대기사료에 확인되는 때가 인조 14년(1636)이다.[22] 한편 인조가 구굉에게 따로 총융사를 임명할 필요성을 언급하고 곧 申景瑗을 총융사에 임명한[23] 것이 인조 18년(1640)인데, 구굉은 이후 사망하던 인조 20년(1642)까지 훈련대장으로 재직하였다.[24] 이상을 고려하면 인조 14~18년 사이에 있었던 조치로 파악된다. 훈련대장과 총융사를 겸하고 있던 구굉은, 당시 총융청 소속

---

19) 김우철, 앞의 책, 14~15쪽.
20) 『承政院日記』 효종 1년 8월 17일.
21) 『仁祖實錄』 12년 2월 12일.
22) 『승정원일기』 인조 14년 9월 28일.
23) 『인조실록』 18년 7월 3일 ; 12일.
24) 『인조실록』 20년 11월 3일.

이었던[25] 경기도의 속오군 가운데 정예한 자를 뽑아 훈련도감에 소속시켰는데, 그 군량을 조달하는 과정에서 개성의 속오군에 주목했던 것이다. 그 과정에서 개성의 속오군은 1년에 20두의 쌀을 바치고 조련을 면제받게 되었다가, 이후 15두로 감액된 듯하다.[26] 그러나 1년 15두도 적은 부담은 아니었다. 무명 1필=쌀 6두의 折錢式[27]을 기준으로 하면, 무명 2필 반에 해당하는 액수였다. 英祖代 均役法 시행을 전후한 시기에 일반적인 良役價가 무명 2필이었던 점을 감안하면,[28] 兼役으로 추가된 속오역의 부담치고는 과중한 것이었다. 그럼에도 불구하고 전국적으로 행상을 다니던 개성의 속오 입장에서는 양역가를 웃도는 부담을 감수하면서도 '다투어 원했던' 것이다.

이처럼 개성의 속오군에게 조련을 면제하는 대신 쌀을 거두었던 조치는 여러 가지 조건이 맞아떨어진 결과였다. 구굉의 입장에서는 본인이 맡고 있던 훈련도감과 총융청의 이해 관계를 종합적으로 고려할 수 있었고, 개성의 속오는 경제적인 부담을 하는 대신 조련의 부담을 덜 수 있었다. 그러나 군사적인 기능을 재정적인 기능으로 대체하는 이러한 조치는 어디까지나 변칙적인 것이었고, 이후 조건의 변화에 따라 다양한 논란의 소지를 낳게 되었다.

우선 구굉 이후로 훈련대장과 총융사를 각각 다른 사람이 맡게 되면서, 훈련도감으로 이속된 총융청 출신의 군사와 그 군량을 마련하기 위해 시행된 개성 속오군의 수미 문제가 쟁점으로 부각되었다. 인조 24년

---

25) 총융청은 경기도의 속오군을 주축으로 설치된 군영이었다. 崔孝軾, 1995, 「摠戎廳」『朝鮮後期軍制史研究』, 신서원.

26) 15두로 감액된 시점이 정확히 확인되지는 않으나, 인조 25년(1647)에 흉년으로 그 해에 한하여 20두에서 5두씩 줄이는 조치가 나온다. 아마 이 조치가 그 뒤에도 지속된 것으로 보인다.『인조실록』25년 8월 26일.

27)『肅宗實錄』42년 12월 7일.

28) 본서 부록 3절 참조.

(1646) 병조판서 李時白은 그 문제를 지적하며 총융청 출신의 군사를 도로 還屬시키든지, 환속시키지 않는다면 그 비용은 호조에서 대고 개성에서 거둔 쌀은 총융청에 지급하는 것이 마땅하다고 주장하였다.[29] 이에 대해 인조는 경비가 부족할 것이니 戶曹에 물어보아야 한다고 하지만, 결국 그대로 유지되었던 듯하다. 이후에도 개성 속오에게서 거둔 쌀의 용도를 둘러싸고 훈련도감과 다른 관아 사이에 갈등이 계속되었다. 효종 1년(1650) 흉년을 맞아 개성의 속오군에게 걷는 쌀을 개성부에 머물러두고 饑民을 진휼하거나 사신의 접대에 쓰도록 하자는 비변사의 보고가 있었다.[30] 이에 대해 훈련도감은 그들의 입장에서 부당함을 주장하며 철회를 요청하였고, 효종은 일단 올해는 비변사의 요청대로 시행하되 앞으로 관례를 삼지는 말도록 절충하였다. 그 과정에서 훈련도감은 개성에서 收米하는 것이 속오의 自願에 따른 것임을 강조하고 있는[31] 점이 주목된다. 이후에도 속오군으로부터 거둔 쌀은 사신의 행차 등 開城府의 필요에 따라 훈련도감에서 빌려 쓰기도 하며, 흉년 등 사정이 있으면 일부의 상환이 감면되기도 하였다.[32]

이후 개성 속오의 소속처가 훈련도감에서 총융청으로 바뀌게 되었다. 따라서 거둔 쌀도 총융청에서 운영하게 되었다. 그 구체적 계기가 확인되고 있지는 않으나, 실록의 현종 4년(1663) 11월 14일 기사에서 총융청 壯抄軍의 입직을 설명하는 가운데 중앙 군문의 연혁을 서술하고 있는데 그 중에 다음과 같은 언급이 있다.

> 장초군이 또 10哨인데, 겨울 석 달 동안 차례로 돌아가며 궁궐 담장 밖에 立番한다. 松都의 속오 1천 명이 각각 쌀 1석을 바쳐 입번하는 군졸에게 준다.[33]

29) 『승정원일기』 인조 24년 5월 13일.
30) 『孝宗實錄』 1년 8월 6일 ; 『備邊司謄錄』 효종 1년 8월 6일.
31) 『승정원일기』 효종 1년 8월 17일.
32) 『효종실록』 8년 2월 11일.

그렇다면 이 장초군은 어떤 존재일까?『萬機要覽』에 따르면 인조 24
년(1646)에 具仁曁가 설치했다고 되어 있는데,[34] 연대기사료에서는 확인
되지 않는다. 겨울에 근무한다는 점, 규모가 10哨라는 점,[35] 그리고 명색
이 장초군이라는 점[36] 등의 공통점으로 보아, 아마도 구굉이 경기의 속
오군 가운데 뽑아서 훈련도감에 소속시켰던 부대가 총융청으로 다시 소
속을 바꾼 것으로 추정된다. 효종 6년(1655) 11월까지 훈련도감 소속으
로 사료에 등장하던 장초군이 효종 7년(1656) 12월부터 총융청 소속으로
나오는데,[37] 구체적 배경이 확인되지는 않지만, 이 시기를 즈음하여 소
속이 바뀐 것으로 보인다. 총융청으로 소속된 뒤의 장초군은 3番으로 나
누어 10월 15일부터 1월 15일까지 겨울 석 달 동안 번갈아 근무하되 각
番마다 3백 33명씩을 다시 3哨로 나누어 편성하여 廣智營에서 입번하는
데, 겨울을 제외한 기간은 훈련도감 소속 군병이 입번을 담당하도록 되
어 있었다.[38]

　아무튼 개성의 속오군은 이제 훈련도감이 아닌 총융청의 장초군을 지
원하는 형태로 소속처가 바뀐 셈이었고, 바치는 쌀의 수량은 이전에 감
액되었던 15두(=1석)가 그대로 유지되었다. 그러나 총융청으로 소속처가
바뀌면서 개성 속오군의 군사적인 의미는 점점 더 감소하였다. 조련을

---

33)『顯宗改修實錄』권10, 4년 11월 14일 무인

34)『萬機要覽』軍政篇 3, 摠戎廳, 軍制.

35) 조선후기 束伍法의 단위부대인 哨의 인원수는 하위부대인 旗와 隊의 수효에 따
　 라 그리고 非전투원인 標下軍의 수효에 따라 가변적이지만, 戚繼光의『紀效新
　 書』에 따르면 대략 1백 명을 기준으로 하고 있다. 戚繼光,『紀效新書』권1, 束
　 伍篇, 明活法, "凡隊長三隊以至五隊皆可 一隊二伍 五人爲伍也 一隊十二人 卽
　 十人爲什也 每一旗下三隊五隊皆可 五十爲旗也 一哨官下三旗以至五旗皆可 百
　 人爲哨也".

36)『인조실록』25년 8월 26일. "初 松都束伍兵 皆市井無賴 不閑弓馬 因其願 每歲
　 許納米二十斗 以爲壯抄軍立番之糧 入于訓鍊都監".

37)『승정원일기』효종 6년 11월 30일 ; 7년 12월 14일.

38)『승정원일기』효종 8년 10월 14일.

納米로 대체했다는 사실 자체가 군사적인 기능의 축소를 의미하는 것이 겠지만, 그 비용이 장초군의 군량으로 투입되었다는 점에서 이해할 수도 있는 것이었다. 그러나 흉년 등의 이유로 총융청 소속 경기 속오의 조련 이 정지되면서 장초군도 立番하지 않게 되는데, 개성 속오로부터 걷은 쌀은 진휼 비용으로 전용되었다.[39]

총융청 소속 군병의 일부가 守禦廳과 江華로 소속을 옮긴 뒤 총융청의 개편 논의 과정에서, 경기 지역의 속오군을 收米軍化하는 문제가 본격적 으로 제기되었다. 숙종 12년(1686) 9월 7일 영의정 金壽恒의 주장이다.

> 壯抄軍의 예에 의해 장정을 뽑아 번갈아 番을 들게 하고, 그 나머지는 保 人으로 정해서 쌀 6두씩을 거두면, 번을 드는 군사는 관에서 糧料를 지급하게 되고, 쌀을 바치는 군사는 한 해가 끝나도록 한가하게 됩니다. 군사들의 뜻으 로 말해도 반드시 편리하고 좋으나, 여러 의논이 혹 어렵게 생각하는 것은 단 지 쌀을 받아들이는 한 가지 사항에 있습니다. 대개 그들은 束伍나 牙兵으로 대부분이 公私賤이어서 이미 本役이 있는데 다시 책임 지워 쌀을 받는 것은 불편하지 않을까 싶기 때문입니다. 다만 이를 여러 도에 통틀어 시행하면 참 으로 불편하겠지만 본청은 전부터 아병의 보인에게 쌀을 받는 규례가 있어 良人은 12두, 공사천은 6두씩인데도 별달리 원망하거나 괴로워하는 이가 없 습니다. 개성의 속오에 이르러서는 번드는 것을 괴롭게 여겨 쌀 납부하기를 스스로 원하기 때문에 처음에는 20두를 받아들였으나 그후 15두로 감해 행해 온 지 오래입니다. 본청에 있어서는 이것이 처음 시작하는 일이 아니니 속오 는 불가하게 여기지 않을 듯합니다.[40]

이 주장의 요지는 다음과 같다. 총융청의 속오군을 상번군과 보인으 로 나누어, 보인에게 쌀을 거두고 그것을 상번군의 양식으로 삼도록 한 다는 것이다. 문제는 그들이 속오군으로서 본래의 신역이 있는데, 兼役

---

39) 『승정원일기』 숙종 4년 10월 3일.
40) 『비변사등록』 숙종 12년 9월 7일.

인 束伍役으로 다시 재정적 부담을 지는 것에 대한 불만을 어떻게 해소
하는가 하는 것이었다. 이에 대해 김수항은 총융청에서는 이전에도 아병
의 보인에게 쌀을 받아왔음을 지적하고,[41] 또 개성의 속오들이 자원해서
20두의 쌀을 바쳐 番에서 면제되었음을 들며 문제가 없을 것으로 판단하
고 있다. 삼남 지방과 같은 다른 도의 경우에는 곤란하겠지만, 전례가
있는 경기 지역의 총융청 속오군에 대해서는 수미군화가 가능하다는 입
장이었다.

같은 시기 영중추부사 金壽興도 같은 주장을 하고 있다. 10월 9일에
올렸던 차자에서 김수흥은 속오군에게 수미하는 것이 난제라고 인정하
면서도, 오히려 속오군 입장에서는 수미하는 것이 편리할 것이라는 논리
를 펴고 있다.

> 지금 논의하는 자들은 私賤에게 쌀을 거두는 것을 가장 곤란하게 여기고
> 있습니다. 이는 그렇지 않은 점이 있습니다. 束伍軍은 사천이 아닌 자가 없는
> 데, 모두들 軍裝·服色을 책임지고 마련하는 일과 각종 習操에 왕래하는 것을
> 가장 감당하기 어려운 부담으로 여깁니다. 지금 만약 6두를 바치고 한 해가
> 가도록 편안히 거처하도록 허락한다면 틀림없이 앞을 다투어 즐거이 따를 것
> 입니다. 어찌 원한을 품을 염려가 있겠습니까? 또 이는 지금 처음 시작하는
> 것이 아닙니다. 총융청의 松都에서 쌀을 거두는 군사는 본래 스스로 원해서
> 나온 것입니다. 또 신유년(1681, 숙종 7)에 牙兵의 액수를 줄여서 정했는데,
> 그 나머지 액수에게도 쌀을 거두어 필요한 곳에 썼습니다. 비단 이뿐만이 아
> 닙니다. 守禦廳의 牙兵도 良賤을 판별하여 등급을 나누어 쌀을 거둡니다. 여

---

41) 이때 12두씩 냈다는 양인 아병 보인이 本役인지, 束伍役을 대체하던 兼役이었는
지는 불분명하다. 신분에 따른 역가를 구분하여 천인에게 양인의 절반의 역가를
부과했던 취지는 천인이 본래의 신역을 지고 있는 겸역이었기 때문으로, 그렇다
면 양인의 경우에는 아병 보인이 본역이 되어야 한다. 경기도의 경우는 아니지
만, 비슷한 시기 강원도 伊川의 사료에는 속오를 겸역하던 양인의 본역 가운데
牙兵이나 牙兵保의 명색이 확인된다. 다만 아병이 속오를 대체하는 겸역으로 나
타나는 경우도 있어서 단언하기는 힘들다. 본서 제2부 제2장 참조.

러 해 동안 따라 행했지만 조금도 폐단이 없었는데, 어찌 다만 여기만 그렇겠
습니까? 이것이 제가 이해할 수 없는 점입니다.[42]

속오군이 부담해야하는 군장·복색 등의 비용과 조련에 왕래하면서 따
르는 부담을 감안하면 收米하는 것이 전혀 부담이 되지 않는다는 것이었
다. 역시 개성의 예를 들기도 했고, 수어청 등 다른 군문에서도 비슷한
경우가 있다고 하였다. 그러나 이때의 논의는 일단 여러 사람의 의견이
일치하지 않아 중지되었다.[43] 따라서 수미하는 속오군은 여전히 개성 지
역의 속오군이 유일했다.

개성의 속오군에 대한 收米가 군사적 기능보다는 재정적 기능이 중시
되면서, 이후 이 문제는 재정적인 논리로 논의되었다. 다른 軍餉의 경우
에는 蠲減하지 못했지만, 개성 束伍軍米의 경우에는 흉년이 들면 으레
3~4두나 5~6두씩 줄여주는 것이 예사였다.[44] 또 숙종 19년(1693) 숙종의
개성 行幸을 맞아 속오군이 바치는 1년 치의 쌀을 면제시켜줄 것인지,
아니면 축이 난 환곡을 면제시켜줄지가 선택의 대상이 될 만큼,[45] 속오
수미는 이제 收取의 수준에서 논의 대상이 되었다. 개성의 원로들이 숙
종을 만나 폐단을 아뢰는 과정에서 속오군이 쌀을 바치는 것을 폐단으로
언급한 것도[46] 바로 그러한 사정을 반영하는 것이었다. 숙종의 개성 행
행 때 문제가 되었던 폐단은 그 뒤 비변사의 논의를 거쳐 숙종에게 보고
되는데, 그 자리에서 우의정 閔黯은 다음과 같은 언급을 하였다.

개성의 백성들의 上書에 대해 품처하라고 명령하셨습니다. 상언 가운데 요
청한 바는 그 조목이 넷인데 …… 하나는 개성부의 속오에게 거두어들이는 쌀

---

42) 金壽興, 『退憂堂集』 권6, 「陳所懷箚」.
43) 『비변사등록』 숙종 12년 10월 5일.
44) 『승정원일기』 숙종 12년 10월 2일.
45) 『숙종실록』 19년 8월 29일.
46) 『숙종실록』 19년 9월 1일.

을 內奴의 예에 따라 각각 10두를 거두는 일입니다. …… 총융청은 다른 歲入
이 없으니, 개성의 속오군 1명마다 쌀 1석을 거두어 1년 동안 필요한 곳에 사
용합니다. 비록 괴롭고 무겁다고 하더라도 변통하기에 어려움이 있습니다.[47]

민암의 언급에서 두 가지 사실을 확인할 수 있다. 일단 정부에서는 개
성의 속오에게 收米할 것인지의 여부를 문제로 삼은 것이 아니라 그 부
담을 경감하는 것만을 문제로 삼고 있었다. 수미 자체는 당연한 사실로
간주하고 15두(=1석)의 부담을 內奴의 身貢에 맞추어 10두로 낮출 것인
지 여부가 쟁점이 되고 있는 것이다. 게다가 총융청의 재정적인 이유 때
문에 그 역가의 경감마저도 이루어지지 않고 있다. 처음에는 장초군의 군
량을 충당한다는 명목으로 시행되었던 개성 속오군에게서의 收米는, 이제
군사적인 의미를 완전히 상실하고 재정적인 의미만 남게 된 것이었다.

그렇다면 이 시기에 와서 갑자기 개성의 속오군에 대한 收米量이 문
제가 되었던 이유는 무엇일까? 물론 이전에도 흉년이라든가 사신 행차와
같은 일이 있으면 수미량을 경감한 적이 있었다. 그러나 인조대에 20두
납부를 스스로 원하며 속오역의 부담에서 벗어나기를 꾀했던 개성의 백
성들이 이 시기에 들어와 納米 자체를 폐단으로 인식한다거나, 15두로
경감된 양도 부담스러워하며 다시 10두로의 減下를 요청한 것은 시기에
따른 변화된 사정의 이해가 필요하다.

인조대에는 인조 5년(1627) 營將制를 처음으로 시행하면서, 속오군에
대한 조련을 제도화하였다.[48] 각 고을의 將官이나 수령이 해마다 10월
보름 이후 이듬해 2월 그믐 전까지 매월 두 차례씩 각각 그 고을에서 기
예를 연마시키고, 營將은 같은 기간 세 차례에 걸쳐 陣法을 익힌 후 기예
를 연마하며, 연말마다 監·兵使가 같이 모여 5營이 함께 진법을 익히도

---

47) 『승정원일기』 숙종 19년 10월 13일.
48) 김우철, 앞의 책, 94~95쪽.

록 하였다.[49] 인조대의 전임 영장제는 병자호란 이듬해인 인조 15년 (1637)에 혁파되었지만, 수령이 영장을 겸임하는 형태로 속오군의 조련 은 계속되었으며,[50] 이후 효종대에 들어와 營將制가 복설되면서 더욱 강 화되었다. 특히 효종대에는 농번기에도 군사 훈련을 시행했는데 횟수조 차 잦아서, 1달에 세 차례나 조련이나 巡歷이 행해지는 경우도 있었다.[51] 이러한 잦은 조련은 농사에까지 영향을 미치니 농사철의 조련만은 정지 하자는 주장이[52] 제기되기까지 하였다. 농민들의 생업에 영향을 미칠 정 도로 군사 조련이 잦았던 시기에, 전국을 떠돌며 행상을 하던 開城의 상 인들에게는 조련을 감당하는 것이 현실적으로 어려운 처지였다. 20斗를 바치는 부담에도 불구하고 '스스로 원했던' 이유가 있었던 것이다.

그러나 顯宗代 이후 속오군의 조련은 그 횟수나 강도가 축소되는 형 태로 나타났다. 속오군의 운영이 이렇게 변화하게 된 직접적 원인은 北 伐論을 의욕적으로 추진하던 효종의 사망에서 찾아야 하겠지만, 淸·日과 의 군사적 긴장이 해소되며 정부의 관심이 군사문제보다 재정문제로 쏠 리고 있었던 점에서도 원인을 찾을 수 있다.[53] 또한 효종대까지 새로운 군영이 옛 군제에 중첩된 형태로 증설되면서 야기된 군역 담당 자원의 변화도 이의 해결을 통한 새로운 방안을 모색하지 않을 수 없었으며, 顯 宗은 즉위와 동시에 이의 해결을 위한 새로운 방안을 모색하지 않을 수 없었다.[54] 그것은 肅宗~英祖代를 거치면서 良役變通論이라는 이름으로

---

49) 『인조실록』 5년 4월 20일, 「營將節目」.
50) 김우철, 앞의 책, 98~99쪽.
51) 金堉, 『潛谷遺稿』 권5, 「論營將煮煏之弊仍乞致仕箚」 ; 『승정원일기』 효종 5년 11월 23일.
52) 李敏敍, 『西河集』 권6, 「陳戒辭職疏」.
53) 숙종 7년(1681)에 三藩의 亂을 완전히 평정하는 등, 이 무렵 淸의 國勢는 날로 강성해지고 있었다. 따라서 北伐論은 현실적으로 무의미한 명분론으로 흘렀으 며, 동시에 정부의 군사상의 관심 또한 흐려져 갔다. 柳承宙, 1976, 「朝鮮後期 鑛業政策論」『韓國思想大系 Ⅱ』, 成大 大東文化研究院, 594쪽.

길게 지속되었는데,[55] 良役의 문제가 큰 국가적 과제로 떠오른 상황에
서, 지방군인 속오군의 운영은 축소되는 형태로 나타날 수밖에 없었다.
속오군 대상의 상당수가 良役을 지고 있었던 兼役者였기 때문에, 추가되
는 조련의 부담을 감당하기 어려웠기 때문이다. 더불어 닥친 17세기 후
반의 자연재해는, 정상적인 속오군의 운영을 방해하는 또 하나의 원인이
되고 있었다. 顯宗~肅宗代 前半期에 해당하는 17세기 후반은 "생존 환경
면에서 조선왕조 역사상 최악의 시기"였다고 언급될 만큼,[56] 자연재해와
그로 인한 피해가 심각했다. 특히 현종 연간에 계속되었던 대규모의 기
근은 조련의 빈도가 줄어드는 이유가 되고 있었다.[57] 전체적으로 이전
시기와 달리 속오군의 대한 조련의 강도와 빈도가 줄어드는 상황에서,
조련에서 면제되는 대가로 쌀을 바쳐야했던 개성 속오들의 불만이 터져
나올 수밖에 없었다. 그러나 이미 속오에게서 收米하던 몫이 재정으로
전용된 지 오래된 상황에서, 변통하기도 쉽지 않은 상황이었던 것이다.
숙종 22년(1696)에도 개성유수 李寅煥이 직접 이 폐단의 변통을 청했지
만, 결국 시행되지 않았다.[58]

다른 지역의 속오와는 달리, 개성의 속오가 재정적인 목적에서 운영되
던 良役과 같이 취급되었다는 점은 이 시기 각 고을 수령의 解由를 규정
한 別單에서도 확실히 드러난다. 숙종 28년(1702) 9월에 기존의 해유 規

---

54) 車文燮, 1996, 「壬亂 이후의 良役과 均役法의 성립」『朝鮮時代 軍事關係 研究』,
    단대출판부, 437~440쪽.
55) 鄭萬祚, 1977, 「朝鮮後期의 良役變通論議에 對한 檢討－均役法 成立의 背景－」
    『同大論叢』7 ; 1990, 「肅宗朝 良役變通論의 展開와 良役對策」『國史館論叢』
    17.
56) 李泰鎭, 1997, 「'小氷期'(1500~1750년)의 天體 現象的 원인－『朝鮮王朝實錄』의
    관련 기록 분석－」『國史館論叢』72, 110.
57) 趙珖, 1982, 「19世紀 民亂의 社會的 背景」『19世紀 韓國 傳統社會의 變貌와 民
    衆意識』, 高大 民族文化研究所, 188쪽 ; 김우철, 앞의 책, 142~143쪽.
58) 『숙종실록』22년 9월 13일.

式을 조정해서 만든 '解由規式增損別單'에서는 각종 役價를 일정 정도 미납하거나, 궐액의 충정이 일정 정도에 미치지 못하면 해유에 구애하도록 규정하고 있었다.[59] 이에 따르면, 총융청 개성부의 束伍米는 훈련도감의 砲保價布나 금위영의 軍餉米·布 등과 마찬가지로 수령의 임기 중에 10% 이상이 미납되거나, 지난해에 20% 이상이 미납되었으면 해유에 구애되도록 규정하고 있었다. 또한 훈련도감의 砲保·軍餉保나 어영청의 軍保, 특히 開城府의 軍保와 마찬가지로 개성부의 束伍를 임기 중에 6명 충정하지 못하거나, 지난해에 3명 충정하지 못했으면 역시 해유에 구애받도록 규정되어 있었다. 이와 같은 사실은 개성의 속오가 다른 지역의 속오와는 달리 양역의 役種처럼 특별 취급되고 있음을 보여준다. 특히 궐액 충정 규정에서도 볼 수 있듯이, 개성의 속오는 다른 군문의 양역은 물론, 같은 개성의 軍保와도 같은 취급을 받고 있었다. 그렇다고 해서 개성 속오가 다른 양역에서 면제되고 있었던 것은 아니었다. 다른 지역의 속오가 本役인 良役과 兼役인 束伍役을 부과 받으면서 양역가로는 布나 米를 바치고 속오역으로는 操鍊에의 참가가 요구되었다면, 개성의 속오는 米·布를 바치는 두 가지의 역을 함께 지는 셈이었다.

개성의 속오에게 수미하는 문제는 어떻든 해결이 되어야하는 것이었지만, 근본적 해결이 되기 전에는 일시적으로 수미량을 경감해주는 등의 미봉책으로 대처할 수밖에 없었다. 그러나 총융청의 재정이 개성의 속오미에 크게 의존하고 있었던 상황에서, 속오미의 경감은 다시 총융청의 군정 운영에까지 영향을 미치게 되었다. 다음은 摠戎使 李宇恒의 狀啓 내용이다.

본청의 壯抄軍 1哨는 매년 10월에 시작하여 내년 정월에 이르기까지 番을 들어 돌아가면서 西營에 입직하며, 牙兵 1초 역시 본청에 번을 들게 됩니다.

59)『비변사등록』숙종 28년 9월 17일,「解由規式增損別單」.

금년 역시 전례에 의해 번을 드는데 본청이 평소 凋殘하고 또 松都의 軍米를 감해 준 후부터 받아들이는 것이 크게 줄어서 料米를 풀어주는 밑천이 매양 부족한 것을 걱정하였습니다. 壯抄軍은 바로 궁성에서 宿衛하는 병졸이어서 변통해서는 안 되나 牙兵에 이르러서는 본청에서 守直하여 비단 긴요하지 않을 뿐만 아니라 放料가 부족하면 전에도 번을 정지한 예가 있으니, 지금 역시 전례에 의해 번을 정지하는 일을 묘당으로 하여금 아뢰어 처리하게 하소서.[60]

　개성의 속오미로 운영되던 장초군이 束伍軍米의 경감으로 인해 立番이 어려워진 상황을 보여주고 있다. 이 장계에서 이우항은 총융청 재정의 어려움을 토로한 뒤, 차마 궁궐에 입번하는 장초군의 停番을 요청하지는 못하고 대신 함께 입번하던 牙兵의 정번을 요청했는데, 장초군도 정번한 전례가 있다는 좌의정 李世白의 언급에 따라 숙종은 아병과 장초군을 함께 정번하도록 지시하였다. 지방군인 속오군에게 거두는 役價 문제가 중앙군인 총융청의 궁궐 입번 여부에까지도 영향을 주게 된 이 상황은 개성의 속오가 지니는 독특한 위상을 보여주며, 또한 어떤 식으로든 해결하지 않을 수 없다는 공감대를 형성하게 되었다. 이에 따라 이듬해부터 개성 속오에게 수미하는 문제를 변통하기 위한 논의가 본격화되었다.

　숙종 29년(1703) 1월, 개성유수 金宇杭은 이 문제를 공론화하였다. 다소 길지만 김우항의 의견 가운데 중요한 부분을 소개하면 다음과 같다.

　총융청의 속오군은 騎兵과 步兵 및 私奴로서 함께 충당되어 있습니다. 기병·보병으로서 병조에 군포를 납부하는 자와 사노로서 그들 주인에게 부림을 받는 자들에게 모두 1석씩의 쌀을 징수하였는데, 요 몇 해 사이에 사노들에는 2두씩을 줄였습니다. 양민은 본래 양역이 있는 자이고 사노는 주인에게 부림을 받는 자인데 또 총융청에 쌀을 납부하니, 이는 실로 8도를 통틀어도 없는 큰 폐단이며, 온 경내에서 감당하기 어려운 苦役입니다. …… 전후로 개성유

60)『비변사등록』숙종 28년 9월 17일.

수로 있었던 신하들이 늘 이로써 아뢰었으나 묘당에서 변통시키지 못했던 것은, 늘 壯抄軍이 입번할 때의 군량을 달리 대신 지급할 수 없었기 때문이었습니다. 그러나 신의 얕은 생각으로는 그렇지 않다고 여깁니다. 만약 이 일을 묘당에서 꼭 변통시키려고 한다면 1천 석의 미곡을 어찌 적당히 마련할 길이 없겠습니까? 이를테면 여러 곳의 둔전과 세 군문의 月課米로서 해마다의 수입이 5~6천 석을 밑돌지 않는다고 하니, 이를 획급하는 것은 어려운 일이 아닙니다. 총융청에서 대신 지급할 쌀을 얻을 수 있다면 이 군병의 유무는 실로 총융청에 관계될 것이 없으니 개성부에 소속시켜 성첩을 지키는 군졸에 보충케 한다면 피차 양편이 편리하겠으며 또한 물·불 속에 빠진 온 고을 백성들의 목숨을 구제할 수 있을 것입니다.[61]

먼저 김우항은 양역이나 사노와 같은 본래의 신역을 지니고 있는 개성의 속오가 兼役하는 束伍役으로 또 경제적 부담을 담당해야 하는 부당성을 지적하며, 다른 지역에는 없는 유일한 예임을 강조하고 있다. 아울러 壯抄軍의 군량을 마련할 길이 없어서 그 동안 이 문제가 해결되지 않았지만 屯田에서의 수입이나 月課米 수입에서 변통할 방도가 있으리라고 하면서, 개성의 속오군을 무관한 총융청에서 빼내어 개성부 소속으로 돌릴 수 있는 방안을 강구해야 한다고 하였다. 이러한 건의에 따라 양역을 변통하는 과정에서 개성의 속오 문제도 함께 변통하기로 결정되었다.

한편 김우항의 언급 중에 양인과 천인 사이에 수미량에 다소 차이가 있는 점이 주목된다. 본역이 양역인 자들은 15두를, 천역인 자들은 13두를 납부한다는 것인데, 그 구체적 시기에 대해서는 '요 몇 해 사이[自頃年]'라 해서 정확히 밝히고 있지 않다. 이 자리에서 韓城君 李基夏는 조금 다른 언급을 하고 있다.

속오군은 당초 자원에 따라 양인은 미곡 20두, 사노는 15두를 납부하면 입번을 면제해 주었습니다. 지금은 이를 줄여 양인은 5두를 감하고 사노는 3

---

61) 『승정원일기』 숙종 29년 1월 20일.

두를 감하였는데 기병과 보병은 그 중에 포함되지 않았습니다.[62]

설립 당초부터 양인과 사노 사이에는 부담액의 차이가 있었고, 근래에 다시 각각 차등 있게 경감했다는 내용이다. 또 기병과 보병이 그 중에 포함되지 않았다는 언급도 20두를 15두로 줄이는데 포함되지 않았다는 것인지, 속오의 편성에 기병과 보병이 포함되지 않았다는 것인지 불명확하다. 어느 쪽이든 김우항의 견해와는 배치되는데, 여러 가지 정황으로 보아 이기하의 이 언급은 사실과 거리가 있는 것으로 보인다. 개성 속오의 收米를 다룬 기존의 사료 어디에도 초기부터 양·천의 구분이 있었다는 이야기는 없으며, 또 이기하의 논리에 다르면 사노는 나중에 12두를 바친 셈이 되는데, 김우항의 언급에서도 사노는 13두로 나오며 다른 사료에서도 사노가 바치는 액수는 13두로 나온다. 이 해보다 두 해 전인 숙종 27년(1701)의 사료에 개성 속오를 거론하면서 '양민은 1석, 사천은 13두'라는 언급이 나오는데,[63] 이 사료가 양·천의 역가 차이에 대해 언급한 최초의 자료이다. '요 몇 해 사이[自頃年]'는 아마 이 시기쯤을 이야기하는 것이 아닌가 한다.

숙종 29년 1월에 제기되었던 개성 속오 수미의 변통 문제는 7월에 수미를 혁파하는 것으로 결론이 났다.

총융청의 아병으로서 송도에 있는 자들에게 쌀을 받는 역은 매우 고되어 감내할 수 없습니다. 그래서 조정에서도 이런 폐단을 알고 변통하려고 하였습니다. 그러나 아직까지 변통하지 못한 것은 총융청의 군수가 달리 나올 곳이 없었기 때문이었습니다. 신이 지금 변통할 한 가지 도리를 얻었으므로 감히 진달하겠습니다. 삼남의 月課價米로서 1년에 꼭 받아들일 수량이 1만여 석에 이릅니다. 이를 선혜청에서 세 군문에 나누어 보내 조총과 탄약·탄환을

---

62) 같은 자료.
63) 『숙종실록』 27년 3월 20일.

갖추어 보내게 하고, 군문에서는 그 나머지를 가지고 군수에 보충해 쓰도록 하였습니다. 다만 세 군문은 이미 모양을 갖추어 저절로 재물을 잇대어 쓸 길이 있으면, 이 월과가미의 나머지를 가지지 않더라도 별로 대단한 손색은 없습니다. 신의 생각에는 이것을 참작하여 총융청으로 이송하되 아병들에게 받는 미곡의 원래 수량을 계산하여, 그에 상당하도록 해서 영구히 획급해야 한다고 여깁니다. 그리하여 그 아병은 송도에 귀속시켜 송도의 군병을 만든다면 총융청에는 군수가 모자라지 않게 되고 아병들은 미곡 납부의 오래된 폐단이 이로써 없어질 수 있습니다. 또한 송도에는 군병이 없다가 1천여 명의 군졸을 얻게 될 것이니 피차와 공사간이 함께 편리할 것이므로, 변통할 대책이 이보다 더 좋은 것은 없습니다.[64]

이조판서 李濡의 이 견해는 앞선 개성유수 김우항의 건의를 받아들인 것이었다. 김우항은 둔전이나 세 군문의 월과미를 총융청에게 비용을 보전해주는 방안으로 제시하였는데, 李濡는 그 가운데 월과미를 대안으로 택한 것이었다. 월과미 가운데 일부를 총융청에 획급해주고, 쌀을 바치던 속오는 개성부에 주어 군병으로 삼도록 하자는 주장이었다. 이 제안은 숙종에게 받아들여져 시행하도록 하였다. 내용 가운데 속오를 牙兵이라고 표현하고 있는 점이 주목되는데, 속오와 아병의 개념이 혼용되거나 속오를 아병으로 만들던 당시의 관행에 따른 것이었다.[65]

숙종 29년의 이 조치로 개성 속오에게 收米하는 일은 폐지되었다. 따라서 속오이면서도 양역처럼 재정적인 부담을 감당해야했던 부자연스런 상황은 해소되었다. 조련이라는 속오역의 특징과 상업도시라는 개성의 특징이 만나는 지점에서 발생한 상황은, 조련의 조건이 변화하면서 그 상황 변경을 요구받게 된 것이다.

---

64) 『승정원일기』 숙종 29년 7월 29일.
65) 숙종 29년에 公州의 속오군 4천여 명이 충청감영의 아병으로 이속되며, 숙종 34년에는 수어청의 속오군이 이속되어 강원감영의 아병이 창설된다.(김우철, 2001, 앞의 책, 190~191쪽) 한편 管理營으로 개성이 獨鎭이 된 이후의 군병 명색도 牙兵이었다.

숙종 29년(1703) 7월에 개성 속오로부터의 收米가 혁파되면서, 총융청의 군정 운영에도 큰 영향을 주게 되었다. 9월 25일, 총융사 이우항의 다음과 같은 건의에 따라 수미 혁파 이후의 대책을 논의하였다.

> 총융청 장교와 員役 및 군병들의 糧料를 오로지 松都 군병들에게 거두는 쌀에 의존하고 있었습니다. 그런데 조정의 변통으로 인해 쌀을 거두던 일을 혁파하고 송도에 귀속시키라는 명령이 있었습니다. 그러나 그 대신의 군량은 다시 획급하는 일이 없고 군병들이 상번할 기일은 박두하여 참으로 걱정스럽습니다. 지금부터 변통시키게 하소서.[66]

수미가 혁파되었지만, 그 몫을 대신해주기로 했던 月課米가 제대로 지급되지 않고 있던 사정을 보여준다. 壯抄軍의 입번이 박두한 상황에서 개성의 수미도 혁파되고, 월과미의 지급도 이루어지지 않는 상황은 새로운 대책의 마련을 요구하고 있었다. 이에 대해 이조판서 李濡는 다음과 같은 의견을 제시하였다.

> 현재 장초군이 상번할 기일이 박두하였으나 달리 양식이 나올 곳이 없으며 월과미를 옮겨 주는 것도 장구한 도리는 못됩니다. 모든 일은 마땅히 근본을 따라 깨달아야 하는 것입니다. 총융청이란 곧 外軍門으로서 군병들의 겨울 석 달 동안 상번은 禁衛營이 설치되기 이전 숙위의 군사가 부족했던 소치였습니다. 지금 형편은 옛날과는 달라 총융청 군병이 번을 서지 않더라도 방해될 것이 없습니다.[67]

겨울 석 달 동안 총융청 장초군이 상번하던 것은 궁궐 숙위가 부족하던 현실에서 불가피했지만, 이제는 금위영이 설치되었으므로 상번하지

---

66) 『비변사등록』 숙종 29년 10월 5일, "本廳將校員役 軍兵等糧料 專靠於松都軍收米 而因朝家變通 以其收米有罷 屬本府之令 而其代軍糧 更無劃給之事 軍兵上番 其期已迫 誠爲悶慮 請令趁今變通事也".

67) 같은 자료.

않더라도 큰 지장이 없으리라는 주장이었다. 결국 이 의견이 받아들여져, 총융청 장초군의 상번이 정지되었다.

3. 관리영 이후의 牙兵 운영

숙종 37년(1711)에 開城이 '管理營'이라는 獨鎭으로 되어 군병들이 개성부에 '全屬'되는 조치가 취해지면서, 개성의 지방군 운영은 새로운 양상을 맞게 되었다. '전속'은 한 지역 안의 백성을 관할하면서 그 밖의 나머지 신역 명색을 모두 없애는 것으로,[68] 이러한 조치는 水原에도 함께 시행되었다.[69] 개성유수는 대흥산성을 담당하면서 겸대했던 管理使의 호칭을 계속 유지하면서, 江華 鎭撫使처럼 종2품직이지만 정2품의 예에 따라 대우하도록 하였다.[70] 개성의 전속 조치는 처음부터 매끄럽게 진행된 것이 아니었다. 숙종 39년(1713)에도 개성의 양인 아병을 束伍와 같이 兼役하도록 하라는 비변사의 關文에 대해 개성유수 金演이 이의를 제기하면서,[71] 다시 한 번 논란이 일었다. 결국 여러 차례 다른 지역의 군병과의 相換 조치를 거쳐 숙종 40년(1714) 良役査正別單으로 확정되는데,[72] 이에 따라 騎兵의 戶·保, 水軍, 御營軍이나 議政府 書吏保 등 다양한 양역 명색으로 구성되어 있던 개성의 병종은, 일부 군관이나 標下軍 명색을 제외하고는 '牙兵'이라는 한 가지 명색으로 통일되어 개성부에서 관리하게 되었다. 후대의 자료지만 『松都誌』[73]에 나타난 개성의 군액을

---

68) 『비변사등록』숙종 37년 1월 23일, "凡全屬云者 一境人民 役數句管 而他餘役名 一併鐲罷之謂也".
69) 개성부의 방어체제 정비과정에 관해서는 다음 논문 참조. 노영구, 2006, 「조선후기 開城府 일대 關防體制의 정비와 財政의 추이」『韓國文化』38.
70) 『비변사등록』숙종 37년 3월 6일, 「開城府管理使節目」.
71) 『비변사등록』숙종 39년 2월 7일.
72) 『비변사등록』숙종 40년 2월 7일, 「양역사정별단」.
73) 『송도지』는 여러 차례 증보되었는데, 지금 전해지는 것은 正祖 6년(1782)에 편찬

도표화하면 다음, 〈표 38〉, 〈표 39〉와 같다.[74] 여기에서 泰安倉과 烽燧軍, 그리고 본부 소속 敎鍊官이나 巡令手 등의 인원은 제외하였다.

〈표 38〉 관리영 설치 이후 개성의 병제-군관

구분	左列	右列	계
別將	1	1	2
百摠	2	2	4
正	6	6	12
令	18	18	36
軍官	180	180	360
業武軍官	定額 없음		
標下軍	128	128	256
계	335	335	670

〈표 39〉 관리영 설치 이후 개성의 병제-아병

구분	左部	中部	右部	계
千摠	1	1	1	3
把摠	2	2	2	6
哨官	10	10	10	30
牙兵	1,110	1,110	1,110	3,330
標下軍	170	170	170	510
계	1,293	1,293	1,293	3,879

개성부 소속의 군병은 크게 보아 좌·우열의 군관과 좌·중·우부의 아병으로 구성되어 있었다. 좌·우열에는 각각 180명의 군관을, 좌·중·우부

된 것으로 보인다. 앞에 정조 6년에 지은 유수 정창순의 小識가 실려 있고, 뒤의 「留守」 조에는 정창순에 이어 같은 해 부임한 徐有防의 이름까지 실려 있는 것으로 보아 정창순이 편찬을 완료한 뒤 서유방의 임기 중에 간행된 것으로 추정된다. 국사편찬위원회에서 간행한 『輿地圖書』에 補遺篇으로 실려 있는데, 이 논문에서는 이를 참조하였다. 『松都誌』 「松都誌小識」 ; 권6, 「留守」.
74) 『송도지』 권3, 「兵制」.

에는 각각 10哨씩의 아병을 소속시키는 구조였다. 이 가운데 좌·우열은 뒷 시기인 영조 4년(1728)의 戊申亂에 從軍했던 자들을 우대하기 위해 편성한 부대이다. 좌열은 出身으로 우열은 選武로 편성했었는데, 좌열의 출신이 부족할 경우 출신의 아들이나 손자를 業武軍官의 명색이라 하여 편성했다가 부족한 군관의 수를 채우도록 되어 있었다.[75] 처음에는 좌·우열이 각각 2백 명으로 편성되었는데, 『송도지』편찬 단계에 이르는 사이에 180명으로 감액 조정되었다. 여기에서 살펴보아야할 좌·중·우부의 아병은 양역의 명색을 혁파하고 그를 대신하여 새로 만들어졌으므로, 兼役이 아닌 本役으로 파악해야 하는 兵種이었다.

'전속' 조치 이후 개성의 지방군은 어떻게 운영되었을까? '전속' 조치로 다수의 개성 주민이 소속 군병으로 확보되면서 방어 병력이 충실해지고 개성부의 군사 재정도 다소 충실해졌다는 연구도 있다.[76] 제도만을 놓고 본다면 그러한 해석이 가능할 수도 있다. 그러나 그 실제 운영에 있어서는 그렇지 못했던 듯하다. 숙종 42년(1716) 수어청·총융청과 개성부의 春操 정지 여부를 논의하는 과정에서, 개성은 이전부터 해마다 거행하지 못했음이 지적되고 있다.[77] 그 이유는 역시 行商이 많다는 것이 이유였다. 이러한 상황은 일시적인 현상이 아니었다. 영조대에 들어와서도 사정은 나아지지 않았다. 영조 7년(1731) 개성유수 李箕鎭의 언급이다.

　　송도의 習陣을 중지한 지 지금 10여 년이나 되며 點閱 역시 하지 않았습니다. 6천의 兵馬가 專屬된 獨鎭이니 큰 군문이라고 할 수 있는데, 군사들이 旗鼓를 오랫동안 보지 못하였고 지금은 또 정렬하고 훈련하는 일이 새로 부대를 창설한 것과 같습니다. 그래서 한 번 조련을 하지 않을 수 없어 마땅히 묘당의 분부에 의하여 勅使가 나오기 전에 맞추어 설행해야 하기 때문에 이

---

75) 『비변사등록』영조 17년 12월 28일.
76) 노영구, 앞의 논문, 464쪽.
77) 『비변사등록』숙종 42년 1월 27일.

미 날짜를 정하여 급히 장계했습니다. 다만 전부터 습조를 행하면 牙兵은 防番錢을 1명당 1냥씩을 감해주어 총계하면 3천여 냥이나 되며, 기타 軍需를 수습하고 犒饋, 賞格에 드는 비용 역시 2, 3천냥을 밑돌지 않아 지금의 형세로는 실로 거행하기가 어렵습니다. 반드시 행하고자 하면 혹 다른 방도가 있어야 하는데, 어떻게 해야 좋을지 모르겠습니다.[78]

 10여 년 동안 습진은 물론 점열도 시행하지 않았다는 것이니, 실제로 전속 조치 이후에 전혀 군사훈련이 이루어지지 않은 셈이었다. 그 근본적 이유는 결국 재정적인 것이었다. 개성의 아병들이 상인이라는 점 등이 조련을 정지하는 이유로 들어졌지만, 조정에서 조련을 시행하지 않았던 이유는 아병들에게 걷는 防番錢과 관계되는 것이었다. 원래 방번전은 義僧들에게 상번을 면제하는 대신에 거두고 다른 승려를 고용하는데 사용하는 비용으로[79] 원래는 이 돈으로 대신 번을 서는 군사에게 급료를 주도록 되어 있었다. 개성부에서는 아병들에게 방번전을 받고 입번과 조련을 면제해주는 대신, 그 방번전으로 군수나 호궤 등의 재정적인 목적으로 전용했던 것이다. 결국 이 해에도 습조는 행해지지 않는다. 이러한 조련의 정지는 관행화하는 것으로 보인다. 행상이 멀리 떠나 돌아오지 않았고 재정도 부족하니 춘조를 정지하자는 개성유수의 요청에 대하여, 재정이 부족한 것은 이상할 것이 없지만 행상이 돌아오지 않은 것이 어찌 응당 해야 할 일을 하지 않는 이유가 되겠냐면서 개성유수를 推考하고 춘조를 시행하도록 했던[80] 영조 11년(1735)과 같은 예외적인 경우도 있었지만, 대체로 시행하지 않는 것이 관례였다.
 영조 17년(1741)에 개성의 조련제도는 다시 한 차례 변화를 맞게 된다. 개성유수 申晩은 개성에서 조련이 잘 행해지지 않는 현실을 고백한

---

78) 『비변사등록』 영조 7년 2월 7일.
79) 『典律通補』 권4, 兵典, 番上, "罷義僧上番捧防番錢 雇僧代番".
80) 『승정원일기』 영조 11년 1월 10일.

뒤, 나누어 번갈아 조련하는 輪操의 시행을 건의한다.

　　저희 개성부의 習操는 外營門의 규례에 따라 봄·가을로 설행하도록 절목
을 정했습니다. 다만 本府는 본래 상인이 많으므로 이전부터 秋操는 으레 정
지하고 단지 春操만 시행했습니다. 그런데 대체로 본부는 다른 재정이 없어
서 장교와 군관의 料布를 모두 牙兵의 番錢으로 지급합니다. 만약 습조를 설
행한다면 그해의 번전은 전체를 탕감해야 하니 軍需와 갖가지 모든 것들을
지탱해 이어나갈 길이 없습니다. 그러므로 습조를 설행하지 못한 지 이미
6~7년이나 오래 지났습니다. 軍政은 나라에 소중한 것인데 이처럼 허술하니
어찌 한심하지 않겠습니까? 제 생각으로, 본부의 군병 3천 명이 굳이 일시에
모두 참여할 필요는 없습니다. 1천 명은 습조에 참여하고 2천 명은 관례에 따
라 번전을 바치면서 해마다 차례로 돌아가며 습조하여, 3년이 지나면 3천 명
이 모두 한 차례씩 조련을 거칠 수 있으며 2천 명이 바치는 번전 또한 이어
쓸 수 있을 것이니 이는 실로 두 쪽 모두 편리한 방도가 됩니다.[81]

　예외적으로 조련을 시행했던 영조 11년 이후 춘조가 행해지지 않고
있으며, 추조는 아예 시행하지 않는 것이 관행이던 당시의 형편을 보여
준다. 또 군정에 소용되는 모든 재정을 아병의 번전에 의존하여, 습조가
시행되면 재정을 융통할 도리가 없는 구조적인 문제점을 보여주기도 한
다. 이러한 상황에서 명분상 재정과 군정 어느 것도 포기할 수는 없는
노릇이었고, 결국 3部의 군병이 3년에 한 차례씩 돌아가며 습조한다는
미봉책으로 결론 내릴 수밖에 없었다. 신만의 이 제안은 수용되지만 몇
해 지나지 않아 후임으로 온 개성유수 윤득화의 건의에 따라 다시 윤조
는 폐지되고 전체 군병이 習操하는 예전 방식으로 돌아갔다.

　　나라를 지키는 방도로 군병을 조련하는 것보다 나은 것은 없습니다만, 저
희 개성부는 재정이 쇠잔하여 더러 10년에 한 차례나 5~6년에 한 차례 시행

---

81) 『승정원일기』 영조 17년 12월 25일.

합니다. 前 유수 신만이 재임할 때, 3부의 군병을 해마다 1부씩 輪操하기로
결정되었습니다. 윤조한 뒤로 군병이 服色이나 軍裝을 구하면서 각자 마련해
갖추지 않고 거의 모두가 그때그때 변통합니다. 더러는 이름과 얼굴을 서로
바꾸어 대신 點閱하기에 이르러 실로 습조하는 효과가 없으니, 도리어 간간이
합조하는 장점만 못합니다. 또 지난해의 농사가 흉작이고 전염병도 점점 성
하니, 이러한 해에는 또한 조련을 정지하는 관례가 있었습니다.[82]

輪操의 단점으로 代點을 들면서 합操로 돌아갈 것을 청하는 형식이지
만, 그 초점이 군정의 강화 또는 효율화에 있는 것은 아니었다. 윤조로
귀결되었던 원인인 재정적인 어려움 등의 문제가 해결되지 않는다면, 합
조로 되돌아간다는 것은 결국 장기간의 조련 정지를 예고하는 셈이었다.
이후로 특별한 일이 없는 해에는 합조를 시행하기로 결론 내리고[83] 윤득
화가 재임하던 이듬해에는 조련이 시행되지만[84] 정상적인 시행을 기대
할 만한 상황이 아니었다.

여러 道의 春操를 정지하라고 이미 명령을 내렸습니다. 統制使 李枓國, 慶
尙右兵使 沈義希, 全羅兵使 柳鑌夏이 미처 들어 알지 못하고 이렇게 장계를
올려 여쭙게 되었습니다. 이는 모두 秋操를 이미 시행한 지역이니 이 장계는
모두 그만두도록 하고, 개성은 추조를 하지 않고 그저 춘조만 있는데 지난봄
에 이미 조련을 시행했으며 일찍이 해마다 조련을 시행한 적이 없었으니 마
찬가지로 정지하라는 내용으로 분부하는 것이 어떻겠습니까?[85]

위의 기사는 영조 43년(1767)의 기사이다. 다른 지역과는 달리 추조를
행하지 않고 춘조만을 시행하는 개성이었지만, 해마다 춘조를 시행한 적
이 없다는 이유로 이 해에도 정지하고 있는 것이다. 正祖代에 이르면 조

---

82) 『비변사등록』 영조 22년 1월 7일.
83) 같은 자료.
84) 『비변사등록』 영조 23년 2월 19일.
85) 『비변사등록』 영조 43년 5월 25일.

련은 고사하고 官門에서 이루어지던 聚點마저도 제대로 시행이 되지 않았다.[86]

숙종대 후반 이후 조련이 제대로 시행되지 않는 사정은 다른 지방 속오군의 경우도 마찬가지였다. 이에 따라 操鍊이나 巡歷 대신에 각 고을 단위의 '官門聚點'이 숙종 28년부터 시행되기 시작해, 영조대에 제도화되었다.[87] 정조대에 이르면 조련을 정지하는 대신 관문취점의 형태로 속오군을 堤堰役에 동원하는 束伍役의 徭役化 현상이 일어나게 되었다.[88] 전반적으로 조련이 제대로 이루어지지 못하면서 虛設化되어가던 지방군의 양상은 전국적으로 같았다고 볼 수 있다. 또 개성의 경우는 牙兵 자체가 本役이었으므로, 양역 일반이 군사적 기능을 잃고 재정적 기능으로 운영되던 당시의 상황을 보여주고도 있다.

조련도 입번도 제대로 이루어지지 않으면서 군사적 기능을 상실하고 있던 개성의 아병은 이제 좀 더 적극적으로 개성부의 재정 운용을 위한 기능을 담당하게 되었다. 균역법의 시행으로 양역가는 1필(=2냥)로 고정되지만 개성의 아병은 1냥 2전의 歇役이었던 관계로[89] 인근 長湍은 물론 황해도 등지의 민인들까지 투속하게 만들었다. 균역법의 시행 직후에 부임했던 유수 徐宗伋은 양인 아병에게 1냥 2전, 사노 아병에게는 6전의 역가를 거두는 혈역을 만들어 투속을 유도했는데,[90] 이를 알게 된 英祖는 모든 군병을 거주지로 환속시키도록 했으며, 당시의 유수 서종급을 파직시키자는 좌의정 金尙魯의 요청에 대해 파직으로 그칠 수는 없다며 罷職不敍하도록 조치하였다. 이러한 영조의 강경한 입장에도 불구하고, 개성유수는 일단 기존의 군액은 그대로 유지하고 앞으로 발생할 궐액은

---

86) 『비변사등록』 정조 14년 4월 17일 ; 30일.
87) 김우철, 앞의 책, 183~184쪽 ; 207~208쪽.
88) 같은 책, 219~220쪽.
89) 『비변사등록』 영조 32년 8월 8일.
90) 『비변사등록』 영조 33년 5월 18일.

다른 지역에서 충정하지 말도록 하자고 건의했다가 從重推考를 받았다.[91]

4. 맺음말

開城 지역의 지방군제는 크게 숙종 37년(1711) 管理營의 설치를 전후로 구분된다. 관리영 이전 개성의 지방군은 束伍軍이 주축을 이루고 있었는데, 본래의 신역을 담당하면서 부가적으로 담당하는 兼役이었다. 그러나 商人들이 많은 지역적 특성 때문에, 개성에서의 속오역은 收米로 操鍊을 대체하는 형태로 구현되었다. 그리고 그 비용은 上番軍의 군량으로 사용하도록 되어 있었다. 그 담당 군문이 훈련도감에서 총융청으로 바뀌고 수미량은 20두에서 점점 줄어들었는데, 그것은 다른 지역 속오군의 조련 제도의 변화와도 관련이 있었다. 孝宗代까지 조련이 강화되던 상황과는 달리 顯宗代 이후 속오군의 조련이 축소되기 시작하면서, 조련 대신 수미하는 것이 개성의 속오군에게는 부담이 되기 시작했다. 그 과정에서 개성의 속오군에게 군사적 기능은 사라지고, 재정적 기능만이 남게 되었다. 본역과 겸역에서 이중으로 재정적 부담을 담당하는 문제는 논란을 일으켰고, 결국 개성 속오군에게 쌀을 거두는 收米 조치는 숙종 29년(1703)에 혁파되었다.

관리영이 설치된 이후, 중앙의 각 軍門이나 衙門에 각종 명색으로 소속되어 있었던 개성의 군병은 개성부에 소속되게 되었다. 그 결과 생겨난 '牙兵'은 속오군과는 달리 그 자체가 본래의 신역이었다. 그러나 아병도 재정적인 기능으로만 유지되면서, 군사적 기능은 기대할 수 없게 되었다. 조련이 거의 시행되지 않았으며, 또 防番錢을 납부하는 대신 상번

---

91) 『비변사등록』 영조 33년 10월 14일.

과 조련을 면제 받았던 것이다. 한때 苦役으로 여겨졌던 개성의 軍役은 均役法을 전후해서 주변 지역에서 앞 다투어 투속하는 歇役으로 운영되었다.

개성에서 조련 대신 수미를 했던 조치는 어디까지나 개성에 한정된 조치로서, 이 지역의 특수한 상황을 반영하는 것이었다. 그 뒤에 경기 지역까지 수미의 확대가 논의되기도 했지만 겸역이라는 속오군의 특성상 이루어지기 어려운 것이었고, 개성에서의 수미도 폐지되었다. 따라서 속오군이 궁극적으로 收米軍化하는 것으로 본 기존의 견해는 잘못된 것이었다. 지역에 따라 시기에 따라 탄력적으로 운영되던 속오군의 한 측면을 보여주는 것이었다. 한편 개성에서의 지방군 운영 모습을 통해, 개성의 특수한 측면 뿐 아니라 보편적인 조선후기 사회의 모습도 살펴볼 수 있었다. 지방군의 조련이 점점 소홀해지다가 결국 虛設化되는 과정, 군사적 기능을 잃고 재정적 기능으로 전환되는 과정을 또한 개성의 지방군에서 확인할 수 있었다.

제4장
조선후기 강원도 지방 군제의 변화 과정

1. 머리말

鎭管體制를 기반으로 성립되었던 朝鮮前期의 地方軍制는 制勝方略 등
의 부분적인 변화를 겪다가, 임진왜란을 계기로 전면적으로 개편되었다.
明軍의 참전을 계기로 日本軍에게 효과적이라는 사실이 드러난 戚繼光
의 兵法을 받아들여 중앙에는 訓鍊都監을, 지방에는 束伍軍을 창설하였
다. 뒤이어 지방군에 대한 효과적인 운영체제로서 營將制度를 성립시켰
다.[1] 영장제도는 형식적으로는 진관체제의 범위 안에 있는 것이었지만,
사실상 허설화된 진관체제를 대체하여 실질적인 조선후기의 지방군 통
수체제이자 훈련체제로 기능하였다.

지방군제에 대한 연구는 최근에 비교적 활발하게 이루어지고 있다.
그러나 아직 연구가 시작단계인 탓으로 전체적인 구조에 대한 해명에 치

---

1) 조선후기의 군제사에 대해서는 많은 연구 성과가 있다. 그 가운데 대표적인 저서
  를 소개하면 다음과 같다. 車文燮, 1973, 『朝鮮時代 軍制研究』, 檀大出版部 ;
  1996, 『朝鮮時代 軍事關係 研究』, 檀大出版部 ; 陸軍士官學校韓國軍事研究室,
  1976, 『韓國軍制史－近世朝鮮後期篇』, 陸軍本部 ; 李泰鎭, 1985, 『朝鮮後期의
  政治와 軍營制變遷』, 韓國研究院 ; 崔孝軾, 1995, 『朝鮮後期 軍制史研究』, 신
  서원 ; 徐台源, 1999, 『朝鮮後期 地方軍制研究』, 혜안 ; 金友哲, 2001, 『朝鮮後
  期 地方軍制史』, 景仁文化社.

중되어 있으며,[2] 지역 연구도 일부 지역에 국한되어 진행되고 있는 형편
이다.[3] 본 논문에서 다룰 강원도의 지방 군사제도에 대해서는 본격적으
로 다루고 있는 논문이 거의 없다.[4]

분단 상황으로 오늘의 강원도는 군사적 기능이 중요시되고 있는 지역
이지만, 조선시대에는 그 위상이 지금과는 많이 달랐다. 우선 건국 이래
로 경기도·황해도와 함께 전임 兵使가 존재하지 않았던 지역이 강원도
였다. 또 조선후기 강원도에 설치된 營將도 3개의 鎭營에 불과했으며, 그
나마도 2개의 진영에는 전임 영장이 파견되지 않고 수령이 겸임하고 있
었다. 이러한 점만을 놓고 보면, 조선시대 강원도의 군사적 의미는 상당
히 제한적으로 이해될 수도 있다. 그러나 위와 같은 제도상의 차이가 나
온 이유는 인구와 지형 등을 종합적으로 고려한 결과 나온 것으로 보아
야지, 결코 강원도를 군사적으로 중요하지 않게 여겼기 때문으로 볼 수
는 없다. 우선 강원도는 인구가 다른 도에 비해 가장 적었으므로,[5] 당연
히 진영의 숫자가 적게 나타날 수밖에 없었다. 또한 전임 병사가 없었던

---

2) 조선후기의 군사제도 연구동향에 대해서는 다음의 연구사 정리 참조. 김우철,
   2000, 「조선후기 군사사 연구의 현황과 과제」 『조선후기사 연구의 현황과 과제』,
   창작과 비평사.
3) 평안도와 함경도의 특수 병종에 대한 연구, 수원의 장용영에 대한 연구, 강화도
   의 수비체제에 대한 연구 등이 있다. 姜錫和, 1997, 「朝鮮後期 咸鏡道의 親騎衛」
   『韓國學報』 89 ; 1999, 「조선후기 平安道의 別武士」 『韓國史論』 41·42 합집 ;
   姜信曄, 1994, 「朝鮮後期 親騎衛」 『慶州史學』 13 ; 崔洪奎, 1997, 「正祖代의 華
   城經營과 壯勇外營문제－특히 邑民對策과 관련하여」 『京畿史學』 1 ; 李敏雄,
   1995, 「18세기 江華島 守備體制의 强化」 『韓國史論』 34, 서울대 국사학과.
4) 강원도 伊川의 호적을 통해 속오군의 兼役 실태를 분석한 연구는 본서 제2부 제
   2장 참조. 강원도의 지역사 연구 성과에 대해서는 다음의 연구사 정리 참조. 吳
   永敎, 2000, 「강원 지방사 연구의 현황과 과제」 『韓國地方史 硏究의 現況과 課
   題』, 景仁文化社.
5) 조선후기 전 기간동안, 강원도의 인구는 漢城을 제외한 전국 8도 가운데 가장
   적은 분포를 보인다. 韓榮國, 1997, 「인구의 증가와 분포」 『한국사 33』, 국사편
   찬위원회, 21쪽, 〈표 3〉 조선 후기 인구의 지역적 분포.

것도 같은 이유에서 이해할 수 있을 것이다. 전임 병사의 운영에 드는 재정적인 부담을 무시할 수 없기 때문이다. 오히려 전임 병사가 파견되지 않았던 지역은 모두 수도 漢城을 둘러싸고 있는 지역이라는 점에 주목해야 할 것이다. 수도를 둘러싼 지역이 군사적으로 소홀하게 취급되었을 이유는 없을 것이기 때문이다. 수도를 방어하는 강력한 중앙군과, 그것을 뒷받침하는 존재로서의 지방군의 의미가 부각될 수 있는 지역이 바로 이들 지역이었다. 또한 전임 병사가 없음으로서 빚어질 수 있는 문제점 등은 방어영의 설치 등 운영의 개선을 통해 보완되고 있었다.

본 논문에서는 이러한 관점에서 조선후기 강원도 지방군제의 구조와 그 변천에 대해 살펴보려고 한다. 충실한 논문이 되기 위해서는 참고할 자료가 적지 않겠지만, 우선 연대기 자료를 중심으로 제도 변화의 대체적인 윤곽을 파악해보도록 하겠다.

2. 16세기 말~17세기 초 속오군의 성립과 영장제

조선전기의 지방군제는 鎭管體制를 기반으로 하고 있었다. 진관체제는 主鎭-巨鎭-諸鎭으로 이어지는 일원적 계통으로 이루어졌는데, 兵馬節度使가 머무르는 곳이 主鎭이 되고, 그 아래 주로 牧使·府使 등이 겸임하는 僉節制使가 머무르는 곳이 巨鎭이 되는데 이 巨鎭을 단위로 하는 관할 지역이 鎭管이 되었다. 그 아래가 품계에 따라 同僉節制使나 節制都尉 등의 軍職을 겸임한 守令이 관할하는 諸鎭이 되었다.[6) 경기도·황해도와 강원도는 監司가 兵使를 겸임했지만,[7) 다른 지역은 이외에 별도의 전

---

6) 閔賢九, 1983,「鎭管體制의 確立과 朝鮮初期 地方軍制의 成立」『朝鮮初期의 軍事制度와 政治』, 韓國研究院.

7) 황해도의 경우 조선전기에는 전임 병사가 파견되지 않았지만, 임진왜란을 계기로 설치되어 이후『續大典』에 법제화된다.『宣祖實錄』25년 8월 3일 ;『續大典』「兵典」外官職.

임 병사가 지역에 따라 1~2인이 있었다. 수군도 육군과 마찬가지의 원리로 편성되었다. 『經國大典』에 규정된 강원도 진관의 구조를 도표화하면 다음 〈표 40〉과 같다.

〈표 40〉 『經國大典』 단계(1484, 성종 15) 江原道의 鎭管

병마절도사 및 수군절도사 : 관찰사 겸임 (감영=원주)				
	진관	첨절제사	동첨절제사	절제도위
육군	강릉진관	강릉대도호부사	삼척부사, 양양부사, 평해군수, 간성군수, 고성군수, 통천군수	강릉판관, 울진현령, 흡곡현령
	원주진관	원주목사	춘천부사, 정선군수, 영월군수, 평창군수	원주판관, 인제현감, 횡성현감, 홍천현감
	회양진관	회양부사	철원부사	양구현감, 낭천현감, 금성현령, 이천현감, 평강현감, 김화현감, 안협현감
수군	진관	첨절제사	만호	
	삼척포진관	삼척포첨사	안인포만호, 고성포만호, 울진포만호, 월송포만호.	

*출전 : 민현구, 1983, 『조선초기의 군사제도와 정치』, 한국연구원, 255쪽.

진관체제는 행정권과 군사권을 일원적으로 파악하려는 입장에서 구상된 것이었다. 각 고을의 수령들이 그의 품계에 따른 군직을 겸임하는 것, 즉 수령의 품계의 차이가 그대로 해당 군직의 차이로 드러난다는 점을 특징으로 하고 있다. 따라서 이는 중앙에서 지방의 民政과 軍政을 일목요연하게 파악·통제할 수 있는 장점이 있었다. 반면에 군사권은 전적으로 행정권에 부수되는 것으로써, 군사적인 필요가 그대로 제도로 반영되기에는 미흡한 구조였다.

강원도는 江陵·原州·淮陽의 세 진관으로 구성되어 있었다. 물론 巨鎭이 되는 고을이 그 지역에서 가장 관품이 높은 수령이 관할하는 곳이라는 점에는 예외가 없었다. 그렇지만 각각의 진관은 나름대로의 전략적

의도에 의해 배치된 것이었다. 原州는 충청도의 忠州와 서로 보완하면서 남쪽을 방어하는 역할을 담당하고 있었다. 淮陽은 북쪽을 담당하여 안으로는 경기도의 楊州와 서로 보완하면서 밖으로 鐵原과 함경도를 방어하는 역할이었다. 한편 江陵은 바닷가의 여러 고을을 합하여 동해를 방비하는 체제였다.[8]

한편 조선의 건국 이후 대규모 전쟁의 가능성이 감소하면서, 전국적인 동원체제인 진관체제를 상시적으로 가동하기에는 무리가 있었다. 이에 따라 진관체제라는 틀은 그대로 둔 채 일부 방어체제의 개편이 이루어졌는데, 制勝方略이 그것이다. 제승방략은 남·북 변경에서 倭·野人의 침입이 간헐적으로 계속되는 상황에서, 그들의 침투 경로와 수단이 비교적 일정하게 되풀이되었으므로 이를 중점적으로 방어할 필요에서 생겨난 제도였다. 그러나 이는 변방의 국지전을 대비하는 방어체제로서 임진왜란이라는 전면전에는 결정적으로 불리한 전략임이 드러났다.[9] 전면전에 취약한 방어체제, 鳥銃이라는 신무기를 적절히 활용한 일본군의 전술적 우위 등의 요인에 따라 朝鮮은 초기 전투에서 크게 패하게 되었다.

임진왜란에서 전세가 역전되는 계기를 마련한 것은 明軍 참전 이후의 平壤城 전투였다. 이 전투에서 효과가 입증된 戚繼光의 『紀效新書』에 입각한 浙江兵法은 宣祖의 관심을 끌게 되고, 이 병법에 따라 중앙에는 訓鍊都監이, 지방에는 束伍軍이 성립되었다. 『기효신서』의 요지는 分軍에 있어서의 '束伍法'과 무기체계에 있어서의 '三手技法'이었다.[10]

---

8) 柳成龍, 『西厓集』 권5, 「措置沿江屯堡箚」.

9) 許善道, 1973, 「鎭管官兵編伍册」(上·中·下) 『國會圖書館報』 90·91·92 ; 1973, 「'制勝方略' 研究－壬辰倭亂 直前 防衛體制의 實相」(上·下) 『震檀學報』 36·37 ; 1973, 「'鎭管體制 復舊論' 研究－柳成龍의 軍政改革의 基本施策－」 『國民大學 論文集』.

10) 柳承宙, 1969, 「朝鮮後期 軍需鑛工業의 發展－鳥銃問題를 중심으로」 『史學志』 3, 3쪽.

『기효신서』의 속오법에 따르면 5人을 1伍로 하여 2伍인 10인을 1隊의 기준으로 하되 隊長과 火兵을 포함하여 12인으로 1隊를 구성토록 되어 있었다. 그 이후 순차적으로 3~5隊로 1旗를, 3~5旗로 1哨를, 3~5哨로 1司를, 3~5司로 1營을, 3~5營으로 1師를 구성하도록 하였다.[11] 한편 기효신서를 바탕으로 군제를 재편하면서 무기체계도 재구성되었는데, 그것이 바로 三手技法이었다. 삼수기법은 砲手의 鳥銃과 殺手의 槍劍 및 射手의 弓矢를 중심으로 하는 것이었다.[12]

속오법과 삼수기법을 바탕으로 한 속오군은, 지역별로 편차는 있으나 대략 선조 30년(1597) 2월 이전에는 전국적인 편성이 완료되었던 것 같다.[13] 江原道도 예외는 아니었다. 당시 강원도의 속오군 편성 상황에 대해서는, 宣祖 30년(1597)을 전후해서 강원도 平康의 守令으로 있었던 吳允謙의 언급이 참고된다.

> 저희 縣의 砲手는, 다른 현에 비교해서 지나치게 많습니다. 신이 당초의 事目을 살펴보니, 자원한 사람 중에서 건장한 자를 가려 뽑도록 하고 있습니다. 작은 현의 경우 50명을 넘지 않도록 하는데, 실로 지나치게 많으면 폐단이 생기는 까닭에서 그러한 것입니다. 저희 현은 경내의 남자를 모두 끌어 모아, 전부 砲手에 속하게 하니 그 수가 무릇 170인입니다. 신이 각도 砲手의 수를 두루 살펴보니, 큰 府나 巨鎭이라도 이보다 많지 않았습니다. …… 원컨대 저희 현의 砲手는 단지 건장하여 쓸 만한 자를 제외하고, 나머지 유명무실한 무리는 모두 제거하여 일체로 사목에 의해서 시행토록 하기 바랍니다.[14]

이를 통해 보면, 조정에서는 각 고을의 크기에 따라 일정한 액수를 편성하도록 하는 지침을 내려 보낸 것으로 보인다. 물론 원칙은 자원자 가

---

11) 戚繼光, 『紀效新書』 권1, 束伍篇, 明活法.
12) 『宣祖修正實錄』 40년 5월 1일.
13) 김우철, 2001, 앞의 책, 42쪽.
14) 吳允謙, 『楸灘集』 권2, 「平康縣陳弊疏」.

운데 건장한 자에 한하여 편성하는 것이었다. 그러나 실제로 각 고을에서 편성을 할 때는 이러한 원칙이 무시되고 있었던 것 같다. 고을에 따라서는 정해진 액수의 몇 배나 되는 수가 속오군으로 편제되었던 것이다. 물론 그렇게 편성될 경우 직접 전쟁에 동원할 만큼 정예화를 기하기는 힘들었다. 또 吳允謙의 언급을 통해보면, 강원도에서도 砲手를 중심으로 속오군이 편성되고 있었음이 확인된다.[15] 즉 전통적 기예인 弓矢를 다루던 射手보다는 새로운 기예로 받아들여지던 鳥銃 기술의 습득을 통한 砲手의 양성에 주력하던 당시의 상황을 엿볼 수 있다.

척계광의 병법이 조선에서 새로운 군사 편제의 근간이 되고 있었지만, 그의 兵法은 主敵에 따라 내용을 달리하고 있었던 두 권의 兵書에 따라 구별된다. 곧 남방의 왜적을 대상으로 하는 『紀效新書』와 북방 야인을 대상으로 하는 『練兵實紀』가 그것이었다.[16] 임진왜란은 일본을 대상으로 한 전쟁이었고, 이에 따라 처음에는 『기효신서』에 입각한 전법이 중시되었다. 그러나 임진왜란이 수습되고, 북방 야인에 대한 대비의 필요성이 제기되면서 『연병실기』에 대한 관심도 높아갔다. 그 결과 조선 8도를 4도씩 나누어서 경기·충청·전라·경상 등 남쪽의 4도는 『기효신서』에 의한 편제를, 강원·황해·평안·함경 등 북쪽의 4도는 『연병실기』에 의한 편제를 하자는 주장이 제기되기도 했다.[17] 이에 따르자면 강원도는 연병실기에 의한 새로운 편성이 구상되고 있던 지역이었던 셈이다. 그러나 『연병실기』 전법의 핵심인 수레의 활용에 대한 의문이 제기되면서 실제로 이러한 주장이 실행에 옮겨지지는 않았다.[18]

한편 임진왜란을 거치며 제승방략의 단점이 지적되면서, 지방군의 통

15) 김우철, 앞의 책, 51쪽.
16) 조선후기의 兵書와 戰法에 대해서는 盧永九의 논문 참조. 盧永九, 2002, 『朝鮮後期 兵書와 戰法의 연구』, 서울대 박사논문.
17) 『선조실록』 37년 12월 16일.
18) 盧永九, 1998, 「朝鮮 增刊本 『紀效新書』의 體制와 內容」『軍史』 36.

수계통을 확립하는 것이 중요한 과제로 떠올랐다. 선조 25년(1594) 柳成
龍의 주장에 의해 진관체제의 복구가 이루어지지만,[19] 진관체제는 巨鎭
과 諸鎭의 관계에 있어서는 문제가 발생할 소지가 있었다. 즉 비록 관품
의 차이는 있었지만 다 같이 고을을 다스리는 수령이었던 탓에, 별도의
賞罰權 등이 보장되지 않는 한 절제사의 절제가 통하지 않게 될 소지가
있었던 것이다.[20] 또한 고을의 행정을 함께 담당하는 겸임의 수령이 지
휘 및 훈련 등을 책임지기에는 어려운 점이 있었다.

진관체제가 가지고 있는 이러한 문제점을 해소시키기 위한 것이 전임
무신인 營將을 설치하는 것이었다.[21] 영장제에서 營은 앞에 설명한 바와
같이 원래 척계광의 束伍法 상의 단위 부대였다. 따라서 영장제를 실시
하기 이전부터 속오법에 의해 편성된 속오군에는 영장이 있었다. 그때의
영장은 수령이 겸하는 兼營將이었다.[22]

인조 5년(1627) 정묘호란의 패배는 속오군 조련의 중요성을 공론화시
키는 계기가 되었다. 마침내 4월, 「營將節目」이 반포되면서 영장제도가
정식으로 시행되고 속오군에 대한 조련도 제도화되었다.[23] 영장제가 설
치된 이후에도 진관제도가 완전히 폐기된 것은 아니었고, 따라서 법전에
는 마치 진관제도와 영장제도가 병존하는 것처럼 보이기도 한다.[24] 그러
나 이는 역대 임금들에 의해 이루어진 법을 존중한다는 입장에 따라 취

---

19) 유성룡, 『서애집』권5, 「陳時務箚」 ; 권7, 「請修擧鎭管之制啓」 ; 『선조실록』27
년 3월 정미.

20) 김우철, 앞의 책, 35~36쪽.

21) 영장제에 대해서는 車文燮, 徐台源 등의 연구가 있다. 車文燮, 1968, 「朝鮮朝
後期의 營將에 대하여」 『史叢』 12·13 합집 ; 徐台源, 1999, 『朝鮮後期 地方軍
制研究』, 혜안.

22) 서태원, 앞의 책, 59쪽.

23) 김우철, 앞의 책, 94쪽.

24) 영조 22년(1746)에 편찬된 『續大典』에는 鎭營將 곧 영장에 대해서만 언급되고
있지만, 『경국대전』과 『속대전』의 내용을 통합하여 正祖 9년(1785) 편찬된 『大
典通編』에는 鎭管과 鎭營將이 함께 나타나고 있다.

해진 것일 뿐, 실제로 기능을 수행한 것은 영장제도였다.

仁祖代 강원도에서 실시된 영장제도의 구체적인 모습을 확인하기는 쉽지 않다. 설치된 진영의 수효는 대략 세 곳 정도였던 것으로 보인다. 영장제도 아래에서는 각도에 5영씩을 설치하는 것이 원칙이었지만, 함경도나 강원도와 같이 군사가 적은 곳에는 3~4영을 설치할 수도 있게 했다.[25] 『續大典』이나 『增補文獻備考』 등 후대의 자료를 감안할 때, 仁祖代 강원도에는 左營·中營·右營 등 3개의 진영이 설치된 것으로 보인다. 전임 무신이 파견되었는지 아니면 수령이 겸임했는지의 여부와 진영의 설치 지역에 대해서도 명확히 설명하고 있는 자료는 없다. 다만 丙子胡亂 때 강원도의 속오군을 이끌고 선전한 春川의 營將 權井吉에 대한 실록의 기사를 참조할 때,[26] 강원도에도 별도의 전임 영장이 파견되었으리라고 추측할 뿐이다. 권정길에 대한 또 다른 자료에는 권정길이 원주의 영장으로서 활약했다고 기록하고 있는 것으로 보아,[27] 강원도에는 원주와 춘천에 전임 영장이 파견되었으며, 그 밖으로는 嶺東의 江陵에 파견되었을 것으로 추정된다.

인조 5년에 처음 설치되었던 각도의 영장은 병자호란 직후인 인조 15년(1637) 2월에 모두 혁파되었다.[28] 물론 이때 영장제가 혁파된 것은 營將制 자체가 軍政에 도움이 되지 않는다는 판단에 따른 것은 아니었다. 오히려 영장제는 병자호란을 맞아 나름대로 일정한 역할을 수행했다고 평가되고 있다.[29] 특히 강원도의 권정길을 비롯, 경상도 尙州의 尹汝任,

---

25) 『仁祖實錄』 5년 4월 20일, 「營將節目」
26) 『인조실록』 14년 12월 26일 ; 15년 1월 6일.
27) 권정길은 군사에 조예가 깊은 무신이었던 것으로 추정된다. 이후 회양부사가 된 권정길은, 춘천영장으로 있을 때의 능력을 인정받아 춘천부사 겸 방어사로 임명되었다. 한편 훨씬 후대의 자료인 『正祖實錄』에는 권정길이 원주 영장이라고 기록되어 있다. 『인조실록』 16년 1월 20일 ; 『정조실록』 3년 8월 9일.
28) 『인조실록』 15년 2월 16일.
29) 서태원, 앞의 책, 61~62쪽.

安東의 宣世綱, 충청도의 左營將 崔震立과 右營將 沈逸民 등의 활약이 주목되고 있다. 다만 전쟁에서 패한 이후의 군사외적·내적 여러 가지 상황이 영장제의 지속을 어렵게 했던 것으로 보인다. 전쟁을 겪은 이후에 營將을 뒷받침할 재정이 곤란해진 것이 가장 큰 이유였고, 또한 군병을 조련하는 일 자체가 그리 시급한 일로 여겨지지도 않았던 상황이었다.[30] 때문에 영장제는 불가피하게 혁파된 것이었다. 영장제가 폐지된 이후에는 수령들이 다시 해당 고을의 군정을 담당하게 되었다. 이에 대한 보완책으로 기존의 영장에 해당하는 진관의 수령은 文·武·蔭官 가운데 재능이 있는 자를 선임하도록 규정하고 있었다.[31]

당시에 진영이 설치된 지역에 대한 구체적인 정보는, 앞서 언급한 것처럼 아직 확인할 수 없다. 다만 이해를 돕기 위해 후대의 자료인『속대전』과『증보문헌비고』에 따라[32] 그것을 도표화하면 다음 〈표 41〉과 같다.[33]

〈표 41〉 강원도의 鎭營과 소속 군현

진영	영장 (속대전)	영장 (증보문헌비고)	소속 군현 (증보문헌비고)
좌영	철원부사	춘천부사	춘천, 이천, 철원, 회양, 김화 평강, 안협, 금성, 양구, 낭천
중영	원주목사	횡성현감	횡성, 원주, 영월, 정선, 평창, 홍천, 인제
우영	삼척영장(전임)		삼척, 강릉, 양양, 평해, 간성, 고성, 통천, 흡곡, 울진(이상 육군) / 월송(수군)

이 〈표 41〉를 앞의 〈표 40〉과 비교하면 몇 가지 사실을 확인할 수 있

---

30)『承政院日記』인조 19년 7월 12일.
31)『인조실록』17년 8월 13일.
32)『續大典』兵典, 外官職, 江原道 ;『增補文獻備考』권119, 兵考11, 州郡兵.
33) 앞에서 언급한 것처럼『속대전』에는 진영장에 대해서만 소개되고 있다. 그런데『증보문헌비고』에는 진영장과 함께 鎭營 소속 군현도 소개되고 있다.

다. 우선 진관체제의 진관과 영장제도의 진영은 서로 대응하는 관계라는
것이다. 즉 강릉진관은 우영에, 원주진관은 중영에, 회양진관은 좌영에
각각 대응한다. 다만 예외적인 것은 조선전기의 진관체제 아래에서 원주
진관에 속했던 春川이 영조 46년(1770) 경에 편찬된『증보문헌비고』에
는 중영이 아닌 좌영의 영장 소재지가 되고 있다는 것이다. 그러나 이
문제는 다음 절에서 논할 防禦營의 설치 문제와 함께 논의될 성질인 듯
하다.『증보문헌비고』에 앞선 시기인 영조 22년(1746)에 편찬된『속대전』
에는 각 진영의 영장만이 소개되고 있는데, 좌영의 영장은 철원부사가
겸임하는 것으로 나오고 춘천부사는 방어사를 맡고 있다.『증보문헌비
고』에서는 춘천부사와 철원부사가 자리를 맞바꾸어 각각 좌영장과 방어
사를 맡게 된다. 이것은 방어사의 교체에 따른 조치였는데, 이에 대해서
는 뒤에 설명할 것이다.『속대전』에 각 진영 소속 군현이 소개되고 있지
는 않지만, 그 단계까지는 진관과 진영이 완전히 일치하는 것으로 보아
도 무방할 것이다.

3. 17세기 방어영의 성립과 영장제의 운영

선조대 이후 효종대 까지는 지방군제를 포함한 군사제도가 강화되는
시기였다.[34] 이에 따라 지방군을 강화하기 위한 각종 조치들이 취해지는
데, 영장제의 復設과 속오군에 대한 조련의 강화, 이를 뒷받침하기 위한
給保·給復策 등이 그것이었다.
　이러한 전국적인 조치와 별도로, 강원도에서는 제도의 개편을 통한 군
제의 강화 노력이 더해지고 있었다. 바로 防禦營의 설치가 그것이었다.
임진왜란 이후 전임 兵使가 설치된 황해도와 달리, 경기도와 강원도에서

---

34) 김우철, 앞의 책, 2장 참조.

는 여전히 監司가 병사를 겸임할 뿐, 전임의 병사가 설치되지 않고 있었
다. 兵使를 설치할 경우에 야기되는 재정적 부담 등의 문제와, 전임 병사
가 없을 경우에 발생할 수 있는 군사적 취약성의 극복이라는 문제를 해
결하기 위해서, 조정에서는 이 지역에 防禦營을 설치하고 防禦使로 하여
금 軍務를 관장하게 하는 절충안을 마련한다. 조선후기에 설치된 兵馬防
禦營은 지역에 따라 서로 다른 목적에서 설치되었다. 즉 咸鏡道와 平安
道와 같은 북방의 접경지역에 설치된 방어영은 주로 적의 침입로를 막는
關防의 목적으로 설치된 데 반하여, 경기도와 강원도에 설치된 방어영은
監司 혼자 겸임으로 兵使 업무를 수행하는 데에서 오는 취약성을 극복하
면서, 동시에 수도권을 효과적으로 방어하기 위해 설치된 것이었다.[35]

　강원도에 방어영이 처음 설치된 지역은 淮陽이었다. 光海君 2년(1610),
鐵嶺 일대의 방어를 책임지게 하기 위해 회양에 진을 설치하고 助防將을
두었는데,[36] 바로 이 조방장이 방어사의 기원이 되었다. 防禦使는 광해
군 10년(1618)에 처음 설치되는데, 회양부사의 겸직으로서 鐵嶺의 築城
을 책임지는 역할을 수행했다.[37] 이후에는 여러 고을을 巡歷하며 각종
군사업무를 감독하였다.[38] 다른 지역 兵使의 역할을 수행하는 셈이었다.
그러나 방어사가 관할하던 지역의 범위까지는 확인할 수 없다. 강원도의
지리적 특성, 회양부사의 겸직이라는 한계, 뒤에 이어지는 상황 등을 종
합적으로 고려할 때, 종래의 강릉진관 즉 영동지방까지를 총괄하는 명실
상부한 兵使의 순력 범위에는 이르지 못했을 것으로 보인다. 회양진관을
중심으로 해서 원주진관의 일부 또는 전부가 방어사의 순력 범위였을 것
으로 추측된다. 회양부사가 겸임하던 이때의 방어사는 인조 2년(1624)에

35) 차문섭, 1996, 「조선후기 兵馬防禦營 設置考」 앞의 책.
36) 『光海君日記』 2년 10월 10일 ; 2년 11월 7일.
37) 『輿地圖書』 江原道, 淮陽府, 建置沿革 ; 『광해군일기』 11년 3월 6일.
38) 『광해군일기』 14년 7월 26일.

혁파되었다. 이때의 혁파 이유로는 두 가지 점이 지적되었다. 우선 재정
적인 측면에서 방어사가 각 고을을 출입하고 순력하는데 따르는 제반 비
용이 문제로 지적되고 있으며, 또한 군사적인 측면에서 鐵嶺이 적이 출
입하는 요충이 아니라는 점도 그 이유로 제시되었다.[39]

이후 강원도의 방어사는 각 도에 파견되었던 영장이 혁파된 이듬해인
인조 16년(1638), 春川府使에게 방어사를 겸임하도록 하면서 다시 설치
되었다. 이때부터 춘천이 강원도의 새로운 군사적 중심지로 등장하였다.
회양이 북쪽에 치우쳐있던데 반하여 춘천은 강원도의 중앙에 위치하고
있다는 점, 원주의 감영과 서로 가까이 있으니 위급할 때 서로 힘을 얻을
수 있을 것이라는 점 등이 춘천에 방어영을 설치하게 된 이유였다.[40] 이
때 춘천의 방어사가 관할하던 범위는 嶺西 지방 전역으로, 역시 嶺東 지
방까지는 영향을 미치지 못하고 있었다.[41]

한편 17세기 군사제도의 강화를 상징하는 조치는 孝宗 5년(1654) 營將
制度를 다시 시행한 것이었다. 이때 復設된 영장제는 三南에는 전임의
영장을 파견하고, 나머지 지역에는 수령이 영장을 겸임하게 하는 것이었
다.[42] 주로 삼남의 속오군에 초점이 맞추어져있던 孝宗代에 운영되었던
강원도 영장제의 전모에 대해서는 확실히 파악되지 않는다. 물론 강원도
역시 삼남 이외의 다른 지역과 마찬가지로 兼營將制가 시행되고 있었다.
그런데 강원도의 경우 군사 조련의 효율성을 기하기 위해 전임 영장제도
를 시행하자는 주장이 제기되어 주목된다. 효종 7년(1656) 영장을 겸직
하고 있던 원주목사 金鋧은 嶺東과 嶺西에 각각 1명의 영장을 배치할 것
을 청하였다.[43] 영의정 鄭太和는 이 주장을 소개하면서, 영서지방은 그

39)『인조실록』2년 1월 1일 ;『備邊司謄錄』인조 2년 1월 1일.
40)『인조실록』16년 1월 20일.
41)『비변사등록』효종 7년 7월 23일.
42) 서태원, 앞의 책, 65쪽.
43)『孝宗實錄』7년 7월 16일.

나마 춘천부사가 방어사를 겸임하며 군무를 맡고 있지만, 특히 영동지방
은 담당자가 없어 군비가 허술하다면서 영장의 파견을 청하였다.[44] 효종
이 이에 대해 '영동의 영장을 먼저 차출하도록' 함으로써 강원도에도 전
임 영장이 파견될 수 있는 근거가 마련되었다. 그러나 강원도의 전임 영
장에 대해 이후 후속되는 기사가 없는 것으로 보아, 영장이 규정대로 임
명되었는지는 알 수 없다. 그러나 이후에도 간간이 강원도의 일부 진영
에 전임 영장을 파견하려는 움직임은 계속되었다. 어쨌든 이를 계기로
강원도의 지방군제에서는 종래 진관체제적인 요소가 사라지고 방어사-
영장체제가 확고히 자리 잡게 된다고 볼 수 있다.

또한 이 시기 강원도의 군제는 중앙군제 변통과의 연관 아래에서 변
화하게 되었다. 南漢山城을 중심으로 수도 외곽을 방어하는 守禦廳은 孝
宗 7년(1656)부터 군영체제를 정비해, 경기도의 세 진영, 충청도의 한 진
영과 함께 강원도의 한 진영을 소속시키는 屬營體制를 갖추게 되었다.[45]
즉 강원도 영서지방의 진영은 남한산성을 방어하는 수어청의 관할에 들
어가 있었던 것이다. 처음에는 강원도의 原州 진영이 경기도의 廣州·楊
州·竹山과 함께 수어청에 소속되어 있었다. 원래는 鐵原鎭도 충청도의
忠州鎭과 함께 수어청에 소속되어 있었지만 철원은 북쪽 방향의 방어에,
충주는 鳥嶺의 방어에 적합하다는 이유로 각각 제외했다.[46] 그런데 顯
宗 6년(1665)에는 다시 철원이 수어청에 소속되었다. 수어청에 속해있는
淮陽을 독립된 鎭으로 만들어 金城을 관할하면서 철령을 방어하게 하는
대신, 남한산성에 가까운 철원의 겸영장을 수어청에 소속케 한 것이
다.[47] 현종 14년(1673)에는 수어청에 소속된 강원도의 군사가 다시 변통

44) 『비변사등록』 효종 7년 7월 23일.
45) 차문섭, 1996, 「守禦廳 硏究」 앞의 책, 246쪽.
46) 『顯宗改修實錄』 4년 11월 14일.
47) 『顯宗實錄』 6년 2월 23일.

되어, 춘천과 철원의 군사가 다시 본진으로 회복되었다. 특히 철원은 철령의 방어가 중요하다하여 무신으로 영장이 파견되었다.[48] 17세기에 수도권에 인접한 강원도 영서지방이 수도권 방어의 한 축으로 등장하고 있는 것이다. 지방군적인 측면과 중앙군적인 측면을 아울러 가지고 있었던 것이 이 시기 강원도 군제의 한 특징이라고 볼 수 있다.

한편 영동지방은 영장제의 치폐에 변화가 많았던 것으로 보인다. 현종대의 기록에는 高城과 平海 두 곳에 진영이 설치되어 있었다고 기록되어 있는데, 강릉 이남의 고을은 前營이 되어 평해의 영장이, 강릉 이북은 後營이 되어 高城의 영장이 각각 맡아 삼남의 영장처럼 순력하면서 군병을 조련하도록 했다는 것이다.[49] 고성과 평해의 영장은 『속대전』이후의 기록에는 나타나지 않는데, 속대전의 진영 편제가 좌영·중영·우영인 것에 대해 전영과 후영으로 나타나는 것으로 보아 일시적으로나마 강원도의 진영이 다른 도처럼 5영 이상으로 구성되어 있었던 것으로 보인다.[50]

이렇게 영장제가 확충된다는 것은 그만큼 소속 속오군의 조련이 강화된다는 것이었고, 이는 고스란히 민의 부담으로 남았다. 속오군은 특히 본래의 군역에 부가되는 兼役이었으므로 그 부담은 적지 않았다. 이에 따라 肅宗 3년(1677)에는 강원도 속오군에 대한 각종 잡역의 면제 조치가 내려졌다.[51] 원래 효종대부터 삼남 지방의 속오군에게는 조련에 참가하는 대가로 復戶의 지급이 이루어지고 있었다.[52] 이에 강원도의 속오군

48) 『현종실록』14년 5월 15일 ; 『현종개수실록』14년 5월 15일 ; 16일.
49) 『현종실록』6년 1월 10일 ; 『현종개수실록』6년 1월 10일.
50) 한편 영조 46년(1770) 경에 편찬된 『增補文獻備考』의 「職官考」에 따르면, 강원도의 영장을 6명으로 표기하여, 마치 18세기 후반 강원도에는 모두 6개의 진영이 있었던 듯 서술하고 있다. 그러나 이는 오류로 보인다. 바로 이어지는 설명에서는 좌영·중영·우영 만이 나오고 있으며, 「兵考」에서도 좌영·중영·우영의 세 진영에 강원도의 모든 군현이 포함되는 것으로 설명하고 있다. 『증보문헌비고』권119, 병고11, 주군병 ; 권234, 職官考21, 外武職.
51) 『승정원일기』숙종 3년 1월 7일 ; 『비변사등록』숙종 3년 1월 7일.

에게도 전결에 복호를 지급해 줄 것이 요구되자, 강원지방에는 田結이 많지 않으므로 삼남지방처럼 給復해주는 대신 烟戶의 雜役을 덜어주기로 결정된 것이다.

17세기 후반이 되면 점차 도적집단의 활동이 활발하게 벌어졌다.[53] 도적이 들끓자 현종 14년(1673)에는 春川에만 있던 討捕使를 三陟과 鐵原에도 증설하여 삼척과 철원의 영장이 겸임토록 하였다.[54] 영장의 토포사 겸임은 전국적인 현상으로써, 현종 6년(1665) 三南의 영장이 토포사를 겸한 이후 확대된 것이었다.[55]

숙종 18년(1692)에는 마침내 춘천의 방어사가 강원도의 모든 군정을 총괄하도록 결정되었다.[56] 전임 병사가 없어서 군무가 소홀해질 우려가 있으므로 춘천부사가 겸임하는 방어사에게 강원도의 兵使 역할까지 수행하게 한 것이다. 그러나 이 조치는 몇 해 시행하다가 숙종 21년(1695) 다시 번복되었다. 즉 춘천부의 재정 형편도 어려운데다가, 도내 각 고을을 순회하는데 몇 개월이 걸려 춘천부의 일이 처리되지 못하는 문제점이 드러났기 때문이었다. 이에 따라 무신으로 춘천부사를 임명하되, 평시에는 춘천부의 일을 보다가 전시에나 영동·영서의 영장을 지휘하도록 바꾸었다.[57] 결국 강원도의 병사 역할을 수행하던 춘천부사는 시행한지 3년도 못되어서 다시 예전처럼 다시 방어사만을 겸임하게 된 것이었다. 전임의 병사가 해야 할 역할을 전임직에게 맡기지 않고, 부사의 겸직으로 되어있던 방어사에게 맡겼다는 사실이 이 조치가 원활히 자리 잡기에

52) 김우철, 앞의 책, 128~138쪽.
53) 한희숙, 2002, 「17세기 후반 도적활동과 국가의 對策」『朝鮮時代史學報』 21.
54) 『현종실록』 14년 12월 27일 ; 『현종개수실록』 14년 12월 27일.
55) 서태원, 앞의 책, 166~167쪽.
56) 『肅宗實錄』 18년 10월 3일 ; 『비변사등록』 숙종 18년 10월 4일, 『승정원일기』 숙종 18년 10월 3일.
57) 『숙종실록』 21년 4월 3일 ; 『비변사등록』 숙종 21년 4월 5일.

어려운 조건으로 작용했다.

4. 18세기 방어영의 이전과 군제의 재편

17세기 이래 강화되어가던 지방군제는 18세기에 들어와 점차 정돈상태에 놓였다. 그것은 속오군에 대한 조련의 축소라는 형태로 나타났다. 이렇게 지방군의 운영이 변화하게 된 데에는 몇 가지 이유를 들 수 있다.[58] 우선 18세기 들어와 淸나라나 일본과의 군사적 긴장이 해소되면서, 정부의 관심은 군사문제보다 재정문제로 쏠리고 있었다. 또한 폭발적으로 증가한 군액도 양역변통론으로 이어지면서 군사문제에 역량을 집중하지 못하는 요인이 되고 있었다. 더불어 17세기 후반에 집중된 자연재해도 정상적인 지방군제의 운영에 장애가 되고 있었다.

18세기의 지방군제는 英祖 4년(1728)의 戊申亂을 계기로 재편되었다. 강원도는 무신란의 직접적인 영향권에 들어있지 않았지만, 무신란이 발생하자 강원도의 속오군도 진압에 동원되었다. 춘천 방어영의 군병은 3월 23일에 加平 지역에 도착한 뒤, 반란군의 진압을 위해 전진을 계속하여 광나루[廣津]를 향하였다.[59]

조선전기 이래로 강원도는 해상 방어가 긴요하지 않은 지역으로 인식되었다.[60] 그러나 무신란이 겨우 진압된 직후인 5월에는 그동안 별로 관심이 기울여지지 않았던 강원도의 海防 대책이 지적되었다. 영남과 가까우며 바다 건너 일본과 접해있음에도 불구하고 鎭堡 하나 설치되지 않고 있으며, 그나마도 三陟僉使는 영장을 겸임하고 있어서 해안을 방어하기에는 크게 부족하다는 것이었다.[61] 그러나 변란의 뒤끝이라 별다른 결론

---

58) 김우철, 앞의 책, 141~143쪽.
59) 『비변사등록』 영조 4년 3월 24일.
60) 方相鉉, 1991, 『朝鮮初期 水軍制度』, 민족문화사, 67쪽.

은 내지 못하고 각별히 주의를 환기하는 선에서 마무리되었다.

영조 6년(1730)에는 「束伍節目」이 반포되었다. 무신란의 경험을 바탕으로 해이해져 가는 지방군을 재정비하려는 목적에서 나온 조치였지만, 지나치게 원칙적이고 당위적인 내용으로 현실화하기 어려운 것이었다.[62] 특히 당시 속오군의 가장 큰 문제였던 兼役의 문제에 대한 별다른 대책이 마련되고 있지 못하고 있었다. 이후 지방군의 운영은 횡행하는 도적을 방어하는 치안 중심으로 변화하게 된다. 강원도의 경우도 예외는 아니었다.

영조 7년(1731)에는 강원 북부 지방에 횡행하는 도적들을 막기 위한 대책이 논의되었다. 강원감사를 지낸바 있는 李衡佐는, 淮陽·平康·伊川 등에 각각 獨鎭을 설치하면 좋겠지만 재정적인 어려움이 있으니, 회양과 이천의 수령에게 防守使의 이름을 주어 철원영장과 함께 각각 유사시에 信地를 지키도록 하자고 건의하였다.[63]

이러한 주장의 연장선상에서, 영조 21년(1745)에 具宅奎는 좀 더 구체적인 대책을 제안하였다. 강원도에 審理使로 나갔던 具宅奎는 鐵原에 防禦使를, 伊川의 防墻에 僉使를 설치하는 등 강원도 북부의 방어를 강화해야한다고 건의하였다.[64] 이 건의에 대해 1년여의 검토를 거쳐, 이듬해 비변사에서는 회양·평강·이천의 세 고을을 防守使로 할 것, 춘천의 방어영과 철원의 진영을 맞바꿀 것, 안변의 永豊에 첨사를 설치할 것, 伊川에 토포영을 설치할 것 등을 제안하여 영조의 허락을 얻었다.[65] 한편 삼척영장을 강릉으로 옮기는 문제나 通川·歙谷·高城 등을 회양의 관할 아래로 하자는 등의 구택규의 건의는 긴요하지 않다 하여 받아들이지 않았다.

---

61) 『비변사등록』 영조 4년 5월 1일.
62) 김우철, 앞의 책, 199쪽.
63) 『비변사등록』 영조 7년 2월 10일.
64) 『英祖實錄』 21년 4월 14일.
65) 『영조실록』 22년 6월 12일 ; 『비변사등록』 영조 22년 6월 9일.

이때의 조치는 강원도의 지방 군제에 대한 대대적인 변화의 내용을 담고 있어 주목되지만, 특히 방어영을 철원으로 옮기고 춘천은 대신 진영으로 한다는 조항이 주목된다. 처음 춘천에 방어영을 설치한 이유는 서울에서 가깝다는 것이었지만, 철원은 더욱 가까우며 또 회양·이천과 같은 요로를 절제하기에 용이하다는 것이었다. 한편 이러한 조치는 당시 번성하던 明火賊에 대한 대책이기도 했다.[66] 춘천에서 철원으로 방어영을 옮긴 것도 도적들을 다스리기 위한 목적이 있었고, 영풍에 첨사를 설치한 것, 도적들의 소굴인 이천에 토포영을 설치한 것 등도 모두 마찬가지 이유에서였다.

이에 따라 우선 절목을 마련하고 邑號를 縣監에서 府使로 회복시키는 등 철원 방어영에 대한 제도적 뒷받침을 마친 후,[67] 곧이어 회양을 防守使로 하고, 이천·평강·통천·고성·흡곡을 防守將으로 하는 조치와,[68] 영풍에 鎭을 설치하는 조치,[69] 이천에 討捕營을 설치하는 조치[70] 등이 후속되었다.

영조 36년(1760)에는 강원감사에게 가족을 데리고 부임하는 것을 허용하는 대신 원주목사를 겸임하게 하였다. 이에 따라 원주목사가 겸하던 中營將 및 討捕使는 橫城縣監에게로 이속되었다.[71] 한편 감영 中軍이 다른 도의 예에 의해 討捕使의 일을 겸해 맡게 되었다.[72]

18세기 들어와 속오군의 운영이 제대로 이루어지지 못하면서 정부에

---

66) 한상권, 1992, 「18세기 前半 明火賊 활동과 정부의 대응책」『韓國文化』13.
67) 『비변사등록』영조 22년 12월 6일, 「江原道鐵原防禦使節目」; 12월 12일 ; 『영조실록』22년 12월 9일.
68) 『비변사등록』영조 22년 12월 17일, 「防守使節目」; 『영조실록』22년 12월 17일, 「關東嶺隘防守節目」
69) 『비변사등록』영조 23년 2월 7일.
70) 『비변사등록』영조 23년 2월 16일.
71) 『비변사등록』영조 36년 1월 13일, 「江原監營眷率節目」.
72) 『비변사등록』영조 36년 5월 19일 ; 37년 12월 5일.

서는 새로운 병종을 신설하는 대안을 마련하는데,[73] 그것은 騎兵을 중심으로 하는 특수 兵種의 신설과 牙兵과 같은 수령 친병의 설치로 나타났다. 특수 병종의 경우 『典錄通考』를 보면 강원도에는 別武士와 勸武士의 병종이 확인된다. 일찍이 현종 10년(1669)에 창설했다고는 하나, 인원이나 내역이 밝혀져 있지는 않다.[74] 『輿地圖書』에도 별무사의 내역이 보이는데, 감영에 모두 815명이 있었다.[75]

한편 강원도에서는 수령 뿐 아니라 감영 단위의 아병도 창설되고 있는데, 강원도에 있던 수어청의 군사를 획급 받아 마련한 것이었다.[76] 그러나 양역변통논의가 진행되면서, 아병 명색은 일차적으로 규제의 대상이 되었다. 강원도의 경우, 도내의 속오군을 감사와 방어사가 나누어 거느리므로 감영에 따로 아병을 설치할 필요가 없다는 것이다. 아울러 原州에 설치된 아병까지 혁파해야 한다는 주장도 제기되었다.[77]

正祖代에 들어와서는 강원도 關防의 중요성이 다시 논의되었다. 정조 2년(1778) 강릉부사를 마치고 돌아온 승지 柳義養은, 표류한 일본인들이 유독 강릉·삼척 지역에만 정박하는 사실을 환기시키며 大關嶺을 중심으로 한 방수대책을 건의하였다.[78] 그러나 별다른 조치가 후속되지는 않았다. 대체적으로 正祖代 이후 조선의 지방군제는 실질적으로 허설화되는 것으로 이해된다.[79] 속오군에 대한 조련은 요역동원을 위한 절차로 변질되고, 속오군의 구성원은 급속하게 천예화하였다. 강원도의 지방군제도 이러한 전국적인 흐름에서 예외로 남아있지 않았다.

---

73) 김우철, 앞의 책, 184쪽.
74) 『典錄通考』 兵典, 軍制.
75) 『輿地圖書』 江原道, 監營, 軍兵.
76) 『승정원일기』 숙종 34년 2월 26일 ; 『비변사등록』 숙종 34년 2월 27일.
77) 金昌集, 『夢窩集』 권6, 「陳西路民瘼箚」 ; 『숙종실록』 39년 윤5월 2일.
78) 『정조실록』 2년 12월 23일.
79) 김우철, 앞의 책, 215~239쪽.

5. 맺음말

강원도의 지방군제는 진관체제를 기반으로 성립되었는데, 임진왜란을 거치면서 척계광의 병법에 의한 속오군이 성립되었다. 속오군의 조련을 위해 설치되기 시작한 영장제도는 진관체제를 대체하는 조선후기의 지방군 통수체제로 자리 잡았다. 시대에 따라 조금씩 다르지만, 대체적으로 강원도에는 좌영·중영·우영의 세 진영이 있었는데, 그것은 조선전기의 세 진관을 완전히 대체하는 것이었다. 그 가운데 삼척의 영장은 전임 영장으로 파견되었으며, 수군도 관할했다.

17세기는 대외적인 긴장이 높아가는 시기였으며, 이에 따라 지방군제도 강화되고 있었다. 전임 兵使가 없었던 강원도에서는 춘천부사에게 방어사를 겸임시킴으로써 병사의 역할을 대신하게 하였다. 효종대에 복설된 영장제도를 계기로, 강원도의 지방군제는 방어사-영장체제로 확립되었다. 17세기 강원도의 지방군은 수도권 방어를 위한 중앙군을 보완하는 역할도 수행하였다. 원주진은 계속하여, 철원진은 시기에 따라 수어청에 소속됨으로써 수도권 방어의 한 축으로 등장하였다. 즉 지방군적인 측면과 중앙군적인 측면을 아울러 가지고 있었던 것이 이 시기 강원도 군제의 한 특징이라고 볼 수 있다. 이 시기 강원도에는 모두 5개 이상의 진영이 있었던 것으로 보이며, 민의 조련 부담도 증가하게 된다. 이에 따라 강원지방의 속오군에게도 삼남의 속오군과 유사한 잡역 감면 조치가 취해졌다.

18세기에 들어와 군사적 긴장이 완화되면서, 지방군제는 재편되었다. 춘천에 있던 방어영은 철원으로 옮겨지고, 대신 춘천에는 좌영이 설치되었다. 이는 외적에 대한 전략적 요소도 고려된 것이었지만, 근본적으로는 강원도 북부 지방에 횡행하던 도적들을 다스리기 위한 치안적 요소가 주된 것이었다. 속오군의 기능이 약화되면서, 강원도에는 별무사나 아병

과 같은 병종들이 신설되었다. 정조대 이후로 지방군제는 급속히 허설화
되었다.

제5장
李宗城의 지방 군제 및 군역 변통론

1. 머리말

李宗城(1692~1759)은 英祖代의 인물로 본관은 慶州이며, 字는 子固, 號는 梧川이다.[1] 숙종 18년(1692) 11월 13일 驪州에서 태어나 영조 35년 (1759) 1월 12일 서울 會洞의 사저에서 별세하였다. 宣祖 때의 名臣인 白沙 李恒福의 6세손이며, 영조대에 좌의정을 지낸 李台佐의 아들이다. 한편 영조대에 영의정을 지낸 李光佐는 이태좌와 8촌이니 이종성은 이광좌에게는 9촌 조카가 되며, 역시 영조대 영의정을 지낸 洪致中에게는 甥姪이 된다. 이태좌와 이광좌는 모두 당대 少論의 영수에 해당하는 인물이었으며, 홍치중은 老論으로 영조 초반 탕평파의 중심인물이었다.[2]

이종성은 숙종 37년(1711)에 이미 進士가 되었지만, 大科는 비교적 늦은 영조 3년(1727) 윤3월 그의 나이 36세가 되어서야 급제하였다. 급제는 늦었지만 이후 이종성은 淸要職을 두루 거치며 벼슬살이를 하였다. 급제한 지 넉 달 만인 7월, 전례 없이 아직 分館되기도 전에 侍講院 兼說

---

1) 이종성의 생애 및 관직 이력은 이종성의 문집인『梧川集』부록의「年譜」와『英祖實錄』등 연대기자료를 참조하였다. 이하 특별히 필요한 경우 이외에는 일일이 전거를 밝히지 않았다.『오천집』은 한국고전번역원(구 민족문화추진회)에서 영인·간행한 韓國文集叢刊을 대본으로 하였다.
2) 鄭萬祚, 1983,「英祖代 初半의 蕩平策과 蕩平派의 活動」『震檀學報』56, 44쪽.

書에 임명되어 논란을 초래하고,[3] 11월에는 현직 翰林이 아닌 참하관으로는 처음으로 肅宗實錄廳의 낭청에 임명되는[4] 등 이종성의 벼슬길은 출발부터 파격적이었다. 12월에 弘文錄에 포함된 뒤, 이듬해인 영조 4년 (1728) 1월에 弘文館 正字에 임명되면서 이종성은 그의 관직 생활 전반기의 대부분을 차지하는 儒臣의 길에 들어섰다.

이후 이종성은 홍문관을 중심으로 관직 생활을 하였다. 홍문관의 관원 자격으로 주로 經筵을 출입하면서 활약했던 이종성의 가치는 그가 다른 자리로 옮겨 갔을 때 더욱 부각되었다. 영조 5년(1729) 4월 兵曹佐郎을 거쳐 京畿都事에 보임하였던 이종성에 대한 인사는 사간원에 의해 문제로 지적되어, 담당 銓官이 推考되고 도로 이종성을 홍문관으로 불러들이는 조처가 있게 되었다.[5] 이종성이 홍문관의 관직을 주로 맡았던 것은 우선 그의 儒學 실력이 주변에서 인정되었기 때문이지만, 이종성을 인정한 이는 누구보다도 영조 자신이었다. 영조 6년(1730) 8월에는 잠시 安城郡守에 임명되어 외직으로 나가게 되는데, 이즈음 영조는 이종성이 홍문관 典翰으로 승진되지 못한 것에 대한 불만을 넌지시 드러내기까지 하였다.[6] 博士와 副修撰·修撰으로부터 副提學에 이르기까지 홍문관의 관직을 두루 섭렵한 이종성은, 이후 承旨 및 大司諫·大司憲과 같은 최고위 臺諫職과 공조·형조·예조·이조 등의 判書를 거친 뒤 영조 28년(1752) 6월에는 左議政에 올랐다. 여러 차례의 사직 끝에 謝恩肅拜한 직후 곧 領議政에 올랐지만, 끝내 사직한 이종성은 결국 이듬해 체차되고 判中樞府事와 領中樞府事로 관직 생활을 마감하였다.

초년에는 주로 유신으로, 중반 이후에는 각종 요직을 섭렵한 이종성의

---

3) 『영조실록』 3년 7월 21일 ; 29일 ; 9월 25일.
4) 『오천집』 부록 권1, 「연보」.
5) 『영조실록』 5년 4월 27일 ; 5월 10일.
6) 『오천집』 부록 권1, 「연보」 ; 『영조실록』 6년 8월 11일.

관력에서 눈에 띄는 점은 각 지방의 御史나 監司로 자주 나가게 되었다
는 점이다. 처음 이종성이 어사로 파견된 것은 벼슬길에 나아간 지 몇
달 되지도 않은 영조 4년(1728)이었다. 4월 戊申亂 직후에 嶺南의 안집어
사에 임명되었는데, 역시 참하관으로서 어사를 맡는 것은 전례가 없는
일이라 하여 논란이 되기도 하였다.[7] 이 역시 이종성에 대한 영조의 신
임에서 비롯된 것이었다. 직전의 무신란 과정에 淸州가 함락되었다는 소
식을 들은 영조는, 즉시 張鵬翼과 이종성을 입시하게 한 적이 있었다.[8]
장붕익은 당시 摠管으로 訓鍊大將 등을 역임한 적이 있었던 무신이었으
므로 비상한 시국에 불러들이는 것이 자연스러울 수 있지만, 등과한 지
겨우 1년 안팎의 젊은 문신을 위기 상황에 호출하였다는 것은 이종성에
대한 영조의 평소 신임이 두터웠다는 점을 알 수 있게 한다. 또 영조 5년
(1729) 함경도에 水災가 나자, "어사의 소임은 이종성이 아니면 할 수 없
다."는 지시와 함께 영조는 이종성을 咸南慰諭安集御史로 임명해 내려
보냈으며,[9] 소임을 마치고 홍문관에 돌아온 이종성에게 회포를 표현한
詩를 직접 지어 내려주기까지 하였다.[10] 이듬해인 영조 6년(1730)에도
다시 北路監賑御史로 나아갔으며, 영조 7년(1731)에는 1월에는 평안도
에, 11월에는 경기도에 각각 어사로 파견되었다. 또 영조 8년(1732)에도
果川에 어사로 파견되어 진휼 상황 등을 염찰하였다.

　또한 일시적으로 파견되는 어사 이외에 지방의 수령이나 감사 등 외
직도 여러 차례 역임하였다. 영조 5년(1729)에 경기도사, 영조 6년(1730)
에는 안성군수를 잠시 맡았던 이외에 영조 8년(1732)에는 정3품 당상관
인 通政大夫로 승진하면서 廣州府尹으로 나가게 되었다. 영조 18년

---

7) 『영조실록』 4년 4월 14일 ; 『오천집』 부록 권1, 「연보」.
8) 『영조실록』 4년 3월 18일.
9) 『영조실록』 5년 윤7월 21일.
10) 『영조실록』 5년 11월 22일.

(1742)에는 公洪監司를, 영조 21년(1745)에는 平安監司, 이듬해에는 咸鏡
監司를 각각 맡았으며, 영조 26년(1750)에는 開城留守와 守禦使 겸 南漢
留守를 지냈다. 이와 같이 이종성이 여러 차례 방백을 맡았던 지방은 주
로 군사적으로 중요한 지역이었고, 군제에 대한 전문성이 발탁의 배경이
되었다.[11]

　당시는 군제 및 군역의 변통이 가장 큰 현안이 되고 있던 시절이었다.
顯宗・肅宗代를 거쳐 오랫동안 논의되던 양역변통논의는 결국 영조대의
오랜 논의를 거쳐 영조 26년(1750)에 균역법으로 귀결되었는데,[12] 이종
성은 바로 그 논의가 진행되던 당대에 조정에서 중요한 역할을 담당하던
인물이었다. 균역법에 대해서는 시행 당시부터 오늘날까지 그 한계성이
지적되는데,[13] 그 배경을 살펴보기 위해서는 당대 인물들의 군제・군역에
대한 다양한 시각 및 논리를 살펴보는 것이 필요하다. 이종성은 그러한
의미에서 여러모로 살펴볼 가치가 있는 인물이라고 판단된다. 이종성은
소론 명문가 출신으로 자신도 영의정까지 올랐던 인물로서, 유학에 대한
조예가 깊은 유신으로 영조의 총애를 받았을 뿐만 아니라, 지방의 관직

---

11) 이종성이 평안 감사에 임명될 당시의 상황에서 이를 확인할 수 있다. 『오천집』
　　부록 권3, 「연보」 "先是左相宋寅明奏曰 西路軍制城池 最宜留意 而軍制尤不可
　　放過 道臣當擇送矣 遂以公首擬受點 是日適入侍 上敎曰 西路軍制 盡托於卿矣".
12) 조선후기의 양역변통논의 및 균역법으로 귀결되는 과정과 관련해서는 많은 논저
　　가 있는데, 정연식과 송양섭의 연구사 정리가 참조된다. 정만조와 정연식이 개설
　　서에 실은 글에도 그 과정이 잘 요약되어 있다. 정연식, 1987, 「조선후기 부세제
　　도 연구현황」 『韓國 中世社會 解體期의 諸問題(下)』, 한울 ; 송양섭, 2000, 「조
　　선후기 군역제 연구현황과 과제」 『조선후기사 연구의 현황과 과제』, 창작과비평
　　사 ; 鄭萬祚, 1997, 「양역변통론의 추이」 『한국사 32』, 국사편찬위원회 ; 정연식,
　　1997, 「균역법의 시행과 그 의미」, 같은 책.
13) 『영조실록』의 균역법의 시행을 다룬 기사의 사론에서 "均役이란 동쪽에서 쪼개
　　서 서쪽에 보태주는 것인데 근본은 버리고 끝만 취하니 更張의 이름만 있고 경
　　장의 실속이 없어 돌아서기도 전에 폐단만이 매우 컸으니, 슬픈 일이다."라고 지
　　적하고 있다. 『영조실록』 26년 7월 3일, "均役 破東補西 舍本就末 有更張之名
　　而無更張之實 不旋踵而爲弊甚巨 嗟夫".

을 두루 거치면서 체득한 풍부한 행정 경험을 통해 당대의 현안에 대한 현실적인 인식을 갖게 되었으며, 이를 바탕으로 군제 및 군역에 대한 여러 논의를 제기하였기 때문이다. 이종성의 군제 및 군역에 대한 입장을 살펴봄으로써, 균역법으로 귀결될 수밖에 없었던 사정 및 결국 근본적인 대책이 될 수 없었던 또 다른 배경을 확인할 수 있을 것이다.

2. 함경도 군제 변통론

이종성은 영조 22년(1746) 9월에 함경 감사에 임명되어, 10월에 감영에 부임하였다.[14] 이듬해 2월에 감영을 출발한 이종성은 5월까지 함경도 구석구석을 살피며 關防 및 軍政의 개혁 방안을 강구한 뒤 감영으로 돌아와, 함경도의 군제 현황을 요약하고 그 대책을 논한 '關北事宜疏'를 올렸다.

> 臣이 이번에 70일을 왕래하며 깊은 산골과 바다 끝까지 거의 모두 몸으로 직접 밟으며 눈으로 직접 보았습니다. 변방의 폐막과 정세도 널리 캐내어 물어보았습니다. 關防의 형편과 鎭堡의 연혁, 烽燧의 변통과 南·北兵營에 배치된 군병의 조련 시행이 마땅하지 여부에 대해서는 따로 장계를 갖추어 각각 나열하여 논한 바가 있습니다. 그러나 가장 지극한 걱정과 막대한 폐단은 軍에 정해진 제도가 없고 兵에 정해진 액수가 없는 것입니다. 만약 이제 와서 개혁하기를 불구덩이나 물에 빠진 사람을 급히 구하듯이 하지 않는다면, 비록 위에 아뢰었던 關防 등 네댓 가지 조처가 일마다 마땅하다고 하더라도 또한 시행할 곳이 없을 것입니다.[15]

이종성이 진단한 함경도 군제의 가장 큰 문제점은 軍制와 軍額이 정해지지 않고 있다는 것이었다. 그 배경은 국초의 五衛制가 임진왜란을

---

14) 『오천집』 부록 권3, 「연보」.
15) 『오천집』 권6, 「關北事宜疏」.

겪으면서 束伍法으로 바뀐데 있었다. 임진왜란 당시 초기 전투에 패배한 조정에서는, 평양성 전투에서 효과를 발휘한 明나라 戚繼光의 병법을 받아들였는데, 이를 속오법이라 하였다.[16] 그런데 속오법이 채용되는 형식이나 과정이 지역마다 차이가 있었다. 특히 함경도에서는 임란 당시에 오위제가 그대로 행해지면서 폐지되지 않았는데, 지휘관인 수령을 衛將으로, 僉使·萬戶를 각각 部將이라 칭했고 또 당시에 軍案에 실려 있던 武學·甲士·步兵·有廳軍·烽軍·日守 등의 명색도 모두 衛軍으로 통칭하고 있었다.[17] 그런데 인조 23년(1645)에 이르러 北兵使 金汝水의 장계에 따라 오위가 혁파되고 비로소 3명의 營將을 설치하였으며, 각 읍과 진보 소속의 위군도 모두 團束軍, 즉 束伍軍으로 편입하여 영장에 나누어 소속시켰다. 이에 따라 군안에 실려 있는 명색은 모두 속오군만 있게 되었다. 비록 때에 따라 위군 또는 속오군이라고 달리 불리는 적은 있었지만, 실제로는 모두 속오군이었다.[18]

다른 지역과 같이 속오군 체제로 유지되던 함경도의 지방군제는 肅宗代에 들어와 다시 바뀌게 되었다. 숙종 4년(1678) 監司 李元祿과 兵使 柳斐然이 연명으로 장계를 올려 다시 속오를 혁파하고 오위를 설치하였다. 그런데 이때의 개편은 엄격하게 보면 속오를 혁파하고 오위를 복설하였다고 보기 어려운 것이었다. 六鎭의 속오는 모두 혁파했지만, 鏡城과 明川·吉州의 속오 3천여 명은 이전대로 그대로 두고, 병영에 소속되어 있던 2천여 명과 함께 따로 하나의 營을 구성하는 체제였다.[19] 오위와 속

---

16) 金友哲, 2001, 『朝鮮後期 地方軍制史』, 景仁文化社, 21~30쪽.

17) 『오천집』 권6, 「관북사의소」, "國初軍制 皆用五衛 及至壬辰 始變爲束伍 而獨於北關則仍行不罷 如守令之各稱衛將 僉使萬戶之各稱部將是也 當是時也 兵案所載 只有武學甲士步兵有廳軍烽軍日守等名目 通稱爲衛軍而已".

18) 같은 자료, "及至仁廟乙酉 北兵使金汝水狀罷五衛 始設三營將 各邑鎭堡所屬衛軍 並皆編入團束 分屬營將 而兵案所載 亦只有束伍軍而已 雖衛軍 束伍軍隨時異稱 譬人之改名 實則一也".

19) 같은 자료, "逮至肅廟戊午 觀察使李元祿, 兵使柳斐然聯名狀啓 又罷束伍 更設

오군이 혼재되는 구조였던 것이다. 이후 숙종 8년(1682) 尹趾善이 감사가 되어 조정의 명령에 따라 군액을 조사했는데, 경성·명천·길주 3읍에는 그대로 남아있던 속오 이외에 새로 衛軍 3천 6백여 명이 추가 설치되어 있었고, 육진에도 오위 복설 당시의 원래 군액 이외에 2천여 명이 추가로 정해져 있었는데, 모두 海夫나 沙工, 土奴와 雇工이나 工匠과 같은 처지의 존재들로 그들의 원망과 고통이 표현할 수 없을 정도라고 하였다.[20]

영조 17년(1741)에 다시 속오를 혁파하고 오위를 복설했다고 했지만, 군제는 속오와 한결같다는 것이 이종성의 지적이었다. 이종성이 조사하던 당시 함경도의 군제 현황을 보면, 吉州에서 慶興까지 10읍 수령을 남북으로 나누어 각각 衛將이라 칭하고 있었지만, 僉使나 萬戶 등을 부르는 오위제 아래의 호칭은 따로 없었다. 오히려 統將과 領將, 旅師와 隊正, 伍將과 伍卒 등과 같은 오위법에 따른 호칭은 없고 千摠과 把摠, 哨官과 百摠, 旗摠과 隊長과 같은 속오 편제하의 호칭만이 남아있는 형편이었다. 陣法이나 편제를 모두 속오법을 사용하면서 바꾼 것은 營將의 호칭을 衛將이라 바꾼 것뿐이니, 이것이 바로 군제가 정해지지 않았다고 이종성이 지적하는 지점이었다.[21]

그렇다면 이종성이 추구하는 軍制는 무엇이었을까? 이종성에게는 營

五衛 而請以鏡城明川吉州束伍三千餘名 仍前勿罷 並與兵營舊屬二千餘名 以備一營之制 而六鎭諸邑之束伍 並請罷去矣".

20) 같은 자료, "其後壬戌 故相臣尹趾善爲監司 因朝令查鏡明吉三邑 則束伍仍存之外 加設新定衛軍三千六百餘名 六鎭諸邑 則五衛復設之時 元軍外加定二千餘名 而皆是海夫沙工土奴雇工諸邑工匠 其爲冤苦 有難平言".

21) 같은 자료, "今以見行之制言之 則自吉州至慶興十邑守宰 分爲南北 各稱衛將 而僉萬戶部將之稱則無存焉 五衛之法 五衛將部將之下 有統將領將旅師隊正伍將伍卒之稱 而今則只有千摠把摠哨官百摠旗摠隊長之名焉 本道五衛之規 初甚疎漏 觀於勝制方略可知 而今之復舊者 陣法隊伍 皆用束伍 形名號令 亦用束伍 所改者 只營將之爲衛將 而尙可曰軍有定制耶".

將이나 衛將과 같은 호칭이 중요한 것이 아니었다. 또 오위제와 속오제 어느 쪽이 더 낫다는 주장을 하려는 것도 아니었다. 이종성이 문제로 보는 것은 오위군과 속오군이 양립하는 상황, 즉 어느 쪽이든 통일되지 않고 뒤섞인 체제가 지속되는 것이었다. 숙종 4년에 오위를 복설한다고 하면서 경성 등 3읍에 속오가 존치된 상황, 게다가 오위가 복설된 육진에 2천여 명의 위군이 추가로 설치된 상황을 이종성은 더 심각하게 여기고 있었다. 또 이러한 상황이 조정의 통제를 받고 있지 않은 현실을 우려하였다.[22]

> 폐단의 근원이 한 번 열리니 온갖 거짓된 방법이 나옵니다. 크게는 병영에서 작게는 고을에서 사사로이 모입하는 문호를 넓히고 피역으로 나아가는 길을 여니, 세월이 점차 지나면서 한정이 없습니다.[23]

군제가 정해지지 않으면서 발생하는 더 큰 문제는 그것이 다시 군액의 증가를 초래하게 하는 현실이었다. 영조 20년(1744)의 軍案은 영조 10년(1734)의 군안보다 衛軍의 수효가 5천 명 가량 증가하고 있었다. 게다가 증가한 군액인 有廳軍·武學 등의 명색은 기존의 騎·步兵이나 甲士 등의 명색에 견주어 당장의 役 부담에 있어서 苦歇의 차이는 물론, 앞으로의 사회적 전망도 크게 달랐다. 기·보병이나 갑사가 營·邑에 소속되어

---

22) 같은 자료, "雖然用兵之要 在乎大將 將苟得人 以五衛之名 行戚家之法 何敵之不克 何戰之不捷耶 臣之所論 非在於營將, 衛將存罷之間也 壬辰以前 五衛行用則其軍爲衛軍焉 乙酉以後 束伍行用則其軍爲束伍軍焉 名目制度 各有所當 以逮至戊午 復設五衛 而衛軍束伍 仍以兩存 兵營爲衛將之將 而諸衛之軍 莫非所管則別設一營 仍存旣罷之軍 又何所據耶 鏡明吉三邑之仍存束伍 毋論如何 固是狀請之事 而六鎭盡罷之邑 又何以兩存而不罷耶 束伍之兩存 尙云不可 又何以加定衛軍 至於二千名之多耶 軍制之存仍 兵額之增損 其事至重 而廟堂不知 該曹不察".

23) 같은 자료.

각종 賤役에 종사하든가 관속의 보인이 되어 가렴주구를 받는데 비하여,
무학은 兼司僕을 거쳐 司果가 되면 속오의 군적에서 영원히 벗어날 기회
를 얻을 수 있었다. 이 때문에 토지와 農牛를 팔고 처자식을 품팔이시키
면서까지 4, 50필의 베를 마련해 무학이 되려 한다는 것이다. 이에 따라
무학의 자리는 나날이 늘어나고 기·보병이나 갑사의 액수는 나날이 비
게 되는데, 나날이 늘어나는 무학의 자리는 원래 정해진 액수가 없고 나
날이 비어가는 기·보병 등의 액수는 그때그때 대신하여 충정해야 하므
로, 三南에 비해 인구가 원래 드문 함경도로서는 閑丁을 수괄하기가 다
른 지역에 비해 열 배는 어렵다는 것이다. 게다가 위군은 본래 양역이라
公·私賤으로 충정할 수도 없어서, 종래에는 閑游하던 鄕族까지 충정하게
되니 그 원망이 지극하다는 것이었다.[24]

　이종성이 함경도의 군정을 변통할 대책으로 생각하고 있는 것은 무엇
이었을까? 군제와 군액이 정해지지 않고 있는 것이 함경도 군정의 가장
큰 문제점이라고 진단했던 이종성이었으니, 먼저 군제를 정하고 다음으
로 군액을 정해야 했다.[25] 그렇다면 그 구체적인 개혁 방안은 무엇이었

---

24) 같은 자료, "今以甲子軍案 比之於甲寅 則衛軍諸色之所加 十年之間 幾至於半万
矣 尙可曰兵有定額耶 雖使增額而無害於民 其紊亂厖雜 不可使聞於鄰國 況此所
增之數 俱是有廳，武學之窠 其視騎步甲士之類 苦歇懸殊 高下頓異 一轉而兼司
僕 再轉而爲司果 仍得永頉於束伍之籍 而騎甲之分隷於營邑者 或排番而立役 執
典涓之賤事 或作保於官屬 應無厭之誅求 雖賣田牛雇妻子 辦得四五十疋麻布 則
皆得其所欲 而次第陞補 武學之窠 自至於日增 騎甲之額 自至於日空 日增者初
無定數 而日空者輒得代充 摩天以北 人民本鮮 而頻年飢癘 死亡殆半 十郡之戶
不足當三南一大州 括丁之難 十倍他路 而所謂衛軍 又是良役 公私賤之類 不得
塡代 其勢自及於曾所閒遊之類 吉州，穩城之間 世代鄕族 有蔭後裔 擧皆不免
其疾痛愁寃 足可以上干天和 吉，穩兩邑 特取其寃甚者而言耳 十州之中 何處不
然 壬戌 道臣已言鏡明吉海夫雇工之寃苦矣 戊午之於壬戌 相去五年 而其弊尙然
況今七十年之久耶 三邑之弊 尙可軫念 況今十郡之同然耶 海夫雇工之寃 尙可愍
恤 況今鄕族有蔭之類耶 臣行之到列邑 牒呈面訴 皆是此事 觀其氣色 聽其言語
囂然無樂生之意 絶然有渙散之形 咫尺胡地 人和爲貴 愁怨如此 尙何恃".
25) 같은 자료, "臣之淺見有二焉 太上定軍制 其次定兵額也".

을까? 이종성의 제안은 다음과 같았다.

> 지금의 방도는 衛軍과 束伍의 명목을 모두 혁파하고 읍마다 馬兵과 步兵 몇 哨를 정하여, 평시에는 조련에 나아가고 난리를 만나면 적을 막는 데 쓰는 것입니다. 또 營屬과 邑屬 각각 몇 사람을 정하여 평시에는 심부름을 하고 난리를 만나면 手下의 親兵이 되게 합니다. 또 그 나머지는 鄕品과 閑散을 막론하고 모두 단속하는 城丁으로 편입시킵니다. 매년 京司에 付標하여 보고하는 규정을 혁파하고 연말에 代定을 兵使가 주관하되 式年마다 군안을 만들어 兵曹에 올려 보낸다면, 지난번에 운운했던 명목의 어지러움과 간폐의 번거로움이 일소되어 사라질 것이며 시행하는 데에 있어서도 방해되어 난처하게 될 염려가 없을 것입니다. 명령이 내린 뒤 각읍의 수령이 호적을 직접 점검하여, 有廳軍과 武學은 馬兵으로 만들고 騎·步兵과 甲士, 內奴·寺奴는 步兵으로 만들어, 營軍은 병영에 소속시키고 軍廳軍은 각읍에 소속시킵니다. 그 나머지 土兵과 日守, 工匠과 烽軍, 海夫 등의 각각 예전대로 하고, 이 밖의 나머지 숫자는 모두 城丁으로 삼는다면 어찌 간단하고 편리하며 행하기 쉽지 않겠습니까?[26]

기존의 속오나 오위와 같은 명색을 모두 없애고 마병과 보병으로 통합하자는 주장이었다. 營·邑에 소속된 吏奴들은 유사시에 친병으로 사용하고, 향품이나 한산 등은 城丁으로 편제하자는 것이었다. 위와 같이 군제를 정한 뒤에 군액을 조정하자는 주장이었다. 또 이종성은 스스로 몇 가지 반론을 예상하고, 그에 대한 대답도 준비하고 있었다. 먼저 先王의 遺制인 오위가 그나마 관북에 존재하고 있었는데, 이번에 혁파한다면 그 정신이 사라질 것이라는 주장에 대해, 이미 오위는 인조대 이전부터 소루해졌다는 점, 그 뒤에는 衛將이라는 호칭마저 사라졌다는 점을 지적하면서 위군이라는 호칭이 비록 혁파되더라도 衛將이라는 호칭은 그대로 남겨두겠다고 하였다. 또 원래 오위의 규정이 양반과 상인을 막론하고 各衛에 분속시키는 것이었던 만큼, 이번에 새로 편제하는 城丁이 그러한

---

26) 같은 자료.

정신을 이어받는 셈이라고도 하였다.[27) 둘째로 법전에 규정되어 있는 軍兵의 歲抄를 유독 관북에서만 혁파하는 것이 불가하다는 반론도 예상하였다. 이에 대해 이종성은 관북의 특수성을 고려해야 한다는 입장이었다. 이미 육진은 貢賦도 군향으로 머물러두고 進上도 마련하고 있지 않으며, 公·私賤의 신공도 모두 면제하는 특수성이 인정되고 있었는데, 세초가 비록 법전에 실려 있다고 해도 앞의 경우와 輕重의 차이로 볼 때 충분히 고려해야 한다는 입장이었다. 또 京司에서 세초하는 취지가 잘못을 바로잡고 간사함을 방지하는 것인데, 衛軍이 법외로 증액되는 것도 바로잡지 못하고 병영의 私募屬이 증가하는 것도 막지 못했으니, 오히려 세초를 혁파하는 것이 근원을 막는 방도라고까지 하였다.[28)

이종성의 이 상소가 올라오자 영조는 비변사의 당상관과 이전에 南·北兵使를 역임했던 무신들을 입시하게 하고 상소 내용을 논의하였다.[29) 이 자리에서 訓鍊都正 張泰紹 등 前任 병사들은 대부분 변통의 필요성에

---

27) 같은 자료, "說者或曰 若是則五衛之法 只在於關北 而今又罷去 則先王遺制 蕩無餘者 非聖人存羊之義 臣對之曰 乙酉以前 五衛之疎漏 已論於上 若以將圖圖說 參照於制勝方略 則逕庭凸凹 不勝其多 古制之無徵 在當時已然 況自乙酉至戊午百年之間 並與其衛將之名而革去之矣 今則衛軍之稱雖罷 衛將之號自如 且所謂五衛遺規 在於毋論兩班常人 分屬各衛 卽其大者 今此城丁 正是古制存羊之義 在此而不在彼也".

28) 같은 자료, "或者又曰 軍兵歲抄 載在法典 獨於關北 何可罷去 臣對之曰 驟而論之 儘有然者 若加細察 有不足拘 何以言之 出粟未事上 以土産享上 亘古亘今 有土有民之所攸行 而獨於六鎭 貢賦則留作軍儲 進上則初不磨鍊 公私賤之有貢 卽東俗千年之法 而獨於六鎭 並許除減 歲抄付標 雖是法典 其視數者 豈無輕重之可言哉 況烽軍亦是歲抄之一 而曾因道臣狀聞而拔去之 朝家之特軫邊民 不盡拘以常格 此已權輿 況以事理言之 歲抄之必於京司磨勘 爲其正謬誤而防奸僞也 衛軍之法外增額 若是之多 而不爲之規正 頃年慶興武學之圖升者 見塞於本邑 而付票於兵曹 至於六人 若是者果何益哉 且兵營私屬之設創 自壬午 四十年來 數已三千五百矣 每年歲抄時 同錄於正案 若其革罷 則稱以作隊正軍 使不得動撓 臣於今行 與兵使相議 雖罷其未及錄案之二千餘名 而此路不防則北邊良丁殆無遺者 左右計量 惟有罷歲抄一事 寔爲塞源之道矣".

29)『承政院日記』영조 23년 6월 11일.

동의했지만, 工曹判書 金若魯 등은 폐단이 생길 것을 우려하며 옛 제도를 그대로 지키자고 주장하여 의견이 합치되지 않았다. 이에 영조는 "京外에 폐단이 생기는 것은 전적으로 법제를 자주 更張하는 데에서 비롯한 것"이며 "衛軍의 제도를 버리고 束伍의 명목을 취하면 혹시 고역을 피해 헐역을 따르는 폐단이 없지 않을 것"이라면서 승정원으로 하여금 군제에 대한 의견을 다시 충분히 검토하여 보고하도록 이종성에게 유시하게 하였다.[30]

영조의 지시를 받은 이종성은 다시 상소하여, 자신의 주장을 조목조목 개진하였다.[31] 먼저 이종성은 선왕의 법인 오위제를 혁파하는 것에 대한 조정의 거부감에 대해 해명하였다. 지금 폐단이 생긴 것은 애초에 祖宗朝에서 법을 만든 취지를 잃었기 때문이며, 따라서 지금은 軍民에 해를 끼치고 있으니 개혁해야 한다는 입장이었다. 처음 인조 때 오위를 속오로 변경시킨 것이 이미 선왕의 법을 준수하지 못한 것이었으며, 숙종대에 다시 오위를 회복했다고는 해도 속오제와 중첩되게 운영되었으므로 역시 선왕의 제도라고 볼 수 없다는 것이었다. 따라서 이를 변통하는 것은 당연하다고 하였다. 법제를 자주 경장하면 폐단이 생긴다는 영조의 지적은 옳지만, 현실은 그렇지 않다고 하였다. 또 "衛軍의 제도를 버리고 束伍의 명목을 취하면 혹시 고역을 피해 헐역을 행하는 폐단이 없지 않을 것"이라는 영조의 언급에 대해서는 영조가 오해하고 있음을 지적하였다. 지금 위군과 속오가 함께 존속되어 유지된 결과 고역과 헐역이 존재하여 사람들이 고역을 피해 헐역을 따르고 있으므로, 두 명색을 없애어 고헐이 생기는 원인을 제거하려는 것이지, 새로이 고역을 피해 헐역을

---

30) 같은 자료, "大抵京外弊端之生 專由於法制之數爲更張 此等更張之際 亦不無民心之動者 此則其不至此 而去衛軍之制 取束伍之名 若此之際 或不無避苦趨歇之弊 …… 章聞軍制一節 悉陳餘蘊之意 自政院 下諭于北伯".

31) 『오천집』 권7, 「祗承有旨 條陳軍制事宜疏」.

따르는 것을 여는 것이 아니라고 하였다.

이종성의 상소를 받은 영조는 비변사로 하여금 자세히 의논하여 보고 하도록 하였고,[32] 비변사의 당상관 등이 입시한 자리에서 다시 이에 대해 논의하였다.[33] 그런데 그 과정에서 비변사의 당상관들이 함경도의 군정 현황과 이종성의 상소 내용에 대해 제대로 이해하지 못하고 있는 점이 드러났다. 이종성은 속오와 위군의 명목을 혁파하고 마병·보병을 두자는 의견이었는데, 김약로는 이를 마병을 모두 없애고 步軍으로 만든다거나 위군을 혁파하고 모두 속오로 만든다는 식으로 이해하고 있었다.[34] 이는 지난번에도 영조가 잘못 이해했음을 이종성이 해명한 바가 있었던 점이었는데, 여전한 오해가 있었던 것이다. 결국 논의 결과, 감사가 병사와 상의하여 절목을 마련하여 올리도록 결정되었다.

8월 15일, 이종성은 北兵使 鄭纘述 및 육진의 수령과 吉州에서 회동하여 군제를 상의하고 절목을 만들어 올렸다.[35] 북병영 소관 10개 고을의 衛軍과 束伍軍 및 團束軍·營軍·軍廳軍 등 여러 명색을 모두 혁파하는 것이 주요한 내용이었다. 이는 고역과 헐역의 차이를 고르게 하고 액수를 정함으로써 번잡하고 문란한 폐단과 고역을 피해 헐역을 따르는 길을 없애려는 것이었다. 당초의 구상으로는 마병과 보병으로 나누었는데, 그 명칭을 바꾸어 마병은 武學, 보병은 壯砲라 하였다. 무학과 장포는 각각 소속처에 따라 營屬·邑屬·鎭屬으로 나누었다. 이 절목은 비변사의 覆啓를 거쳐 그대로 시행토록 하였다.

---

32) 『영조실록』 23년 7월 3일.

33) 『備邊司謄錄』 영조 23년 7월 17일.

34) 같은 자료, "工曹判書金若魯曰 北道馬兵步軍 不無良賤之別 而盡罷馬兵 竝作步軍 則民情 必有不便之端 北路雖多險阻 不宜於用馬兵 而以軍制言之 則只置步軍 而專廢馬兵 恐不當 今雖量減馬兵之數 移定步軍 而馬兵亦不當盡革 衛軍則自甲士正兵 爲流來良役 而束伍則公私賤 竝入之故 北人視以賤役 今若罷衛軍而盡爲束伍 則良丁 必不願入而謀避 此亦不可不詳審矣".

35) 『오천집』 부록 권3, 「연보」.

이상으로 이종성의 관북 지역 군제 개혁안의 내용과 그것이 제도화되
는 과정에 대해 살펴보았다. 이종성 개혁안의 핵심은 오위와 속오의 제
도가 중첩됨으로써 역의 부담에 있어서 고혈의 차가 발생하고, 군액이
증가함으로써 오는 폐단을 바로잡는 것이었다. 영조를 포함한 조정에 일
각에서는 현실에 대한 오해와 선왕의 유제에 대한 집착으로 개혁안에 대
한 부정적인 의견이 나오기도 하였으나, 이종성의 거듭된 설득과 요청으
로 개혁안은 빛을 볼 수 있었다. 그 과정에서 이종성의 현실적이며 적극
적인 입장을 확인할 수 있었다.

3. 騎·步兵 변통론과 反 戶錢·結布論

孝宗 말년부터 시작하여 肅宗代에 이르기까지 진행된 양역변통논의
과정에서 戶布·口錢·遊布·結布 등의 大變通을 지향하는 근본대책이 현
실적으로 어렵다는 사실이 드러나면서, 景宗 연간부터는 양역민의 현실
적 부담을 줄이자는 減疋論이 제기되었으며, 英祖 즉위의 양역변통론은
감필론을 중심으로 전개되었다.[36] 이후 균역법으로 이어지는 논의 과정
에서 이종성도 이에 대한 자신의 입장을 적극적으로 개진하였다.

영조 10년(1734) 4월 15일 召對를 마치고 다시 입시한 자리에서 영조
와 이종성은 1필로 役價를 감필하는 문제를 논의했는데,[37] 이 자리에서
이종성은 감필에 대해 부정적인 입장을 나타내었다. 먼저 軍額을 감축하
자는 주장을 예로 들면서, 과거에도 減額한 적이 있었지만 몇 해 지나지
않아 도로 증가하면서 隣族侵徵의 폐단이 다시 되살아났음을 상기시켰
다. 이어 1필로 감필하자는 논의도 백성들에게 실질적인 혜택이 될 듯하
지만 이를 가지고 양역의 문제를 해결할 수는 없으니 지금의 형편으로는

---

36) 정만조, 1997, 앞의 글, 149~152쪽.
37) 『승정원일기』 영조 10년 4월 15일.

변통하기 어렵다며, 변통할 수 있는 것은 각 지방의 긴요하지 않은 명색 정도라며 회의적인 입장을 피력하였다.[38]

양역변통에 대한 이종성의 입장은 같은 해 8월에 올린 '論時務箚'에서 보다 정리되어 개진되었다.

> 무릇 백성의 재력을 다하게 하여 백성의 가난을 초래하며 백성의 근심을 증가시켜 백성에게 해로움이 되는 것으로 良役보다 심한 것은 없습니다. 君臣 上下가 밤낮으로 애태우며 변통을 갖은 방법으로 생각하지만 끝내 어찌할 수 없는 데에 이르는 것은 모두 폐단이 생기는 근원으로 나아가 손을 써서 바로 잡지 못하기 때문입니다. 良丁에게 收布하는 데에 일정한 액수가 있으며, 온 나라의 需用에도 정해진 수효가 있습니다. 액수와 수효가 겨우 얼추 서로 비슷하여 늘 그것이 부족할까 걱정하니 군액을 줄이는 것이나 수포를 줄이는 것은 형세상 어찌할 수 없습니다. 이미 군액을 줄일 수도 없고 수포를 줄일 수도 없으니, 이른바 변통이라는 것은 도무지 시행할 수 없습니다. 장차 그들이 무너질 것을 서서 바라만 보고 위태로이 망할 것을 앉아서 기다리면서 구하지 않아야 하겠습니까? 진실로 신의 말을 채용하여 씀씀이를 아끼고 富를 쌓는다면 군액을 줄이고 수포를 줄이는 것에 무슨 의심이나 어려움이 있겠습니까?[39]

양역이 당시의 가장 큰 폐단이라는 점에 동의한 이종성은, 군액을 줄이는 減額이나 수포액을 줄이는 減疋 모두 현실적이지 못하며, 근원을 찾아 바로잡아야한다고 주장하였다. 그것은 재정 운용의 문제였다. 양역이 재정 운용과 밀접하게 연관되어 운영되는 이상, 재정 운용을 제외하고 양역의 문제를 논할 수 없다는 이종성의 현실적인 입장이 반영되어

---

38) 같은 자료, "卽今諸臣 皆以減下軍額爲言 而小臣則獨以爲減額則不可也 先王朝 暫爲裁減 而不數年 更加三之一 且丐乞流亡之徒 亦盡充丁 而纔以充補 俄又逃 故 隣族侵徵之患 實由此也 臣之愚料 以爲雖減軍額 匪久又當復舊 而至於一匹 之議 雖似爲實惠 亦不可以此 救良役侵徵矣 卽今事勢 實難變通 而所可變通者 不過各道各營不緊色目而已".

39) 『오천집』 권4, 「論時務箚」.

있었다. 재정에 해를 끼치는 세 가지 요인으로 奢侈와 養兵, 冗費를 지적하면서, 그 가운데 양병의 손해가 가장 크다고도 하였다.[40] 그와 함께 奢侈와 冗費의 문제를 길제 지적한 이종성은 뒤이어 騎·步兵의 변통 필요성을 제기하였다.[41]

우리나라의 收布軍 가운데 騎·步兵이 가장 많은데 규정은 가장 정돈되어 있지 않으며, 간사한 폐단은 가장 막기 어렵습니다. 대체로 1년 1차의 役은 본디 일정한 규정이 있어서 장부를 점검하고 징수를 독촉하는 일을 官長이 조사하여 점검하기 쉽지만, 이것은 그렇지 않습니다. 8當으로 分排하니 5년 4차로 多寡가 한결같이 않아 戶首와 保人이 현혹되기 쉽습니다. 또 1當 가운데에도 撥軍을 제하고 留防을 제하며 上番이 있으니 두서가 번잡하고 어지러워 깨달아 이해하기 쉽지 않습니다. 비록 1當이 모두 누락되더라도 갑자기 조사해내기 어려우니, 이것이 二軍色의 아전이 농간을 부리는 소굴이 됩니다. 지방으로 말하자면, 每當의 번차가 될 때마다 반드시 먼저 기일 3달 전에 牌를 내어 재촉하므로, 더러는 새로 거두는 몫으로 예전에 거두고 떼어먹은 수효에 대신 충당하고, 더러는 2當으로 3當의 기일에 나아가도록 정합니다. 심지어 1년에 두 차례 거두기까지 하니, 이것이 고을 아전들이 농간을 부리는 소굴이 됩니다. 納布로 말하자면 봄여름에 마련해 바치는 것이 가을겨울보다 갑절이나 어려우니 苦歇이 고르지 않습니다. 上番으로 말하자면 騎兵 1명이 保人 3명을 아울러 收布해서 오는데, 보인 각각 2필에 사람마다 後錢이 또 각각 반필이니 합하여 7필 반이 됩니다. 올라온 뒤에 6필을 衛將所 書員에게 바치고 당사자는 衛所로 돌아갑니다. 서원은 또 2필을 제하여 한 달에 2필의 삯을 주고 雇立합니다.[42]

---

40) 같은 자료, "事之害財者有三焉 一曰奢侈 二曰養兵 三曰冗費 養兵之事 其害殊甚".
41) 같은 날짜의『영조실록』기사에는 이종성의 상소 내용을 축약하여 소개하면서, 재정의 절감 문제만 언급하고 이하 기·보병 변통 문제는 싣지 않았다. 실록 편찬자의 판단이기는 하지만, 이종성의 양역변통론에 대한 입장이 군제나 군역 자체보다는 재정 운용 문제에 중점이 놓여있다는 일례가 될 수 있을 것이다.『영조실록』10년 8월 15일.
42)『오천집』권4,「논시무차」.

양역의 여러 兵種 가운데 가장 많은 수효를 차지하는 기·보병은 그 역의 부담 형식이 다른 병종과 달라 대표적인 不均의 예로 지적되었다. 番次가 1년 1차로 되어 1년에 한 차례 입번하거나 납포하는 다른 병종과는 달리, 기·보병은 모두 8개의 當으로 나누어 2개월을 1當으로 하여 입번하거나 2필을 바치도록 되어 있었다. 16개월마다 다시 번차가 돌아오니 12개월마다 번차가 돌아오는 다른 병종과 고헐에 차이가 있을 뿐만 아니라, 그 운영과정에 있어서의 폐단이 만만치 않았다. 이에 이종성은 기·보병의 양역 부담을 변통하는 대책을 제시하였다.

> 이제 경기도 하나를 덜어 내어 다시 달마다 배정하여 올라와 闕門과 禁門 등 京軍을 雇用할 수 없는 곳에 立番하도록 합니다. 그 나머지는 기병과 보병, 호수와 보인을 막론하고 한결같이 禁衛營 보인의 예에 따라 1년 1차의 役으로 정하고, 각처의 雇立은 서울의 신원이 확실하고 영리하여 심부름을 할 만한 자를 가려 뽑아서 한 곳에 영원히 정하여 書吏와 使令이 하듯이 품삯을 헤아려 줍니다. 그러면 이전의 허다한 간사한 폐단은 자연히 모두 방지될 것입니다. 5년 4차를 1년 1차로 개정하면 백성들의 마음에 반드시 원통하다고 일컫는 단서가 있을 것이지만, 지금 2필 가운데 그 반 필을 줄여주어 매년 1필 반을 바치도록 한다면 5년을 통틀어 헤아리면 전에 바치던 수효와 서로 비슷하게 될 것이며, 당장 또 반 필을 덜어 줄여주는 기쁨이 있고 철이 아니라 마련하기 어려울 걱정도 없을 것이니, 원망하고 고민하는 지경에 이르지 않을 것이 분명하며 경비의 여유도 몇 곱절에 이를 것입니다.[43]

경기도의 기·보병만을 서울에 올라와 입번하도록 하고 나머지 지역의 군병들은 다른 군영의 보인처럼 1년 1차의 역으로 바꾸어 납포하도록 하며, 서울에 거주하는 자들을 대신 고립하자는 제안이었다. 1년 1차의 역으로 바꾼다면 다른 군병과의 고헐의 不均에서 오는 문제나 운영상의 각종 폐단을 제거하고 재정을 넉넉하게 할 수 있다는 장점이 있었다. 다만

---

43) 같은 자료.

이 경우 기·보병 당사자들이 불만을 제기할 소지가 있었다. 기·보병은 8當으로 나누어 역을 부담하는 만큼, 16개월에 한 차례 역을 부담하였으니, 12개월에 한 차례 역을 부담하는 다른 병종보다는 조금 歇役이라고 볼 수 있었다. 따라서 1년 1차로 바꿀 경우 이들의 불만이 예상되었다. 이에 대한 대책으로 2필을 바치던 이들에게 반필을 줄여준다면 부담이 균일해질 수 있다는 계산이었다. 기·보병이 5년 4차의 역이라고는 하지만, 정확히 셈하면 64개월 즉 5년 4개월에 4차례 부담하는 셈이었으니, 한 차례에 2필을 바치면 64개월의 부담량은 8필이었다. 그런데 1년에 1필 반으로 개정하면 5년에 7필 반이 되고, 나머지 4개월의 몫이 정확히 반필이 되니 이전과 부담량은 같아지게 된다.[44]

　　이종성의 이 대책은 양역 변통을 철저히 재정 운용의 입장에서 경제적으로 접근하는 방법론이었다. 앞의 減疋 논의에 대한 입장에서도 확인했듯이, 이종성은 재정에 부담을 주는 양역변통론에 대해서는 부정적인 입장이었다. 이종성의 기·보병 개혁론은 그러한 이종성이 제기할 수 있는 가장 최선의 방법이었다. 기·보병 입장에서는 전체 부담량에는 차이가 없으면서, 운영상의 문제에서 비롯한 폐단, 즉 봄이나 여름 등 穀價가 비쌀 때 부담이 돌아온다거나 시기상의 차이를 이용한 아전들의 농간으로 인한 부담의 전가 등의 폐단을 방지할 수 있는 효과가 있었다. 조정의 입장에서는 전체 수포량에는 차이가 없이 운영상의 개선을 통해 재정의 여유를 보완할 수 있는 장점이 있었다. 다만 이종성의 이 견해는 대체적으로 1년에 2필을 부담하던 다른 병종과의 역가 차이의 문제점은 그대로 해결되지 못하고 남겨두었으며, 군사적인 측면의 고려는 없이 良役이 재정적인 측면에서만 다루어지는 한계도 지니게 되었다. 어쨌든 이종성이

---

44) 같은 자료, "騎步兵分八當 每二朔爲一當 納二匹矣 至十六朔爲一周 六十四朔
　　納八匹 六十四朔 爲五歲四朔 若改定爲一年一匹半之役 則五歲所納 當爲七匹半
　　而所餘四朔 又當爲半匹矣".

변통을 추구했던 기·보병의 역가는 결국 다른 병종과 동일하게 1년 1차에 1필역으로 감액되면서 均役法으로 수용되었다.[45]

戶錢과 結布가 유력한 양역변통 방안으로 거론되기 시작하던 영조 25년(1750) 6월 22일, 이종성은 '論新法書'라는 내용의 上書를 올려 그 폐단을 지적하며 강력하게 반대하였다. 먼저 호전에 반대하는 이유는 다음과 같았다.

> 무릇 戶錢을 행할 수 없는 그 이유가 넷이 있습니다. 하나는 고르지 못한 것이고, 둘은 모자라는 것이며, 셋은 田結의 부담을 증가시키는 것이고, 넷은 士夫의 마음을 잃는 것입니다.[46]

이종성은 중국의 예를 들며, 예로부터 戶別로 역을 부담케 할 때에는 戶의 貧富는 고려했지만 호의 인구는 따지지 않았는데, 지금 인구를 가지고 大·中·小·殘으로 구분하여 차등을 두어 돈을 납부하게 하는 것은 매우 고르지 못한 것이라고 하였다. 이는 호전이라기보다는 □錢에 가까운 것으로, 공평하지도 고르지도 않으니 행하지 못할 첫 번째 이유로 들었다.

또 경종 3년(1723) 良役廳을 세울 때의 歲入이 布로 계산했을 때 1백만 필이 훨씬 넘었는데, 지금 평안·함경도와 제주 등을 제외한 호수가 1백만 호에 불과하니 1호에서 2냥(=1필)을 거두어야 겨우 이전의 세입을 맞출 수 있다고 하였다. 그런데 大戶나 中戶에 비해 수효가 훨씬 많은 小戶나 殘戶를 등급에 따라 遞減하여 걷는다면 태반이 부족할 것이라고 하였다. 이를 호전이 불가한 두 번째 이유로 들었다.

또 우리나라 백성들의 부담은 전결과 호구 밖에 없는 현실인데, 이미 호구에 부과되는 명목의 역이 많은 상황에서 호전이 시행되면 예전에 호

---

45) 정연식, 앞의 글, 162쪽.
46) 『오천집』 권7, 「論新法書」.

별로 거두던 부담을 모두 없애야할 것인데, 결국 전결로 부담이 전가될 것이라고 예상하였다. 이를 호전이 불가한 세 번째 이유로 들었다.

마지막으로 궁핍한 양반이 많은 상황에서, 양반에게 역을 부과하기 어렵다는 것을 이유로 들었다. 공업이나 상업에 종사할 수 없는 상황에서 양반이 할 수 있는 것은 농업 밖에 없는데, 노복을 많이 두고 농업을 경영할 수 있는 양반은 백에 한둘도 되지 않는다고 하였다. 일반 농부처럼 몸소 농사를 지으면 곧 閑丁이나 勸農의 직첩이 나오니 그도 할 수 없다고 하였다. "나라에서는 차라리 小民의 마음은 잃을지언정 士夫의 마음을 잃을 수는 없다."라고 했던 張維의 말을 인용하며, 호전이 불가한 네 번째 이유로 들었다.

위에서 언급한 네 가지 큰 이유 이외에도, 현실적으로 장적이 문란하여 엄하지 않음을 호전 시행이 불가한 이유로 들고 있다. 호전을 시행하려면 장적을 바탕으로 해야 하는데, 거짓으로 호적으로 농간을 부리는 폐단은 기강이 바로잡히기 않으면 막을 수 없으며, 기강은 하루아침에 바로잡을 수 있는 것이 아니므로 어렵다고 하였다.

또 이종성은 戶布가 戶錢으로 바뀌게 된 상황에 대해서도 불만을 드러내었다. 軍布를 布와 錢으로 반반씩 받게 되면서 점점 돈을 중히 여기는 폐단이 초래되고 있는데, 전국을 통틀어 호구마다 돈으로 내게 한다면 더욱 그 문제가 심화될 것이라는 입장이었다.

이와 함께 이종성은 호전과 함께 유력한 변통 방안으로 거론되던 結布論에 대해서도 반대 입장을 개진하였다.

> 대동법에 쌀을 베로 바꾸는 규정에 베의 품질은 五升布 35尺에 쌀은 호남이 8두, 영남이 7두, 호서가 6두인데, 지금 비록 호서의 예로 말하더라도 1결에서 내는 것이 벌써 26두가 됩니다. 지금 결포를 더 부과하려는 것은 대체로 군포를 대신하려는 까닭인데, 지금 오승포 35척으로 훈련도감의 砲保와 여러 軍門 및 各衙門의 쓰이는 비용을 대신 줄 수 있습니까? 七升布 40척이 되지

않으면 내지 못합니다. 그런데 이 쌀 6두로써 마련해 낼 수 있겠습니까? 그 형세가 앞으로 2냥의 돈을 재촉해 징수할 모양인데, 그렇다면 평년의 쌀 10두가 아니면 마련하지 못합니다. 이로써 말한다면 1결에서 내는 것이 꼭 30두가 됩니다. 백성의 힘이 감당할 만한 지의 여부는 고사하고라도 王者의 정사에서 어찌 차마 이를 행하겠습니까? 논자들은 더러 '周나라의 兵車와 唐나라의 庸調가 다 밭에서 나왔으니, 지금의 田役은 古制에 비하면 그래도 헐한 편이다.'라고 말하고 있으나 주나라의 百畝와 당나라의 永業田이 모두 公田이고 백성의 私有가 아님을 전혀 몰랐던 탓입니다. 그 名義의 바르지 못함은 호전보다도 지나친 것이었으니, 이 한 대목만 가지고도 그것이 시행하지 못할 것임을 알 수 있습니다.[47]

대동법을 시행한 이후 加升과 三手糧을 포함해 이미 1결에서 20두 가량을 부담하던 현실을 지적한 뒤, 결포가 부과되면 1결에서 30두의 부담이 될 것이라며 부담의 과중함을 지적하고 있다. 중국의 경우를 들며 부담이 헐한 편이라는 주장에 대해서는, 중국의 경우는 公田이므로 私田이 대부분인 우리나라와의 비교는 적절하지 못함을 지적하였다. 실제로 軍制인 府兵制와 田制인 均田制가 밀접하게 결부되어 군역에 대한 대가로서 토지가 지급되는 중국과, 토지의 지급이 없이 군역에 대한 대가로서 保人을 지급하는 조선의 전결 부담을 동일시할 수는 없었다. 게다가 호전과 마찬가지로 결포도 세입에 대한 계산이 잘못되어 있음을 지적하였다. 면세전을 포함하여 86만 결인 6道의 토지에서 결당 1필씩을 내어도, 이전의 세입인 1백만 필에 14만 필이나 부족하다고 하였다.[48]

앞에서도 간단히 살펴보았던 것처럼 양역변통논의 과정에서 호전이나 결포론 이외에 減疋論도 강력히 대두하고 있었는데, 감필론의 문제점은

---

47) 같은 자료.

48) 같은 자료, "六道墾田之數 五十年來庚戌七十五萬結 爲最多 竝計各樣免稅十萬結 則合爲八十六萬結 每結 出布一疋 爲八十六萬疋 其不足於京外經費一百萬疋者 已爲一十四疋矣 況五十年一有之大豐 可期於每年乎 竝一疋計數之 軍布遠過於一百萬疋者耶 其多少之不相當者 又無異於戶錢矣".

감필로 줄어든 세입 부족분을 어떻게 메우는가 하는 문제였다. 이 당시
에는 1년 2필에서 1년 1필로의 감필과 함께 부족분을 전결에 돌리는 논
의가 제기되고 있었는데, 이종성은 역시 이에 대해서도 반대하였다. 양
역의 군포 1필을 줄이기 위하여 온 나라의 전결과 호구의 역을 모두 증
가시키는 셈이 되므로 결코 시행할 수 없다는 것이었다.[49]

이종성을 비롯한 많은 중신들이 반대하고,[50] 弘化門에 나아가 의견을
묻는 자리에서도 儒生들의 반대에 부닥치자[51] 영조는 결국 호전론을 거
두어들이고 양역가를 1필로 줄이는 減疋을 선택하여 시행하도록 명령하
였다.[52] 良役變通節目이 마련된 뒤 入侍한 자리에서 영조는 이종성에게
양역변통에 대한 의견을 물었다. 이에 이종성은 先父인 李台佐도 양역에
는 뾰족한 대책이 없다고 했던 말을 상기시킨 뒤, 자신은 호포를 시행하
지 않는 것이 긴요한 일이라고 여겨 상서했던 것이라고 해명하였다. 또
감필에 대해서는 아주 좋은 정책이라고 칭송하면서도, 감필로 줄어든 세
입 부분에 대한 항구적인 대책이 필요함을 지적하였다. 과거의 相臣 金
堉과 같은 자가 지금 정승 가운데 있느냐고 반문한 이종성은, 갑작스레
마련된 節目은 모래를 모아놓은 것처럼 허술하니 더욱 가다듬고 적당한
사람을 얻어서 조금도 폐단이 없도록 한 뒤에야 백성들에게 믿음을 얻을
수 있을 것이라고 강조하였다.[53]

---

49) 같은 자료, "或曰 良軍二疋之役 減其半爲一疋 一疋之代 則歸之於田結 此非加
賦也 …… 今爲良軍一疋之減 並增擧國結戶之役 其爲弊與招怨 大小輕重 果如
何哉".

50) 같은 날 우참찬 元景夏가 상서하여 戶布가 불가함을 논하였고, 헌납 金陽澤도
절목의 반포를 새해로 미루자고 청하는 등, 당시 추진되던 호전·호포론에 대한
반대가 줄을 이었으며, 이러한 반대론은 영의정 조현명의 지지를 받았다. 『영조
실록』 26년 6월 22일 ; 7월 2일.

51) 『영조실록』 26년 7월 3일.

52) 『영조실록』 26년 7월 9일.

53) 『승정원일기』 영조 26년 8월 4일. "上曰 良役變通何如 宗城曰 臣雖病伏田畝 而
亦嘗經意於國事矣 臣之先臣嘗言良役無善變之策 臣意以戶布之不行爲緊務 故

그동안 감필에 대해 부정적인 입장을 표명했던 것과는 달리, 이 자리
에서는 일면 감필에 대한 이종성의 입장이 바뀐 것처럼 보이지만 실상
그렇지만은 않았다. 무엇보다도 이 시기는 영조가 적극적으로 추진하던
戶錢論이 이종성 등에게 저지되어 무산되고, 차선책으로 감필이 선택된
시점이었다. 까닭에 호전론에 극력 반대하던 이종성이 영조의 면전에서
감필까지 반대하기는 어려운 상황이었다. 겉으로는 감필에 대해 긍정적
인 입장을 표하면서도, 그 대책에 대해 우려하고 있는 지점에 이종성의
의도가 있다고 볼 수 있다. 지금 金堉과 같은 재상이 있는가 하고 되묻는
부분에서, 당시 정책 입안자들에 대한 이종성의 불신을 확인할 수 있다.

기본적으로 이종성은 양역변통론에 대해서 회의적인 입장이었다. 변
통론이 한창 진행되던 과정에 호전론을 주장하던 호조판서 朴文秀에게
보냈던 이종성의 서신에서 그러한 입장을 확인할 수 있다.

> 良役이 반드시 나라를 망하게 할 단서가 될 것임은 어리석은 자나 지혜로
> 운 자나 할 것 없이 모두 알고 있는 것입니다. 백년 이래 군신 상하가 또 변통
> 할 방법을 생각하지 않은 것은 아니었지만 끝내 할 수 없었던 까닭은 잘 변통
> 할 방법이 없었기 때문이었습니다. …… 형님께서는 비록 늙은이의 말이라고
> 꾸짖으시겠지만, 삼가 양역은 없앨 수 없다고 생각합니다. 없애려고 한다면
> 도리어 이보다 심한 폐단이 생길 것이기 때문입니다. 이는 이른바 戶布·結
> 布·□錢 등의 사안을 가지고 일찍이 생각이 미치지 못한 것입니다. 구구하게
> 헤아려 생각한 바는 군액을 줄이는 데에서 나온 것에 불과한데, 이른바 군액
> 을 줄이는 것은 실로 눈[雪]을 지고 가서 우물을 채우는 격과 같습니다. 올해
> 군액을 줄여도 이듬해 逃故가 또 생길 것이니, 이와 같으면 또한 감히 입을

頃日陳書時 惟冀開廣聖心 卽爲轉回矣 今番減定 足以感動上天 信乎豚魚矣 至
於魚塩 不待人言 而斷自宸衷 出給均役廳 此實卓然之德也 然今雖減定 而若不
思鎭長之道 則他日將有欺民之慮 臣不知均役廳之所經度者果如何 而來年減布
之代 雖有經紀 來年以後則亦何以充補乎 卽今三公 果有如故相臣金堉者乎 平日
無講究之策 而卒然變更於數月之內 此豈可爲金科玉條乎 聞其節目 無異聚沙 臣
意則宜益加講磨 得人而任之 毫無後弊然後 可以頒布 取信於民".

열지 못할 것입니다.[54]

　이종성이 良役 변통에 회의적이었던 까닭은, 앞에서도 살펴보았던 것처럼 재정 운용에 부담이 될 것을 우려했기 때문이었다. 때문에 재정 운용에 부담이 될 수 있는 호포·결포 등의 대변통론에 반대하였다. 그렇다고 폐단을 외면할 수 없는 상황에서 이종성이 선택한 방법은 원칙적인 것이었다.

　　더구나 이전의 문란은 시켜서 한 것이 아닌데, 뒷날의 득실을 누가 맡을 수 있겠습니까? 오직 기강에 책임 지워야 하는데, 기강이라는 것은 하루아침에 받아 있을 수 있는 것이 아닙니다. 신이 이른바 비록 반드시 행하려 해도 행할 수 없다는 것이 이것입니다.[55]
　　이 때문에 아우의 지난 편지에서 임금의 마음과 나라의 기강이 근본이 되어야 한다고 했던 것은 이 때문이었습니다.[56]
　　진실로 그 근원을 추구하면 실로 경비를 쓰는데 절제가 없으며, 재정의 운용을 헛되이 낭비하는 데에서 비롯하는 것입니다.[57]
　　좋은 법제도 사람이 아니면 시행할 수 없습니다. 기강을 세우고 인재를 등용하는 것은 모두 전하에게 달려있습니다. …… 삼백년의 제도가 자세히 갖추어졌으니 지금 비록 변경할 수 없더라도, 오늘 한 가지 어려운 일을 행하고, 내일 한 가지 어려운 일을 거행한 연후에 많은 폐단을 없애버릴 수 있습니다. 백년의 잘못된 정사를 하루아침에 씻어버리는 것은 삐걱거려 어려운 법입니다. 진실로 그 輕重 大小를 참작하여 조금씩 행한다면 쉼 없이 그 공을 쌓을 수 있을 것입니다.[58]

　양역을 변통할 수 없는 절대적인 것으로 상정한 상황에서, 나라의 기

---

54) 『오천집』 권14, 「與寧城戶判書」.
55) 『오천집』 권7, 「논신법서」.
56) 『오천집』 권14, 「여영성호판서」.
57) 『오천집』 권4, 「논시무차」.
58) 『승정원일기』 영조 10년 4월 15일.

강을 세우고, 재정을 합리적으로 운용한다는 원칙적인 방안의 강조 밖에는 나올 수 없었다. 그러는 가운데 점진적으로 눈에 보이는 폐단을 바로잡아야 한다는 것이 이종성의 입장이었다. 이러한 이종성의 입장이 양역의 문제를 개혁하는데 한계가 있음은 분명한 사실이었다. 그러나 이러한 입장이 당시 조정과 유생의 대부분의 생각을 대변하고 있음도 엄연한 현실이었다. 결국 호전론 등의 변통론은 채택되지 못했고, 감필에 그에 따른 급대책을 마련하는 선에서 절충적으로 마련된 것이 균역법이었다. 그 과정에서 이종성의 제안이 일부 받아 들여져, 騎·步兵의 番次가 다른 병종과 같이 1년 1차의 역으로 통일되게 되었다.

4. 맺음말

李宗城은 少論 명문가 출신으로 영의정까지 올랐던 인물이다. 儒學에 대한 조예가 깊은 儒臣으로 英祖의 총애를 받았을 뿐만 아니라, 지방의 관직을 두루 거치면서 체득한 풍부한 행정 경험을 통해 당대의 현안에 대한 현실적인 인식을 갖게 되었으며, 이를 바탕으로 군제 및 군역에 대한 여러 논의를 제기하였다.

이종성은 관북 지역 五衛와 束伍의 제도가 중첩됨으로써 役의 부담에 있어서 고헐의 차가 발생하고, 군액이 증가함으로써 오는 폐단을 바로잡으려고 시도하였다. 영조를 포함한 조정에 일각에서는 현실에 대한 오해와 先王이 남긴 제도에 대한 집착으로 개혁안에 대한 부정적인 의견이 나오기도 하였으나, 이종성의 거듭된 설득과 요청으로 개혁안은 빛을 볼 수 있었다. 그 결과 北兵營 소관의 중첩된 군제가 武學과 壯砲의 병종으로 단순화되었다.

良役變通論이 전개되는 과정에서 이종성은 자신의 입장을 적극적으로 개진하였다. 그의 주장은 騎·步兵制의 변통론과 戶錢·結布에 대한 반대

론으로 요약된다. 그는 양역변통을 철저히 재정 운용의 입장에서 경제적
으로 접근하였다. 기·보병 변통론은 전체 歲入에는 차이가 없이 운영상
의 개선을 통해 재정의 여유를 추구하는 제안이었다. 한편 이종성은 戶
錢論과 結布論 등 양역 체제의 변경을 초래하는 大變通論에는 철저히 반
대하였다. 그 결과 나라의 기강을 세우고 재정을 합리적으로 운용한다는
원칙적이며 점진적인 대책 이외의 대안을 제시하지는 못하였다. 이러한
입장이 양역의 문제를 해결하는데 한계가 있음은 분명한 사실이었지만,
이러한 입장이 당시 조정과 유생 대부분의 생각을 반영하는 것 또한 사
실이었다. 결국 호전론 등의 대변통론은 채택되지 못했고, 기·보병의 番
次가 조정되는 등 이종성의 견해가 부분적으로 받아들여졌으며, 減疋에
따른 給代策을 마련하는 선에서 절충적으로 마련한 것이 均役法이었다.
양역의 재정적 측면을 중시한 이종성의 논리를 극복할 수 없었던 것이
균역법에 이르는 양역변통논의의 한계였으며, 아울러 당시의 시대적 한
계였다.

부 록

조선후기 私募屬의 실태와 성격

1. 머리말

조선후기에 들어서 가속화되어가고 있던 봉건적인 제 질서의 해체양상은, 특히 봉건사회의 다양한 측면으로부터 규정받고 있던 수취 체제에 있어서 더욱 극명하게 드러났다. 그 가운데 軍役 수취는 수취제도 일반이 가지는 제 특질에 더하여, 신분제의 운영원리에 의해 유지되며, 지배기구에 대한 개별적이며 직접적인 예속을 수반한다는 점에서 그 봉건성이 두드러지며 그러한 까닭에 봉건 질서의 동요현상과 밀접하게 연관되어 있었다.

군역수취의 동요현상은 특히 肅宗 연간에 왕조정부의 가장 큰 현안으로 등장하였는데 戶布論과 같은 군역제의 전면적 개선의 방향보다는 避役 행위의 봉쇄와 규정의 개량이라는 방향으로 귀결되었다.[1] 피역 행위의 봉쇄를 위해서는 피역의 중심지로 여겨지고 있었던 私募屬에 대한 대책이 요구되었는데 그것은 良役均一化 정책으로 나타났다.[2] 그러나 이러한 왕조정부의 대책이 근본적인 것으로는 될 수 없었다. 사모속이 歇役이라는 점에만 초점을 맞추어 役價를 헐역과 같이하는 減疋均一化 만을 이루어냈을 뿐 헐역의 형태로나마 사모속이 존재할 수밖에 없었던 본질적인 문제에 대한 해결이 없었기 때문이다.

私募屬은 왕조 정부에서 파악, 공인한 軍額 이외의 것으로서 京外의 각 관청 및 기관들이 각종 명목으로 良丁을 사사로이 募入하던 현상을

---

1) 金容燮, 1984, 「朝鮮後期賦稅制度厘正策」『韓國近代農業史研究(增補版) 上』, 一潮閣.
2) 鄭演植, 1985, 「17·18세기 良役均一化政策의 推移」『韓國史論』13, 서울대 국사학과.

이르는 것이다. 그 명목은 군역의 형태를 띤 것도 있었고 직역의 형태를 띤 것도 있었다. 사모속은 비록 중앙에서 공인하지 않았다는 의미에서 사사로운 것이었으나 그 수입은 각 衙門의 재정으로 충당되었으므로 반드시 사사로운 것만은 아니었다. 그러한 까닭에 사모속에 대한 왕조 정부의 대책도 사모속의 혁파등과 같은 적극적인 대책으로 일관할 수만은 없었다. 민인층의 군역으로부터의 이탈 현상, 이른바 피역 현상은 적극적인 방법으로서의 신분상승과 소극적인 방법으로서의 헐역으로의 투속 즉 사모속으로 분류되어왔다.[3] 그러나 이러한 분류가 엄격하고 절대적인 것이라고는 보이지 않으며, 두 가지의 경우 사이에는 일정 정도의 연결점이 있는 것으로 생각된다. 사모속의 경우, 주로 헐역으로의 투속에만 관심이 기울여져 후자의 예로 거론되어 왔지만 헐역인 동시에 신분상승의 통로로 이용되어온 사례가 빈번하게 나타나고 있으며, 헐역이 아닌 경우에도 신분상의 문제로 투속하는 사례까지 보인다.

본 논문에서는 均役法의 시행 전후, 사모속의 실태와 이에 대한 왕조 정부의 대책 그리고 그 추이를 살펴봄으로써 사모속이라는 현상이 갖는 역사적 성격을 추출해보고자 했다. 사모속에 관해서는 아직까지 본격적인 연구논문이 발표되지 않았으며, 그다지 주목되지도 않았다. 그 까닭은 지금껏 군역 관계 연구논문이 대부분 균역법의 성립을 둘러싼 제도적인 문제에 관심을 두어왔기 때문이며, 또한 균역법 자체도 減正의 문제에 초점이 두어져 균일화의 문제가 부각되지 못해왔다. 그러나 사모속의 문제는 그것이 지방 재정의 문제와 연결되면서 발생 확대되어 왔고 신분질서의 변동과 관계된다는 점에서, 그리고 그것이 군역수취의 형식으로 실현되었다는 점에서 조선후기의 사회변동과 조선후기 군역수취제의 동요 및 붕괴를 이해하는 데 있어서 중요한 의미를 지닌다고 여겨진다. 鄭

---

3) 김용섭, 앞의 논문.

演植의 논문은 균일화의 측면에서 균역법의 시행 문제를 다룬 것으로
서[4] 이에 비로소 사모속의 문제가 주목받기 시작했는데, 사모속이 균일
화 정책의 배경으로서만 자리 잡고 있을 뿐 그 자체의 실태에 대한 파악
은 미흡한 감이 있었다. 또한 金容燮의 경우에서 드러난 바와 같이, 사모
속을 혈역으로의 투속으로만 설정할 뿐, 사모속의 또다른 측면인 신분
변동과의 관계가 다루어지고 있지 못하였다. 본 논문에서는 사모속이 가
지고 있었던 신분변동과의 관계에 주목함으로써, 사모속이라는 역사적
현상의 실체에 한걸음 더 접근해 보고자 했다. 또한 사모속이 확대되고
契房이 등장한 배경을, 왕조 정부의 재정 정책과의 관련 아래에서 찾아
보고자 했다.

2. 사모속의 실태

1) 발생 원인

私募屬은 왕조 정부에서 파악, 공인한 군액 이외의 것으로서 京外의
각 관청및 기관들이 각종 명목으로 良丁을 사사로이 募入하던 현상을 이
르는 것이다. 이러한 현상이 사료에는 여러 가지로 표현되고 있는데, 투
속 주체인 민인들에 촛점이 두어질 경우에는 冒入이나 冒屬·投屬 등으로
표현되었고 운영 주체인 관청이나 기관에 초점이 두어질 경우에는 募入
이나 募屬 등으로 표현되었다. 募入이나 募屬이라는 용어는 조정의 공인
아래 행해지는 것도 포함하는 표현인데, 이러한 것에 대하여 사사로이
행해진다는 의미에서 私募[5]나 私屬[6]·私募屬[7]등으로 표현하기도 하였

4) 정연식, 앞의 논문.
5)『備邊司謄錄』영조 10년 1월 29일. "京外衙門及各邑 廣開私募名色多般".
6)『비변사등록』영조 14년 11월 8일. "海西各營鎭 私屬無節 民不能支堪".
7)『비변사등록』영조 35년 8월 9일. "慶州額外私募屬事 已爲論列於書啓中".

다. 본 논문에서는 기존 대부분의 연구자들이 사용해오던 私募屬이라는 용어를 사용하기로 하겠다.

　종래에는 민인들의 군역으로부터의 이탈 현상 즉 피역 현상을 적극적인 방법으로서의 신분 상승과 소극적인 방법으로서의 사모속으로 분류하여 왔는데[8] 이 한 분류에 일면 타당한 점은 있지만 한 가지 문제점이 존재한다. 그 문제점은 사모속을 단순히 경제적인 이유에서만 기인한 것으로 파악하는 것인데, 이는 피역을 두 가지로 분류하는 기준 자체가 이중적이라는 데에서 연유한다. 적극적인 피역 현상은 사회적인 면에 초점을 맞추어 신분 상승으로 파악하는 한편, 소극적인 피역 현상은 경제적인 면에 초점을 맞추어 헐역에의 투속으로서의 사모속으로 파악한 결과, 피역 현상이 일원적으로 설명되지 않고 있으며 또한 사모속이 갖는 역사적 의의도 상대적으로 축소되고 있다. 사회적인 면에서의 신분 상승과 경제적인 면에서의 헐역 투속 사이에는 일정 정도 연결점이 보이고 있으며 그것이 사모속을 통해서 표현되고 있다.

　사모속이 발생하게 된 원인은 크게 두 가지의 방향에서 생각해 볼 수 있다. 하나는 구조적인 문제로서의 조선후기 군역 수취제도가 지니고 있었던 여러 가지 특질로부터 접근하는 방향이며, 다른 하나는 사모속을 운영하고 그에 투속했던 당사자들의 입장으로부터 접근하는 방향이다. 앞의 경우에 대하여는 조선후기의 군역제를 다룬 많은 논문들[9]에서 언

8) 김용섭, 앞의 논문.
9) 조선후기 군역제에 관한 주요 논문으로는 다음의 논문 참조. 車文燮, 1961, 「壬亂 以後의 良役과 均役法의 成立」『史學研究』10·11합집 ; 朴廣成, 1972, 「均役法施行 以後의 良役에 대하여」『省谷論叢』3 ; 鄭萬祚, 1977, 「朝鮮後期의 良役變通論議에 대한 檢討-均役法成立의 背景-」『同大論叢』7 ; 1977, 「均役法의 選武軍官-閑遊者問題와 關聯해서-」『韓國史研究』18 ; 姜萬吉, 1979, 「軍役改革論을 통해 본 實學의 性格」『東方學志』22 ; 趙珖, 1981, 「實學者의 國防意識」『韓國史論』9, 국사편찬위원회 ; 金鎭鳳·車勇杰·梁起錫, 1983, 「朝鮮時代 軍役資源의 變動에 대한 研究-湖西地方의 경우를 중심으로-」『湖西

급되어왔으므로 별도의 논의를 전개하지 않고 논자들의 연구 성과에 의
존하겠다. 즉 군역 담당 신분의 고정화, 군액의 摠額制 운영, 役 부과의
不均 등이 그것인데 이러한 특질들이 당사자들의 입장과 맞물리면서 사
모속을 발생시켰던 것으로 보인다.

각급 아문이 중앙의 금령을 어겨가면서까지 사모속을 운영하게 된 이
유는 무엇일까. 그것은 각 아문의 재정문제와 밀접한 연관이 있으리라고
생각된다. 經費 自辦의 원칙이 관철되고 있었던 현실에서, 운영 경비의
염출방법으로 양정을 모입하는 일은 불가피한 일이기도 했다.

> 남한산성의 守堞軍官은 처음에는 정해진 액수가 없었습니다. 산성 인근
> 각 읍의 良丁으로 군역을 피하려는 자가 모두 투속하여, 쌀 몇 斗를 거두어
> 軍需에 보태어 씁니다.[10]

각급 아문이 재정적인 이유로 사모속을 운영했다는 사실은 또한 役價
의 균일화를 통해 사모속을 혁파하려했던 균역법의 시행 이후에 각급 아
문의 재정사정이 악화되었던 사실에서도 반증할 수 있다.[11]

또한 투속 주체인 민인들의 입장으로부터 그 발생 원인을 살펴볼 수
도 있다.

첫째, 경제적 측면에서의 설명이 가능할 것이다. 앞에서도 간단히 언
급한 바와 같이 役 부과의 불균에 따른 결과로 歇役과 苦役이 함께 존재
하고 있었던 까닭에,[12] 고역을 피해서 헐역으로 가는 避苦投歇 현상이

文化硏究』3 ; 김용섭, 앞의 논문 ; 西田信治, 1984,「李朝軍役體制の解體」『朝
　鮮史硏究會論文集』21 ; 정연식, 앞의 논문.
10)『비변사등록』숙종 37년 7월 9일. "南漢守堞軍官初無定數 山城隣近各邑良丁之
　避役者 率皆投屬 收捧米斗 補用軍需矣".
11) 이러한 사실은 국왕이었던 영조 자신이 인정하고 있었다. "傳曰 一自均役之後
　於京於外 比前用度苟艱者 多"『비변사등록』영조 28년 8월 23일.
12) 숙종 30년(1704)에 작성된『各營釐整廳謄錄』의「軍布均役節目」에 따르면, 水

자연스럽게 벌어졌던 것이다.

> 근년이래 혹은 牙兵이라 칭하고 혹은 屯軍이라 칭하며, 그 신역을 가벼이
> 하여 양정을 모입하는데 액수가 점점 많아져 한정이 없는 까닭에 양민의 고
> 통거리가 되었습니다. 2필의 役을 지는 자는 머리가 마르기도 전에 문득 모두
> 투속하여 閑丁이 도망하는 소굴이 됩니다. 각 고을이 僉丁하기 어려워 白骨徵
> 布하는 이유가 여기서 말미암지 않음이 없는 것입니다.[13]

당시의 군역가는 위의 기사에서 보듯이 대부분 1년에 2필을 납부하는
것이었으나 그보다 낮은 역가로 양정을 모입하니 민인들은 이에 다투어
입속하였던 것이다.[14]

또한 兼役이나 疊役을 피해서 사모속에 투속하는 경우가 있었다. 조
선후기 군역제 운영의 구조적 특질 가운데 하나로 지적된 군액의 총액제
운영은 군현 사이의 군액의 불균 현상을 초래했으며, 이에 따라 민인의
수에 비해 군액이 지나치게 많은 軍多民少 현상이 나타났다. 심지어 영
조 2년 충청도 保寧 지방에서는 良民戶가 4, 5백호에 불과한데 배정된
군액은 1,840여명에 이르기도 하였다.[15] 이 경우 군현에서는 강제로라도

軍·漕軍등 5色目이 3疋役이었고 司僕寺 諸員이 2疋半役, 騎·步兵, 京騎兵등 37
색목이 2疋役인 한편 定虜衛保·漁夫保등은 1疋役으로 각기 그 역가를 달리하고
있었다. 또한 같은 역가의 명색 사이에도 苦歇의 차이가 있었는데, 그 까닭은 납
부하는 면포의 품질 차이에서 연유하는 것이었다. 砲保와 樂工保·樂生保 등은
모두 2필역이었으나 여타의 2필역보다 고역으로 인식되었다.

13)『비변사등록』영조 즉위년 10월 21일. "近年以來 或稱牙兵 或稱屯軍 募入良丁
輕其身役 名額漸廣無有限節 故良民之疾苦 二疋之役者 生髮未燥 輒皆投屬 作
一閑丁逋逃之藪 各邑之難於僉丁 徵布白骨者 亦未必不有於此".

14) 헐역으로의 투속은 이상과 같은 역가의 차이 이외에도, 操鍊軍이나 上番軍의 경
우에는 근무 방식에 따른 차이, 그 밖에 附加錢의 有無 등에 의해서도 발생할
수 있으리라고 본다. 일례로 균역법 이후에도 豊德府의 司饔院 保人은 역가 6斗
이외에 自納에 따른 잡비가 4兩 7錢에 이르고 있는 사례가 있다.『비변사등록』
영조 41년 9월 8일.

할당된 군액을 배정하는 수밖에 없었는데, 그 결과가 바로 黃口僉丁 이나 白骨徵布 혹은 一人疊役 등이었다.[16] 또 지방군의 대종을 이루던 束伍軍의 경우에도 兼役은 일반화되어 있었다.[17]

역가가 헐한 역을 찾아 간다거나 겸역·첩역을 피한다는 의미 이외에도 賦役의 부담에서 벗어나려는 의도로 사모속에 투속하는 경우도 있었다. 이와 같은 경우는 다른 지역보다 부역의 부담이 상대적으로 많았다고 여겨지는 서울 부근의 지역에서 더욱 심하였다.[18] 軍官 등의 명목만 지고 있으면 모두 부역에 응하지 않아[19] 영조 8년 楊州牧使 李汝迪의 狀啓에 의하면 양주의 민호 총 17,006호 가운데 사모속에의 투속자를 포함한 각종 명목으로 부역에 응하지 않는 무리가 9,000여 호를 헤아린다 하였다.[20]

이 당시의 부역의 부담량에 대해서 구체적으로 살펴보지는 못했지만 아마도 군역의 부담에 거의 필적했던 것으로 여겨진다. 영조 13년의 사료에 양인으로서 속오군을 겸역하고 있던 자들을, 그 부담이 너무 크다 하여 속오군으로부터 면제시켜 주도록 하는 조치가 나오는데, 이에 대해 그 해당 양인들이 부역의 부담을 꺼려해 겸역으로부터의 면제조치를 번복토록 요청하고 있는 데서[21] 그 일단을 엿볼 수 있다.

둘째, 민인층의 사모속에의 투속 이유는 이상과 같은 경제적 측면의

---

15) 『비변사등록』 영조 2년 2월 4일.
16) 『비변사등록』 경종 3년 7월 6일.
17) 『비변사등록』 숙종 39년 4월 8일. "良民之爲束伍者 無非兼役 必無可以移定之人".
18) 『비변사등록』 숙종 39년 11월 5일. "外方閑良則爲避軍役 京中則爲免坊役 投屬漸廣".
19) 『비변사등록』 영조 5년 5월 7일. "各軍門所屬軍官各司上匠名額甚多 此等之類 皆是不應坊役者 些少坊民 獨爲應役 不能支存".
20) 『비변사등록』 영조 8년 1월 26일.
21) 『비변사등록』 영조 13년 12월 17일.

설명 이외에도 사회적 측면에서의 이해도 가능할 것이다. 조선후기에 들어와 양반층의 免役이 실질적으로 인정되게 되면서 군역은 상민층만이 부담하게 되는 것으로 인식되는 등 신분적 고정화 현상을 나타냈으며 이에 따라 군역은 천시되었다. 사모속에의 투속 이유를 헐역과 함께 천시되지 않는 것을 지적한 당시의 사료는 그러한 사정을 미루어 짐작할 수 있게 한다.

> 이른바 良軍은 2필을 수포하는데 그 役이 무겁습니다. 한번 軍保가 되면 그 자손에까지 미치니 그 이름이 천합니다. 각 아문과 각 영문의 역은 헐역이면서 그 이름 또한 천하지 않은데, 명색이 매우 많습니다. 사람들이 이것을 피해 저것으로 가니 그 추세가 그러합니다.[22]

그러면 사모속의 役으로 투속하는 민인들의 사회경제적 처지는 어떠했을까. 군역의 충정대상이었으므로 양반은 물론 아니었지만, 軍保로 천시되는 것을 꺼릴 정도의 처지, 즉 부유한 양민층이었다고 여겨진다. 사모속에 투속하는 민인들의 처지를 설명하면서 언급되는 '富實之民'이나 '有根着者' 등의 표현[23]이 그러한 사실을 입증해주고 있다. 물론 본 논문에서 당시의 신분구조와 그 변동에 대한 문제까지 해명하기에는 여러가지로 어려운 점이 있으나, 17세기 말~18세기초에 있어서 부농층의 성장에 관한 연구 성과를 원용한다면[24] 이 한 자료에 나타나는 '부실지민'이나 '유근착자' 또한 성장해가고 있었던 부농층의 모습으로 이해할 수도 있을 것이다.

---

22) 『비변사등록』 숙종 37년 7월 9일. "所謂良軍收布二疋 其役重矣 一入軍保累及子孫 其名賤矣 各衙門各營門之役 額歇而名不賤▨名色甚多 人之避此趨彼 其勢固然".
23) 『비변사등록』 영조 13년 4월 12일. "若其有根着好身手富實之民 則皆充於監兵營及本官雜色軍官 名目多端 不可勝數".
24) 김용섭, 1970, 「量案의 研究」 『朝鮮後期農業史研究 (Ⅰ)』, 일조각.

한편 이러한 부농층은, 헐역 혹은 천시되지 않는 것에 만족하지 않고 직접적으로 신분을 상승시키려는 노력을 전개해 나갔는데, 이러한 노력이 사모속을 통해서도 실현되고 있었다. 즉 사모속의 역종 가운데에는 한번 거치고 나면 자손대에까지 免役이 인정되는 것이 있었고,[25] 자손대에까지 면역이 인정된다는 의미는 작게는 군역으로부터의 이탈이지만 크게는 양인신분으로부터의 탈출, 곧 신분변동을 의미하게 되는 것이었다.

> 양민이 군역을 꺼려 군관의 명색에 들어가는 것은, 비단 고역을 피하고 헐역을 찾으려고 하는 까닭에서만이 아니고 그 뜻은 오로지 拔身을 꾀하는데 있습니다.[26]

그러나 이러한 신분 상승의 통로가 사모속의 일반적인 모습이라고까지 확대해석할 수는 없다. 이와는 대조적으로 신분 하강을 표현하고 있는 듯한 기사도 보이기 때문이다. 外方 각 營鎭의 군역 명색 가운데에는 軍牢・火兵・下典 등과 같이 관례적으로 公・私賤으로 충정하는 것이 있었는데[27] 헐역이라는 이유로 양인이 이러한 私賤軍 등에 모속하는 경우도 있었다.[28]

이상에서 나타난 바와 같이 사모속이 발생하게 된 원인을 당사자들의 입장에서 살펴보면, 각 관청의 경우에는 운영경비의 염출을 위한 재정적인 이유에서 사모속을 운영하였으며, 민인들의 경우 고역・첩역・부역 등

---

25) 哨官이나 旗牌官등의 軍官 명색이 그러했다. 『비변사등록』영조 11년 윤4월 26일. "水原之民 一經哨官旗牌官 則並與其子與孫而免役 故富實閑丁 則並百計投入 被定軍役者 皆是貧殘無依之類".

26) 『비변사등록』영조 37년 7월 27일. "良民之厭避軍役 投入於軍官名色者 不但專爲避苦趨歇 其意專在於拔身之計".

27) 『비변사등록』영조 23년 12월 20일.

28) 『비변사등록』영조 11년 12월 21일. "各軍門 多有私賤軍名色 此役較歇 故良人之冒屬於此者多矣".

을 피하기 위한 경제적 이유와 제한된 부분에서나마 부농층에 의해서 신분상승의 통로로 이용하려했던 사회적인 이유가 복합적으로 작용하여 사모속에 투속하였다.

2) 존재 형태

앞 절에서 살펴보았듯이 광범하게 존재하고 있던 사모속은 그 존재의 형태에 따라서 다양한 분류가 가능할 것으로 보인다.

우선 조정에서는 사모속을 두 가지 형태로 분류하였다. '額外'와 '新創'의 분류가 그것이다. 이는 그 명색을 조정에서 파악하고 있었는가의 여부에 따른 분류인 것으로 보이는데 즉, '액외'는 이미 조정에서 파악된 명색으로 그 액수가 다른 경우를 지칭하는 것이고, '신창'은 명색 자체를 조정에서 파악하고 있지 않은 경우를 가리키는 것이다.[29]

한편 우리는 운영의 주체였던 각 아문에 따라서 그 분류를 시도할 수도 있다. 사모속에는 군역 명색의 사모속과 함께 직역 명색의 사모속도 있었다. 물론 대종을 이루었던 것은 군역 명색의 사모속이었다. 우선 중앙의 군문에 속해 있었던 사모속에 대해서 알아보자. 가장 빈번히 사료에 등장하는 명색으로는 군문의 둔전에 屯軍이나 牙兵 등의 명목으로 모속하고 있는 경우이다.

> 각 軍門이 外方에 屯田을 설치하는 까닭은 대개 그 租賦를 취하여 軍餉에 보태려고 하는 것입니다. 당초 창설할 무렵에는 단지 屯長과 書員·庫子등 두 서너 사람을 두어 그 거두는 것을 살필 따름이었는데 근년 이래 혹은 牙兵이라 칭하고, 혹은 屯軍이라 칭하며, 그 신역을 가벼이 하여 양정을 모입하는

---

29) 『비변사등록』 영조 18년 10월 11일. "良丁成册 …… 額外加數及朝家所不知之名色 不可不盡數沙汰".

데…….[30]

둔전의 屯軍이나 牙兵의 명색으로 모속하는 예가 빈번해지자 조정에서는 둔전의 혁파까지를 논의하기에 이른다.[31]

그 밖에도 각 군영은 別破陳[32]·軍需保[33]·守堞軍官[34] 등의 명목으로 양정을 모입하기도 하였다. 또한 5군영과는 성격이 조금 다른 忠翊衛나 扈衛廳 등에서도 사모속이 발견되기도 한다. 충익위의 경우는 공신의 자제들이 입속하는 곳이었으나 민인의 피역처가 되고 있었고,[35] 호위청은 궁중의 호위를 위해 인조 1년(1623)에 설치한 것으로[36] 그 특성상 서울의 근교에 거주하는 자만이 입속할 수 있었는데, 坡州·交河·楊州 등 遠地에 거주하는 자들에 의한 사모속의 예도 나타난다.[37]

중앙의 군영뿐만 아니라 지방의 각 병영·수영 등에도 兵使의 親兵인 隨營牌[38]나 新選·旗手·軍牢 그리고 각양의 軍校·除番軍官 등으로 사모속하는 사례가 발견된다.[39]

---

30) 『비변사등록』 영조 즉위년 10월 21일. "各軍門之設置屯田於外方者 皆所以收其租賦 以補軍餉者也 當初創設之時 只置屯長書員庫子等數三人 使之看檢收捧而已矣 近年以來 或稱牙兵或稱屯軍 募入良丁 輕其身役"
31) 『비변사등록』 영조 5년 6월 22일.
32) 『비변사등록』 영조 5년 8월 25일.
33) 『비변사등록』 영조 2년 2월 25일.
34) 『비변사등록』 숙종 37년 7월 9일.
35) 『비변사등록』 영조 2년 5월 5일. "忠翊衛是一疋之役 故百姓之避軍役冒屬者甚多矣".
36) 『萬機要覽』 「軍政篇」 1, 扈衛廳.
37) 『비변사등록』 영조 12년 4월 13일. "扈衛三廳之設 蓋以國家有急 則欲其卽令守衛者也 軍官當以家在城中 或近郊者許屬 而不當混在於遠地者也 臣昨見扈衛廳軍官案 則或在坡州交河楊州等一二日地 此不但外方名色之漸廣 亦非扈衛之本意".
38) 『비변사등록』 경종 즉위년 9월 27일. "黃海兵營隨營牌 是兵使親兵也 …… 而以其身役稍歇之故 各邑謀避軍役之輩 多數投入於隨營牌 其間冒濫甚多 奸僞百出 誠爲寒心".

또한 지방의 監營에서도 군관 등 각색의 명목으로 양정을 모입하고
있는데, 숙종 37년 황해도의 경우 1필역의 감영 군관 등의 명색이 7만
여 명을 넘는다는 기록이 있으며[40] 군 단위의 '邑案'으로 투속하는 경우
도 생겨나고 있다.[41] 주목할 만한 것은 이러한 지방 아문의 사모속 현상
이 갈수록 확대되어, 균역법 이후에는 이 읍안 군액이 사모속의 대부분
을 차지하게 된다는 것이다.

한편 이상에서와 같은 군역 형태로의 모속이외에도 직역 형태로의 모
속이 있었다. 조선시대에 직역의 부담자는 군역에서 면제되게 되어있었
으므로 직역형태로 모속을 할 경우에도 물론 다른 군역으로부터의 침책
을 받지 않았다.

중앙아문의 사모속으로는 生徒·唱準·錄事·書吏[42] 등이 있었고 그 밖
에 각 역의 日守나 保率,[43] 각 陵의 守護軍이나 陵軍의 保人[44]·牧子[45]
등으로도 투속하였다. 또한 직역의 범주에 속할 수 있는 것으로 향교나
서원의 校生·院生이나 保率 등으로 투속하는 것을 들 수 있다. 保率의
경우는 물론이지만 원생이나 교생도 讀書人으로서 직역으로 인정되고
있었기 때문에 군역에 충정되지 않았다.[46]

---

39) 『비변사등록』 숙종 39년 4월 8일 ; 9월 19일 ; 영조 5년 6월 25일.
40) 『비변사등록』 숙종 37년 5월 20일.
41) 『비변사등록』 영조 34년 6월 3일. "道內陸鎭牙兵闕額 以鎭民子枝塡充 而其子枝
    之投屬邑役者 不能刷還 故僉丁無路".
42) 『左海經邦』「坤」良役. "凡今良民之投屬 其孔竅甚 以京各司言之 三醫司生徒
    校書唱準 各衙門軍官等役 是也".
43) 『비변사등록』 영조 5년 6월 22일.
44) 『비변사등록』 영조 16년 3월 13일.
45) 『비변사등록』 영조 25년 12월 16일.
46) 『비변사등록』 숙종 37년 7월 9일. "良民之縮 由於避役經竇之漸多 校生之額外冒
    屬 無有限數 畿甸嶺東嶺北 則冒屬不至甚繁 西路三南 則大邑校生動至數千 其
    他院生各募入之類 監兵營所屬朝家所不知之雜頉各名目 不勝其猥多 皆成避役
    之淵藪".

이상에서 살펴본 바와 같이 사모속의 명색은 중앙 아문의 하급관리로
부터 牧子나 驛의 日守에까지 존재하고 있었는가 하면, 군관이나 장교로
부터 牙兵·保率에 이르기까지 직역이나 군역을 막론하고 광범하게 퍼져
있었다. 그러면 이러한 사모속은 어떠한 경로를 통하여 운영이 되고 있
었을까.

각 아문은 '直定'을 통하여 그들이 모속시키고자 하는 양정의 액수를
확보해 나갔다. '직정'은 '직접 충정한다'는 의미인데, 闕額이나 새로 배
정되는 액수로 인해 군액에 변동이 생긴 경우 군현단위의 지방 행정체계
를 통해서 충정하도록 되어있는 원칙에 어긋나는 것이었다. 직정은 민인
의 일원적인 파악을 어렵게 한다는 점에서 조정으로부터 금지되어 있었
다. 그러나 실제로 직정은 금령에 구애받지 않고 행해지고 있었으며 현
실적으로 막을 수도 없었다. 왜냐하면 직정의 주체인 각 아문이 상급기
관인 까닭에 하급 기관인 군현에서 이들을 함부로 충정할 수가 없었기
때문이었으며[47] 이에 따라 조정은 제한적으로나마 직정을 인정하지 않
을 수 없었다.[48]

그러면 당사자인 민인들은 사모속을 어떻게 받아들였을까. 사모속의
조건이 경제적인 측면이든 사회적인 측면이든 그들이 그동안 부담하던
역에 비해 훨씬 유리했으므로 다투어 입속하였다. 군역 충정의 나이가
되기도 전에 대기하는가 하면[49] 노비가 贖良하기 전에 미리 헐역에 투속
하기도[50] 하는 등의 사료는 사모속에 대한 당시 민인들의 그러한 인식을

47) 『비변사등록』 숙종 37년 7월 9일. "每年朝家搜得良丁 非不多矣 而上司各衙門必
先占取 守令何所措手 而得塡闕額乎".
48) 『비변사등록』 영조 12년 2월 18일. "京衙門名目 或有自故直定者 今若守令本邑
代定 則各邑亦或難堪 如此之處 雖不得不直定".
49) 『비변사등록』 영조 10년 2월 7일. "大抵名之曰假丁案 無數充定 其役甚歇 各邑
謀免軍丁之類 視爲樂地 自在襁褓 圖屬中營 得一帖子之後 則本官不敢下問".
50) 『비변사등록』 경종 즉위년 9월 21일. "公私賤贖良後 例出補充隊 則屬本曹餘丁
矣 近來人心巧詐 擧皆厭避 贖良之前 必先投歇役".

보다 분명히 나타내준다 하겠다.

　이상에서 살펴본 바와 같이 사모속은 조정의 인식에 따라 혹은 운영 주체와 그 명색에 따라 다양한 분류가 가능하며 이는 사모속이라는 현상 이 광범위하게 존재하고 있었음을 나타내주고 있다. 각급 관청은 직정을 통해서 사모속을 행하고 있었으며, 민인들은 적극적으로 사모속에 투속 하였다.

3. 정부의 대책

1) 불인정론

　이상과 같이 광범하게 퍼져있었던 사모속에 대하여 왕조정부는 대책 을 강구하지 않을 수 없었다. 그로 인하여 왕조정부의 재정 수입이 크게 타격을 입게 되는 한편, 총액제 운영으로 인한 군액의 잔여분이 가난한 농민에게 집중되는 등 이른바 良役의 폐단을 가져왔기 때문이다. 사모속 을 당시 양역 폐단의 가장 큰 원인으로 지목하는 이유가 바로 여기에 있 었다.[51]

　그러므로 사모속에 대한 왕조정부의 원칙적인 입장은 사모속을 인정 하지 않고 혁파하는 것이었다.이와 같은 견해는 공식적인 군액을 '公'으 로, 그 밖의 사모속류를 '私'로 대비시키면서 私募屬을 혁파토록 했던 영 조의 언급에서 단적으로 드러난다.

　　假率은 사사로운 것이요 親騎衛는 公的인 것이다. 어찌 사사로운 것으로

---

51)『비변사등록』숙종 37년 7월 9일. "此弊之深 由於良民之日縮 良民之縮 由於避 役經竇之漸多 校生之額外冒屬 無有限數 …… 其他院生各募入之類 監兵營所 屬朝家所不知之雜頉各名目 不勝其猥多 皆成避役之淵藪".

써 공적인 것을 덮을 수 있겠는가. …… 假率을 일체 혁파토록 하라.[52]

이와 같은 사모속의 불인정론은 그 대책의 방법에 따라서 사모속을 직접적으로 겨냥한 직접적 대응과 정책적으로 사모속의 출현을 막으려 했던 간접적 대응으로 분류해 볼 수 있다. 직접적 대응으로는 일일이 사모속의 명색을 가려내어 혁파하고 모속자를 군액에 충정하는 査出및 汰定조치, 校生과 院生에 대한 考講의 실시, 直定 금지령의 申飭 조치 등이 있었다. 査出및 汰定 조치는 조정에서 사모속의 문제가 거론될 때마다 대책으로서 제시되던 것으로 이는 사모속에 대한 원칙적인 입장의 확인 이었다. 물론 조정에서도 사모속의 수입이 각 관아의 재정으로 충당된다 는 사실을 모르는 바는 아니었으나, 이로 인해 良役의 문제가 갈수록 심화되고 있었던 현실을 외면할 수는 없었다.

> 군액 충정의 어려움은 실로 이 것(私募屬)에서 말미암습니다. 각 관아의 需用을 비록 생각하지 않을 수 없으나 正軍의 白骨徵布의 폐단에 비하면 또 한 차이가 있습니다. 원컨대 각 도의 道臣들에게 일러 위의 각종 명목들을 모 두 혁파하소서.[53]

이러한 조치는 御史를 파견하면서 수행되기도 했고[54] 각 읍에서 새로 운 명색을 신설하거나 혹은 이미 만들어진 명색의 추인을 요청할 때 허 락하지 않는 형식으로 나타나기도 했다.[55] 새로운 명목을 허락하지 않는

---

52) 『비변사등록』 영조 40년 2월 18일. "假率私也 騎衛公也 豈可以私掩公 …… 假 率一體革罷".
53) 『비변사등록』 영조 12년 10월 27일. "軍額之難充 實由於是 營需官用 雖不可不 慮 比之於正軍白骨徵布之弊 則亦有間矣 臣願別飭諸道道臣 上項各樣名目 盡爲 革罷".
54) 『비변사등록』 영조 3년 11월 29일, 「湖西御史別單」.
55) 『비변사등록』 영조 9년 12월 22일. "卽今京軍 欲爲減額 則鄕軍尤何可新設乎 其 狀啓今姑置之可也".

것은 물론 군액의 증가를 우려하기 때문이기도 했으나, '新創'의 허락이
'額外'의 출현을 가져오는 등 사모속화할 것에 대한 우려 때문이기도 했
다.[56] 이와 같이 査出·汰定으로 얻어진 군액은 각 읍의 逃故 등을 충당
하는 데 쓰이기도 했고[57] 비변사나 병조의 餘丁으로 두기도 했다.[58]

　校生이나 院生의 경우 원래는 양반 직역으로서 군역의 충정에서 제외
되어 있었다. 이러한 이유로 서원·향교 등이 피역의 장소가 되어 많은
양정들이 그리로 빠져나가게 되었다. 실제로 숙종 때의 기록을 보면 羅
州의 경우 교생의 원액은 90명에 불과했으나 액외의 교생이 5천 명을 넘
는다고 했고, 定州의 경우 액외교생이 거의 만 명에 이른다고 했다.[59]
서술상의 과장을 감안한다고 해도 상당히 많은 액수가 양역에서 빠져나
가는 형편이었으므로 정부에서는 대책을 강구하지 않을 수 없었고, 이것
이 교생에 대한 考講의 실시로 나타났다. 고강에서 떨어진 落講者의 경
우 罰布를 걷기도 하고 군역에 충정하기도 하였는데, 숙종 41년에는 일
체를 충정하기로 결정하였고[60] 숙종 45년에는 서원의 원생에 대한 고강
도 함께 실시토록 하였다.[61]

　한편 조정은 상급기관의 直定에 대한 대책도 마련하지 않을 수 없었
다. 민인들의 사모속에의 입속 경로의 주된 것이 바로 직정에 의한 것이
었으므로 이를 막기 위하여 '直定禁斷事目'을 반포하기도 하고,[62] 직정의
금지를 大典에 명시하기도 하였다.[63] 실제로 직정 금지의 명령을 어긴

---

56) 『비변사등록』 영조 21년 5월 30일. "又出山尺名色 則軍額當增加 當此良役病國
　　之日 軍額無所減而反有創加 豈不重難乎 且前頭只爲各邑收布之資而無實效 如
　　除番軍官而已 終必有巨弊 不可不深慮矣".
57) 『비변사등록』 영조 4년 7월 16일.
58) 『비변사등록』 숙종 46년 4월 1일.
59) 『비변사등록』 숙종 37년 10월 28일.
60) 『비변사등록』 숙종 41년 10월 14일.
61) 『비변사등록』 숙종 45년 5월 3일.
62) 『비변사등록』 숙종 15년 1월 24일, 「各軍門軍兵直定禁斷事目」.

병사•수사 등이 파직되기도 하였다.[64]

　이상과 같은 사모속에 대한 직접적인 대응 이외에도, 정부당국은 정책적인 대응을 통해 사모속의 확대에 대처해 나갔다. 그것은 里定法의 申飭, 五家作統法•戶牌法 등의 강화, 軍案관리방법의 보완 등을 통해 이루어졌다. 里定法은 숙종 37년에 법제화된 것으로[65] 逃故 등 궐액을 포함한 군액의 충정을 里를 단위로 하게 한 것이다. 그것은 里를 단위로 군역을 책임지게 함에 따라 사모속으로의 피역을 자체에서 방지하고자 한 것이었다. 이정법은 오가작통법이나 호패법 등의 강화조치와 함께 짝을 이루어 논의되기도 했는데,[66] 오가작통법 역시 봉건적인 對民 파악의 일환으로 수시로 신칙되어왔으며 영조 초년에는 절목의 반포로 거듭 강조되었다.[67] 이 밖에 軍案의 관리를 강화하는 조치가 취해진다. 이는 직정의 금지를 위한 제도적인 보완책으로, 각 아문의 명부를 2부 만들도록 하는 조치였다. 한 부는 각 아문에 보관하되 한 부는 해당 읍에 보내도록 해, 궐액 등을 代定할 때에 上司가 마음대로 直定할 수 없게 하는 것이었다.[68]

　그러면 불인정론에 따른 이상과 같은 제반 조치는 실제적으로 어떻게 수행되었을까. 결론부터 이야기하자면 제대로 이루어질 수 없었다. 앞장에서 언급한 바와 같은 사모속의 발생 이유가 엄연히 존재하고 있었는데, 그것에 대한 근본적인 대책은 마련하지 않고 그 현상에만 주목해 취

---

63) 『續大典』「兵典」'雜令'. "各衙門收布色目充定時 必關由本道本官【京衙門直定者 啓聞論罪】 京各司不得直關於外邑".
64) 『비변사등록』영조 11년 12월 29일 ; 14년 10월 16일.
65) 『비변사등록』숙종 37년 12월 26일,「良役變通節目」. 이정법에 대해서는 金俊亨의 논문 참조. 김준형, 1984,「18세기 里定法의 전개－村落의 기능강화와 관련하여－」『震檀學報』58.
66) 『비변사등록』영조 5년 6월 12일.
67) 『비변사등록』영조 5년 7월 15일,「五家統法申明舊制節目」.
68) 『비변사등록』영조 6년 12월 27일.

해진 이러한 조치는 사모속의 소멸이라는 방향보다는 사모속의 음성적
인 확대라는 방향으로 작용하게 되었다.

査出·汰定 조치의 경우 애초부터 그 실태를 파악하지 못하는 경우가 많
았으며 이러한 현상은 지방에 있는 사모속의 경우 더욱 심하게 나타났다.

> 오늘날 백성의 근심거리는 양역의 문제가 가장 심한데, 서울의 경우에는
> 兵曹의 都案이 있어 조정에서 살필 수가 있으나, 지방의 경우에는 알 길이 없
> 습니다.[69]

또한 혁파의 명령을 받고도 이를 이행치 않고 그대로 두는 경우도 있
었으며,[70] 태정하기로 하였던 직역에 경아문이 직접 關文을 보내어 태정
을 중지시키기도 하였다.[71] 한편 이미 감액키로 하였던 액수를 해당 아
문의 요청에 따라 번복하는 경우도 많았다.[72]

直定도 금지 명령에도 불구하고 여전히 행해지고 있었는데, 앞의 예와
같이 태정 명령을 받고도 역시 법으로 금지되어 있었던 直關을 통해 그
조치를 무시하는 경우가 있었는가 하면, 일부의 경우에는 조정 스스로가
직정을 묵인 내지는 조장하기도 했다. 守禦廳과 摠戎廳은 그 군액의 궐
액을 소속 장교인 哨官을 통해 代定하였는데 물의가 일어, 각 읍에서 代
定토록 하자는 건의가 있었으나 받아들여지지 않았고,[73] 병조의 餘丁도

---

69) 『비변사등록』 영조 12년 10월 22일. "今日民憂 良役爲甚 京中有兵曹都案 廟堂
可以檢察 而外方則無以知之".
70) 『비변사등록』 영조 12년 8월 20일. "公洪監營 有戊申後軍官加設名色 曾因本道
御使書啓覆奏 使之革罷矣 其後無革罷事云".
71) 『비변사등록』 영조 21년 2월 8일. "交河郡守朴弼琦所報 以爲本郡所在觀象監生
徒鄭德重爲名者 因査正廳關文 汰定軍役矣 觀象監官員 直關於本郡 使之勿侵
云".
72) 경종 즉위년에, 書吏의 減額을 재고토록 요청한 宗廟署와 社稷署의 의견을 받아
들여 모두 감액하지 않도록 하는 조치가 나왔다. 『비변사등록』 경종 즉위년 12
월 17일 ; 18일.

여전히 직정이 행해지자 감사가 금지를 건의했으나 역시 받아들여지지 않았다.[74]

校生의 考講은 영조 때에 이르러서는 거의 유명무실해지는 것으로 보인다. 영조 3년 이후 거의 매해 흉년 등의 이유로 고강이 정지되며,[75] 고강이 실시되더라도 落講되는 경우는 거의 없었다.[76] 또 賑政의 일환으로 시행되었던 納粟 免講의 경로가 있어,[77] 실제적으로 고강이 사모속을 막는 효과는 없었던 것으로 보인다.

사모속에 대한 대책으로서 원칙적인 입장에서의 불인정론은 이상과 같이 사모속의 발생 원인을 도외시한 채 그것에 대한 처방을 시도한 것이었으므로 실현가능성이 희박했으며, 그러한 까닭에 새로운 대책이 마련되지 않을 수 없었다. 그것은 현실을 부분적으로 수용하는 입장으로서의 부분인정론으로 나타났다.

2) 부분인정론

불인정론이 사모속의 형성 배경이나 그 운영실태 등의 제반 조건을 고려하지 않은 채 다만 원칙적인 입장의 표현에 불과했기 때문에 현실성이 희박했는데 비해, 부분인정론은 그러한 현실적인 조건들을 인정하는 데에서 출발했다.

---

73) 『비변사등록』 영조 32년 2월 11일.

74) 『비변사등록』 영조 32년 8월 6일.

75) 영조 3년 이후 고강은 거의 행해지지 않고 있으며, 영조 10년 이후에는 고강의 정지가 연례적으로 나타나 실질적으로는 폐지된 것으로 볼 수 있다.

76) 숙종 37년의 기록에 경상도의 경우 落講者가 99인, 전라도의 경우 낙강자가 20인에 불과하여 고강의 책임자인 都事를 파직시키고 있다. 『비변사등록』 숙종 37년 1월 12일.

77) 『비변사등록』 영조 8년 12월 14일. "校生免講 隨其年限 參酌定數下去後 詢問情願 這這狀聞許施 而募得穀物 一邊添補於賑政".

영조 5년에 楊州牧使 梁廷虎는 총융청과 어영청 등의 牙兵이나 軍需保 등이 그 군문의 재정과 관련되어 있음을 지적하며 함부로 혁파하지 말 것을 청하고 있고,[78] 영조 12년에 형조 판서 宋眞明도 북한산성의 수첩군관이 산성의 유지 비용을 충당하는데 도움이 되고 있음을 들어[79] 일부의 액수는 그대로 인정할 것을 청하여 허가받고 있다. 査正 조치에서 드러난 사모속의 투속자들을 모두 충정할 경우 소요의 우려가 있다는 점[80] 또한 사모속에 대한 원칙적인 입장에서의 대책을 망설이게 하는 요인이 되었다. 한편 사모속이 비록 불법적인 것이기는 하나 그 부담액의 가벼움으로 인하여 민폐를 덜고 있다하여 사모속의 긍정적인 측면을 강조하는 견해까지 등장하게 된다.

> 지방 고을의 명색으로 비록 조정에서 알고 있지 못하는 것이라도 그 가운데에는 또한 민폐를 덜기 위하여 만들어진 것이 없지 않으니 湖南의 靑大竹軍과 같은 종류가 그러합니다.[81]

이상과 같이 사모속의 재정적 기능에 대한 인식과 함께 사모속이 널리 퍼져있어 이들을 모두 충정하기에는 곤란하다는 현실에 대해서도 왕조 정부에서는 인식하고 있었던 것이다. 더 나아가 투속 민인들에게 한정된 것이기는 하지만, 사모속으로 인해 민인들의 부담이 완화되고 있었다는 사실도 왕조 정부로 하여금 부분적으로 사모속을 인정하게 하는 조

---

78) 『비변사등록』 영조 5년 6월 22일. "摠戎御營諸屯牙兵軍需保等刷出充定事也 比與正軍有異 而亦係該廳需用 不可輕罷".
79) 『비변사등록』 영조 12년 3월 23일. "北漢有守堞軍官名色 …… 每名只捧身米六斗 補用於管城所需用".
80) 『비변사등록』 영조 1년 9월 11일. "各衙門監兵水營各郡各邑私屬之類 校院額外之生 …… 一朝盡爲汰定 則必有騷擾之患".
81) 『비변사등록』 영조 23년 12월 20일. "外邑名色 雖是朝家之所不知 而其中亦不無爲省民弊而創設者 如湖南之靑大竹軍是也".

건이 되었다. 따라서 이러한 현실인식으로부터, 불인정론에서 나타났던
혁파나 충정위주의 대책 대신에 그 명색들을 양성화하고 투속자들을 체
제 안으로 끌어들이는 대책이 마련될 수 있었다. 사모속 명색의 양성화
정책과 투속 민인들의 흡수 정책이 부분인정론이 시행한 대책의 두 축을
이룬다.

양성화정책은 군액을 査正할 때 드러난 사모속의 명색의 일부, 혹은
전부를 공식적인 군액으로 인정하는 정책이다. 영조 3년에 持平 李廷樸
은 상소하여 평안도의 사모속 실태를 보고하는 가운데, 監·兵營의 재정
적인 이유를 들어 절반의 액수를 양성화시킬 것을 건의하고 있으며[82] 영
조 25년 남한산성의 4斗 혈역 명목 대책에 대한 논의는 기존 명목을 그
대로 인정하는 것으로 귀결되었다.[83] 이와 같은 양성화정책은 사모속의
확대현상을 방관할 수는 없고, 그렇다고 현실적인 조건들을 외면할 수는
없는 처지에서 그 명목이나 군액을 인정은 하되 조정에서 그 실태를 파
악하고자 한 것이었다. 따라서 조정에서는 양성화조치를 취하면서 예외
없이 양성화된 명목을 成册할 것과 그 이후의 加定을 금지하는 명령을
내린다.[84] 사모속을 양성화함으로써 현실적으로는 사모속을 인정한 셈
이지만, 원칙적인 입장에서는 여전히 사모속을 인정할 수 없다는 입장이
이러한 조치에서도 드러난다.

투속 민인들의 흡수 정책은 투속 대상자들의 사회경제적 처지를 어느
정도 인정하면서 그들을 체제 안으로 흡수하려는 의도에서 시행되었다.
사모속에 투속한 민인들의 처지가 한결같지는 않았던 것으로 여겨지는
데, 이들 가운데 일부는 '富實之民'이나 '有根着者'로서 일정한 사회경제

---

82) 『비변사등록』 영조 5년 6월 22일, 「疏狀抄略覆啓別單」.
83) 『비변사등록』 영조 25년 4월 21일.
84) 『비변사등록』 영조 13년 4월 12일. "監·兵營及該邑收布軍官之類 自廟堂與道臣
相意 量定其額數 定額之外 雖一人不得加定 而如或有違越加定之弊 嚴立科條
痛加禁斷".

적 기반을 갖고 있었으며 따라서 함부로 충정할 수도 없었다.[85] 이들의 입속 명색은 주로 額外 校·院生이나 각종 군관 등이었는데, 정부는 이들을 일반 군역의 명목으로 충정시키는 대신 군관 등의 명목으로 흡수하려 하였으며, 납포 군관의 경우에도 그 역가는 일반 양역가보다 헐한 1필역이 대부분이었다. 앞 장에서 살펴본 바와 같이 사모속에의 투속 이유는 그것이 일반 양역가보다 헐역이었다는 점과, 다른 군역과는 달리 천시되지 않는다는 것이 주된 것이었는데, 1필역의 군관 명목은 그와 같은 현실을 인정하는 조치이기도 하였다. 숙종 37년에 韓城君 李基夏는 액외 교생 중 낙강 등의 이유로 납포하고 있는 자들의 납포를 면제해 주는 대신 군관등의 명목으로 흡수하면 이들이 즐겨 따를 것이라 말하고 있으며,[86] 숙종 42년에는 忠翊衛에 모속하여 있다가 적발된 자들이 소속 읍의 군액에 충당되지 않고 북한산성의 수첩군관으로 소속하는 사례가 보이기도 한다.[87] 이같은 조치는 비단 사모속 명목에의 투속자 뿐만이 아니라 中人·서얼·납속자 등 한유자층이라 불릴만한 계층 전반에 대해 시행하려 했던 것으로 보이는데, 영조 2년에 우의정 洪致中은 이들을 1필역으로 하여 수포하자는 건의를 하고 있으며,[88] 영조 5년에 경상감사 朴文秀는 幼學이나 忠義를 모칭하는 자들을 모두 충정하는 것은 소요의 우려가 있으니 군관의 명목으로 하여 수포할 것을 건의하고 있다.[89] 이러한 흡수

---

85) 이들은 신분적으로는 중간적 존재로서 閑遊者層을 형성하고 있었다. 조정에서는 이들이 군역을 모피하고 閑遊한다 하여 閑遊者로 인식하고 있었다. 이들은 양반을 冒稱하거나 사모속에 투속함으로써 군역 부담으로부터 이탈해 나아갔다. 한유자 문제에 관해서는 정만조, 金盛祐 등의 논고가 있다. 정만조, 1977, 「균역법의 선무군관−한유자문제와 관련해서−」『한국사연구』18 ; 金盛祐, 1990, 「17·18세기 前半 閑遊者層의 형성과 정부의 대책」, 고려대 석사논문.

86) 『비변사등록』숙종 37년 2월 15일.

87) 『비변사등록』숙종 42년 3월 13일.

88) 『비변사등록』영조 2년 3월 24일. "外方各邑中人庶孽及納粟之類 使之抄出成册 報本司 以爲收布一疋 俾侵徵隣族之弊矣".

89) 『비변사등록』영조 5년 6월 22일. "以爲軍保子孫 冒稱幼學 冒稱忠義者 殆半 一

정책은 양역변통논의에 있어서 遊布論으로 나타났으며, 이후 균역법의
시행에 있어서 選武軍官의 설치와 밀접하게 연관을 갖는다는 데에 그 의
미가 있다.[90]

그러나 이상과 같은 부분인정론은 사모속이 발생하게 된 원인을 제거
한다기보다는 그저 현실을 인정하는 선에서의 미봉책에 불과했으므로
한계를 가질 수밖에 없었고, 따라서 군역제의 모순은 더욱 심화되었다.
양성화조치의 경우 그것이 부분적이든 전면적이든 간에 군액의 증가라
는 결과를 빚을 수밖에 없었고, 軍多民少 등의 양역폐단은 오히려 증가
하게 되었다. 한편 투속민인들의 흡수정책 역시 1필역의 혈역을 정부 스
스로가 인정하는 셈이 됨으로써 役價의 苦歇 문제는 여전히 잔존하게 되
었고 따라서 사모속의 존재이유 역시 소멸하지 않았다.

3) 균역법으로의 귀결

사모속에 대한 불인정론은 그 비현실성으로 인하여, 부분인정론은 미
봉책으로서 오히려 모순을 심화시키는 등 모두가 실효를 거두지 못하였
다. 이같은 상황에서 대두된 것이 減疋論과 均一化論이었다. 이 두가지
논의는 거의 동시에 같은 논리로 거론되었기 때문에 減疋均一化論 이라
고도 불린다.

양역 수취의 문제가 심각한 동요현상을 일으키면서, 숙종 연간 이후에
계속되어온 양역변통논의는 戶布論이나 結布論 등 군역제의 전면적 개
편을 지향하는 大變通論으로 귀결되어[91] 거의 시행 단계에까지 이르지

道若盡充定 則騷擾可慮 盡罷各營募軍之名 移充闕額 別設軍官之號 以此輩處之
除番收布 則國無斂怨之慮 邑有充定之實 營無失布之患".
90) 遊布論의 자세한 내용과 그것이 選武軍官의 설치로 귀결되는데 대한 경위는 정
만조의 각주 85)의 논문 참조.
91) 정만조, 1977, 「조선후기의 양역변통논의에 대한 검토-균역법 성립의 배경-」

만 양반 지주층의 반대로 실현될 수 없었고, 그 대안으로서 제기된 것이
감필균일화론이었다.

균일화론은 양역의 폐단을 그 현상적인 측면에서의 사모속에 주목해,
헐역인 사모속의 역가와 양역가를 균일하게 함으로써 사모속에의 투속을
방지하려는 것이었다. 고헐의 차이가 존재하고 있는 것을 양역 폐단의 가
장 큰 원인으로 지목하고 있는 사료가 바로 이러한 입장을 드러낸다.

> 이른바 군역에는 騎·步兵, 御營保, 禁衛保, 餉保, 砲保등 여러 가지 명목이
> 있으며 그 밖에도 허다한 명목이 있습니다. 그 고헐과 경중이 각기 달라서,
> 1년에 거두는 포가 1필도 있고 2필도 있으며 3필을 거두는 것도 있습니다.
> 이러한 까닭에 富實한 민호가 헐역에 투속하니 貧殘한 민호는 모두 고역에
> 강제로 충정됩니다. 이로써 流散하는 무리가 줄을 이어 隣族이 그 피해를 입
> 으며, 物故가 있어도 代定할 수가 없어 여전히 포를 거두니 이것이 이른바 白
> 骨徵布입니다.[92]

조정에서는 일반 양역가와 사모속과의 역가를 균일하게 하여 사모속
에의 투속 이유를 제거하려 했으며, 그것은 실제로 양역 균일화정책으로
나타났다.[93] 양역 내부에서도 서로 다른 역가가 공존하고 있었던 현실을
바로잡아 일단 2필역으로의 통일을 도모하고, 나아가 1필 내외의 헐역이
던 사모속과의 역가차이를 없애려고 했던 것이다. 따라서 균일화론은 감
필론과 짝하여서 논의될 수밖에 없었다. 사모속의 역가를 일반 양역가인
2필로 균일화시키자는 주장도 있었으나,[94] 원칙적인 입장의 표명에 불과

　　『동대논총』 7.
92) 『비변사등록』 영조 3년 1월 11일. "大抵軍役 有騎步兵御營保禁衛保餉保砲保等
　　諸般色目 而其他亦有許多色目 其苦歇輕重 有萬不同 一年徵納之布 或有一疋
　　或有二疋 至有以三疋納者 以此之故 富民實戶 投入於歇役 貧民殘戶 皆勒定於
　　苦役 是以流散相繼 隣族受弊 物故之後 不得代定 而徵布如前 此所謂白骨徵布
　　者也".
93) 정연식, 앞의 논문.

할 뿐 현실성이 없는 주장이었다. 또한 감필론은 호포론, 口錢論 등이 모두 거부된 상황에서 군역제의 동요를 막기 위해서는 불가피한 것이기도 했다. 역가 2필의 부담은 그 자체로도 과중한 것이었지만, 疊役 등의 결과로 그 부담이 더욱 가중되었으므로 대개 2필씩을 거두던 군역가를 1필로 줄임으로써 민인층의 부담을 어느 정도 덜고 동요현상을 보이던 군역제를 안정시키려했던 것이다.

감필균일화론으로 양역변통논의가 귀결되면서 문제로 제기된 것이 감필에 따르는 감액분 만큼의 재정적인 보충책이었는데, 그 방안으로 제시된 것이 結米·隱餘結稅·海稅와 選武軍官布 등이었으며 이것이 균역법으로 수용되었다. 특히 선무군관포는 사모속에 대한 부분인정론 중에 제기되었던 중간계층의 흡수방안을 법제화한 것으로 의미를 갖는다. 선무군관은 士族도 아니고 有蔭도 아닌 사람 가운데 軍保로는 아깝고 軍官으로 적합한 자를 대상으로 삼고 있으며[95] 이러한 원칙은 선무군관 대상의 자격이 문제가 되자 軍保 子枝의 입속은 금지하고 中庶로만 자격을 제한하는 사례[96]에서 확인할 수 있다.

이상에서 살펴본 바와 같이 균역법은 감필균일화를 통해서 사모속을 소멸시키려고 한 조치였지만, 이 또한 성공할 수 없었다. 사모속의 역가가 헐역이라는 점에만 초점을 맞추어 감필균일화를 시도하였을 뿐, 사모속이 등장하게 된 근본적인 원인은 그대로 남아있었던 것이다. 담당 신분의 고정, 군액의 총액제 운영, 役 부과의 불균 등 군역제의 여러 특질과 각 아문 재정운영의 문제들이 해결되지 않는 한 사모속은 언제든지

---

94) 경종 원년에 持平 柳復明이 상소하여 그러한 주장을 하고 있다. 『비변사등록』 영조 5년 6월 22일, 「疏狀抄略覆啓別單」.

95) 『均役事目』 軍官 第五. "特設選武軍官名號 以非士族非有蔭 閑散中 可惜於軍保 加合於軍官之類 抄澤以定".

96) 『비변사등록』 영조 37년 8월 6일. "選武軍官 本以中庶中充額 都試賜第 以爲收拾人才之道矣 如以軍保子枝苟充 則當加定軍額 何必創置軍官名號".

재등장할 수 있었다. 실제로 균역법 이후 각 아문들의 재정이 곤란해졌다는 자료가 자주 눈에 띄며 곧바로 사모속이 다시 나타나게 된다. 이것이 바로 균역법의 한계인데 군역제의 문제를 사모속이라는 현상적인 측면에만 주의를 기울였을 뿐, 사모속이라는 현상이 군역제의 여러 가지구조적인 문제들과 재정적인 문제들로부터 기인한 것이라는 사실을 간과한 까닭이었다. 그것은 군역제의 전면적 개편을 지향한 호포론 등의시행이 이루어지지 못했던 상황에서 어쩔 수 없는 한계이기도 했다.

4. 추이 및 그 성격

1) 사모속의 확산과 계방의 등장

균역법이 사모속에 대한 대책이기는 했으나 그것 역시 사모속이 존재하게 된 근본적인 원인에의 해결책이 될 수는 없었으므로 사모속은 없어지지 않았으며, 오히려 균역법 이후에 더욱 확산되는 경향을 보인다. 균역법 자체가 군역제 모순의 해결에 있어서 미봉책의 수준에 불과하기도 하였지만[97] 한편으로 균역법이 가지는 재정적인 의미 또한 사모속의 확산을 불가피하게 한 것으로 보인다.

균역법은 조선 왕조의 재정 전반에 걸쳐서 강력한 중앙정부의 통제를 기도한 것으로,[98] 균역법의 시행 이후에 각급 관청은 재정의 운용에 있

---

97) 균역법이 가지고 있었던 한계는 그 당시에 이미 인식하고 있다. 균역법의 시행 직후 史臣이 그것을 평가하면서 "균역법은 동쪽을 떼어다 서쪽에 보탠 것이며 本을 버리고 末을 취한 것이다. 更張의 이름은 있으나 경장의 실속은 없다."라며 비판하고 있는데서 그러한 사실을 엿볼 수 있다. 『英祖實錄』 영조 26년 7월 3일. "史臣曰 …… 均役 破東補西 舍本就末 有更張之名 無更張之實".
98) 朴光用, 1985, 「蕩平論의 展開와 政局의 變化」『朝鮮時代 政治史의 再照明』汎潮社.

어서 커다란 어려움에 봉착하게 된다. 영조 29년에 수어청은 감필 후의
재정부족을 이유로 收米軍官 수천 명의 加定을 요청하고 있으며[99] 영조
33년에 掌樂院도 균역법 이후에 재정이 곤란해졌다는 이유를 들며 별도
의 給代策을 요구하고 있다.[100] 지방 재정의 경우에 사정은 더욱 심해지
는데, 황해도의 경우 균역법 이후에 재정 수요의 1/3 이상이 부족하게
되었다며[101] 대책 마련을 청하는 등 비슷한 요구가 끊이지 않고 있다.
균역법 이후 재정 사정의 곤란은 모든 관청에 공통적인 것으로 이는 영
조 자신도 인식하고 있는 사실이었지만,[102] 특히 지방 재정이 더욱 궁핍
하게 되었다는 사실은 大同米 地方 留置分의 격감현상에서도 추측해 볼
수 있으며[103] 균역법 이후의 給代가 지방에서는 거의 행해지지 않은 사
실에서도 알 수 있다.[104]

각급 관청의 재정부족 현상은 조정의 엄금에도 불구하고 사모속을
다시 운영하지 않을 수 없는 조건이 되었으며, 균역법이 실시된 지 채
2년도 못되어서 1필 이하의 헐역이 등장하는 것을 필두로[105] 사모속은
다시 광범하게 존재하게 되는데, 이는 재정부족현상이 극심했던 지방
에서 더욱 성행하게 된다. 영조 32년에 松都의 牙兵은 1兩 2錢의 헐역
(1疋=2兩)인 관계로 인근 長湍 등지의 민인들까지 투속하고 있으며[106]

---

99)『비변사등록』영조 29년 8월 24일.
100)『비변사등록』영조 33년 1월 18일.
101)『비변사등록』영조 41년 2월 26일.
102)『비변사등록』영조 28년 8월 23일. "傳曰 一自均役之後 於京於外 比前用度苟
艱者 多".
103) 安達義博, 1976「18~19世紀 前半の大同米・木・布・錢の徵收・支出と國家財政」
『朝鮮史研究會論文集』13.
104) 정연식, 1989,「均役法 施行 이후의 지방재정의 변화」『震檀學報』67.
105) 守護軍 官納保의 균역법 이전 役價는 米 6斗(布 1疋)였는데, 균역법 이후에 3
斗로 내려간다.『비변사등록』영조 28년 4월 1일.
106)『비변사등록』영조 32년 8월 8일. "長湍府使李所啓 …… 居民間 多有自願投屬
於松都牙兵之役 …… 松都牙兵則 每名各捧一兩二錢 本府良丁所納 乃爲二兩

영조 38년 北道에서는 假率·除番 등의 명목아래 역가 1兩의 사모속이 문제되고 있다.[107] 이같은 사실을 수치로써 증명해주고 있는 것이 다음의 표이다.

〈표 42-1〉에서 〈표42-5〉까지와 〈표 43〉에서는, 균역법 시행의 기초작업으로 완성되며 그 이후 군액의 기준이 되었던 『良役實摠』(영조 24년)의 外案付 군액과 영조 40년 무렵 각 지방의 읍지를 종합하여 편찬한 『興地圖書』 '軍兵'條의 外案付 군액을 비교함으로써[108] 균역법 시행 직후 지방에서의 사모속의 실태를 파악해보았다. 〈표 42-1〉에서 〈표 42-5〉까지는 각 도의 군현별로 집계한 것이고 〈표 43〉는 이를 종합한 것이다.

그런데 이러한 비교분석에는 몇 가지 한계가 있다. 즉 두 자료가 각기 동일한 기준에서 작성된 자료가 아닌데다가[109] 각 자료 자체에도 약간의 문제점이 있다.

零 故避苦趨歇矣".

107) 『비변사등록』 영조 38년 3월 17일. "以爲本道假率除番捧錢之數 營邑不同 監營則每名一兩 故良民之避苦役者 爭先投入 正軍僉丁之難 職由於此".

108) 두 자료의 京案付 군액은 거의 모든 지역에서 동일하게 나타나고 있다. 京案付 군액의 사모속 실태는 읍지류보다는 각 아문에서 작성한 고문서류를 분석함으로써 가능해지리라고 보이나, 본 논문에서는 살펴보지 못했다.

109) 『양역실총』에는 경안부로 파악되어있는 水軍과 燧軍이 『여지도서』에서는 외안부로 파악되어 있다. 또한 속오군의 경우 『양역실총』의 통계에서는 제외되어 있으나 『여지도서』에는 포함되어 있다. 이 표에서는 통일성을 기하기 위하여 『양역실총』의 기준에 맞추어 『여지도서』 외안부의 통계에서 수군과 봉군 그리고 속오군은 제외했다. 한편 湖南의 경우 『여지도서』에 '束伍'의 항목이 보이지 않는데, 이 통계에서는 '步軍隨率'이라고 나타난 항목을 束伍로 간주했다. 다른 지방의 경우에도 속오가 흔히 '束伍步軍'이나 '束伍步軍隨率'이라 표현되고 있으며, 또한 '步軍隨率'의 액수가 다른 지방의 속오 액수와 거의 비슷한 점으로 보아 속오로 파악할 수 있다.

〈표 42-1〉 충청좌도 외안부 사모속 실태

읍명	양역실총	여지도서	사모속
忠州	1,482	2,041	559
淸州	1,962	2,743	781
淸風	31	68	37
沃川	333	502	169
天安	119	464	345
槐山	193	68	-125
丹陽	28	30	2
堤川	61	99	38
永春	52	60	8
鎭川	379	708	329
永同	247	610	363
黃澗	71	187	116
靑山	224	265	41
報恩	294	257	-37
木川	144	292	148
懷仁	19	14	-5
全義	8	27	19
燕岐	128	200	72
文義	104	303	199
懷德	59	219	160
鎭岑	58	123	65
連山	159	249	90
淸安	274	384	110
陰城	40	136	96
稷山	98	277	179
延豊	107	186	79
총계	6,674	10,512	3,838

〈표 42-2〉 강원도 외안부 사모속 실태

읍명	양역실총	여지도서	사모속
原州	1,717	1,934	217
江陵	323	296	-27
淮陽	93	117	24
襄陽	95	76	-19
春川	512	166	-346
鐵原	297	457	160
三陟	604	113	491
伊川	155	303	148
寧越	173	195	22
杆城	78	71	-7
平海	122	105	-17
通川	49	72	23
高城	60	40	-20
旌善	87	38	-49
平昌	84	39	-45
蔚珍	85	57	-28
金城	94	160	66
歙谷	0	9	9
平康	228	387	159
金化	95	74	-21
狼川	131	104	-27
洪川	158	100	-58
楊口	65	70	5
麟蹄	56	37	-19
橫城	263	265	2
安峽	64	94	30
총계	5,688	5,379	-309

〈표 42-3〉 전라도 외안부 사모속 실태

읍명	양역실총	여지도서	사모속	읍명	양역실총	여지도서	사모속
光州	415	640	225	長城	498	670	172
綾州	234	309	75	礪山	277	1,316	1,039
潭陽	510	652	142	錦山	262	477	215
順天	2,095	1,077	-1,018	益山	140		-140
長興	672	905	233	金堤	340	944	604
茂朱	197	328	131	古阜	696	1,007	311
淳昌	261	559	298	珍山	55	122	67
寶城	180	446	266	靈巖	841	980	139
樂安	136	202	66	靈光	930	1,292	362
龍潭	133	225	92	珍島	107	1,778	1,671
昌平	119	268	149	臨陂	194	1,059	865
康津	2,378	2,249	-129	萬頃	79	323	244
任實	224	670	446	金溝	92	175	83
南平	322	384	62	高山	160	406	246
鎭安	207	466	259	龍安	30	196	166
谷城	134	204	70	咸悅	115	305	190
興陽	369	3,002	2,633	扶安	186	328	142
雲峯	223	126	-97	泰仁	1,237	1,382	145
長水	161	409	248	沃溝	81	174	93
玉果	114	227	113	興德	8	89	81
光陽	59	676	617	井邑	427	646	219
求禮	44	154	110	咸平	166	473	307
同福	117	213	96	高敞	0	158	158
和順	79	193	114	茂長	158	386	228
一新	329	1,256	927	務安	311	555	244
全州	2,454	6,444	3,990	海南	952	1,408	456
羅州	1,478	1,802	324				
총계					21,986	40,735	18,749

〈표 42-4〉 경상도 외안부 사모속 실태

읍명	양역실총	여지도서	사모속	읍명	양역실총	여지도서	사모속
慶州	1,505	4,854	3,349	義興	799	587	-212
安東	315	750	435	靈山	232	468	236
大丘	2,819	2,935	116	昌寧	1,256	1,711	455
寧海	60	169	109	安陰	46	937	891
靑松	106	125	19	慈仁	378	569	191
密陽	1,488	2,247	759	尙州	639	1,232	593
東萊	205	736	531	星州	1,109	4,678	3,569
仁同	464	577	113	晉州	3,009	2,058	-951
蔚山	1,627	2,191	564	善山	834	568	-266
漆谷	341	93	-248	金海	1,012	1,147	135
順興	0	22	22	昌原	399	1,410	1,011
梁山	188	788	590	咸陽	47	400	353
永川	1,241	1,415	174	巨濟	230	1,057	827
興海	122		-122	河東	102	1,081	979
醴泉	55	580	525	居昌	34	279	245
榮川	2	334	332	咸安	447	1,616	1,169
豊基	0	0	0	陜川	16	497	481
淸道	924	1,050	126	草溪	42	1,650	1,608
義城	275	514	239	金山	153	374	221
盈德	81	172	91	昆陽	222	417	195
慶山	313	665	352	固城	421	2,399	1,978
英陽	14	24	10	開寧	47	801	754
延日	210	360	150	知禮	12	498	486
長鬐	62	313	251	高靈	5	1,254	1,249
機張	109	210	101	聞慶	7	99	92
淸河	43	63	20	咸昌	10	60	50
彦陽	85	144	59	泗川	523	2,106	1,583
奉化	0	21	21	三嘉	57	1,844	1,787
眞寶	20	48	28	宜寧	582	1,931	1,349
軍威	880	1,193	313	山陰	16	1,080	1,064
比安	30	257	227	丹城	35	191	156
禮安	0	19	19	鎭海	147	170	23
龍宮	21	35	14	漆原	133	434	301
新寧	393	392	-1	南海	81	323	242
河陽	289	384	95	熊川	161	354	192
玄風	498	838	340				
총계					28,029	60,788	32,759

〈표 42-5〉 황해도 외안부 사모속 실태

읍명	양역실총	여지도서	사모속
海州	3,984	8,040	4,056
黃州	2,490	10,592	8,102
平山	1,126	2,333	1,207
瑞興	2,347	3,790	1,443
延安	11	1,969	1,958
豊川	1,068	2,840	1,772
長淵	1,866	4,297	2,431
谷山	369	1,529	1,160
遂安	711	2,543	1,832
鳳山	2,764	6,261	3,497
載寧	2,073	3,563	1,490
白川	115	505	390
信川	1,881	2,500	619
安岳	3,542	6,057	2,515
金川	266	1,534	1,268
新溪	269	598	329
文化	1,557	2,736	1,179
長連	475	1,402	927
兎山	65	459	394
松禾	1,297	1,640	343
康翎	465	743	278
殷栗	190	1,464	1,274
총계	28,931	67,395	38,464

〈표 43〉 전국 외안부 사모속 실태

도명	양역실총	여지도서	사모속	사모속비율
충청좌도	6,674	10,512	3,838	36.5%
강원도	5,688	5,379	-309	-
전라도	21,986	40,735	18,749	46%
경상도	28,029	60,788	32,759	54%
황해도	28,931	67,395	38,464	57%
총계	91,308	184,809	93,501	50.6%
비고 (강원도제외)	85,620	179,430	93,810	52.2%

『양역실총』의 파악 대상에서는 함경도와 평안도가 제외되어 있고 또한 현존하는『양역실총』10책 가운데 경기도와 충청우도의 부분이 缺册되어 있으며,『여지도서』의 경우 각 군현의 읍지를 종합하여 편찬한 까닭에 그 기준이 각각 다르고 역시 缺册된 부분이 있다.[110] 그러므로 이 표에서 전국적인 차원에서의 정확한 비교가 이루어졌다고 할 수는 없다. 그러나 함경·평안도 지방의 양역이 오히려 지역적인 사정으로 특수성을 띠고 있다는 점을 감안하면 어느 정도 보편적인 실태를 드러내주고 있다고 생각되며, 기준의 불일치 문제도 그 편차가 그리 큰 것이 아니기 때문에 대체적인 경향성을 파악하는 데는 그리 문제되지 않는다. 다만 강원도의 경우에는 그 기준이 여타 지역과 크게 다른 것으로 보인다.[111] 두 자료의 비교 결과 강원도를 제외한 전 지역에서『여지도서』의 군액이『양역실총』의 그것을 훨씬 상회하는 것으로 나타났는데, 그 초과분이 바로 국가에서 파악하지 못하고 있던 군액으로서의 사모속에 해당한다. 이들 표에 따르면 당시 사모속이 전국적인 현상이었음은 물론 그 비율도 상당히 높았음을 알 수 있다. 외안부 군액에 있어서 사모속의 비율이 가장 낮은 충청좌도의 경우에도 36.5%나 차지하며, 황해도의 경우에는 무려 57%에 이르고 있다. 전국적으로 살펴보면 현실성이 희박한 강원도의 통

---

110) 충청도의 淸安, 전라도의 潭陽, 경상도의 蔚山 등지가 缺册되어 있는데, 이는 국사편찬위원회가 간행한『여지도서』의 補遺篇에 수록된 비슷한 시기의 다른 읍지로 보충했다.

111) 『여지도서』가운데 강원도 지역의 군병 파악은 실제와는 크게 차이가 있는 것으로 보인다. 束伍와 水軍을 제외하고 각 군현 단위로 파악된 외안부 군액의 총수가 5,379명에 불과한데 비해, 監營의 군액은 역시 속오·수군을 제외하고도 5,878명이나 된다. 강원도의 외안부가 감영 소속의 군액뿐 아니라 鐵原이나 三陟 등 鎭의 군액으로도 구성되는 것임을 감안하면 매우 불합리한 수치이다. 이는 아마도 邑誌에서 각 군현의 군병 파악이 그 군현 단위의 군액, 즉 邑案을 중심으로 하여 이루어진 데서 연유한 것이 아닐까 한다. 그 결과가『여지도서』 강원도 외안부의 군액이『양역실총』의 것보다 오히려 줄어드는 현상으로 나타났을 것이다.

계를 포함하더라도 50%를 넘고 있으며, 강원도를 제외하면 52%를 상회
한다. 사모속의 비율이 이렇듯 높게 나타나고 있는 것은 각 지방 관청의
재정 확보책으로써 사모속이 크게 기능하고 있었다는 사실의 반영이다.
조정에서는 大同法 운영의 변화, 균역법의 실시 등을 통하여 지방 재정
에 대한 통제를 강화하면서 재정을 일원화시키려는 노력을 계속하지만,
재정 압박을 받게 된 지방 관청에서는 사모속의 운영를 통해 어려움을
타개해나가며[112] 그 결과 조정에서의 재정의 일원적 파악은 더욱 어려워
지고, 또한 군역체제의 동요는 한층 심해졌던 것이다.

　사모속의 확산에 대처하는 조정의 대책은 원칙적인 입장에서의 불인
정론에 불과하였으며, 따라서 균역법을 신칙하는 수준을 넘지 못하였다.
그것은 양역변통논의가 균역법으로 귀결될 수밖에 없었던 역사적 한계
를 그대로 반영하는 것이기도 하였다. 군액은『양역실총』에 규정된 것을
엄수하는 것으로 원칙을 삼아[113] 加定을 금지하는 한편 적발되는 일체의
사모속을 혁파하도록 하였다.[114] 또 役價도 1필을 엄수토록 하여[115] 이
를 어긴 守令을 파직시키기도 하였다.[116]

---

112) 이 표에 나타난 사모속이 전적으로『양역실총』의 파악 이후, 즉 균역법의 실시
　　이후『여지도서』의 편찬에 이르기까지 10여년 사이에 급속하게 증가한 것이라
　　고 보기는 어렵다. 그 가운데에는 물론 그 기간에 증가한 부분도 있겠지만『양
　　역실총』의 당시에도 이미 존재하고 있었으나 파악하지 못한 부분도 있을 것이
　　다. 중요한 것은 사모속이 균역법의 실시라는 한 시점을 통해 급격히 증가했다
　　는 사실이 아니라, 왕조 정부의 지속적인 재정 일원화 정책이 사모속의 증가를
　　가져 오게 했다는 사실이다. 균역법은 그와 같은 정책의 한 표현이었다.
113)『비변사등록』영조 37년 8월 4일.“軍額事 良役實摠 旣已頒下 均役事目 至爲
　　嚴重 則原額外 何敢有加定者”.
114) 영조 32년에 廣州의 액외 工匠牙兵 30명을 모두 혁파하도록 하는 조치가 취해
　　진다.『비변사등록』영조 32년 5월 1일.
115) 영조 31년에 호남의 浦民들을 進上保로 충정함에 있어서 역가 결정 문제를 두
　　고 1兩 5錢의 주장과 2兩의 주장이 맞섰으나, 2兩役으로 결정하여 균일화의 의
　　지를 보이고 있다.『비변사등록』영조 31년 12월 17일.
116) 영조 33년에 1兩 2錢의 헐역을 신설한 開城留守가 파직되었다.『비변사등록』

그러나 이와 같은 강경한 대책에도 불구하고 지방 재정의 부족현상이
나 혈역 등장 가능성의 常存과 같은 본질적인 요인이 해결되지 않는 한
사모속의 확산은 자연스러운 추세였다. 이러한 사모속의 확산 추세에서
주목되는 현상이 바로 契房의 등장이다. 즉 균역법 이후 군역 수취체제
에 있어서 커다란 특징의 하나는 계방이 등장하게 된다는 것[117]이다. 契
房은 사모속과 유사하나, 규모에 있어서 주로 里나 面단위로 투속하며
군역뿐 아니라 還穀·民庫등 온갖 부세가 함께 면제된다는 점에서 더욱
확대된 형태로 볼 수 있다.

> 契房에는 두 가지가 있으니 하나는 里契요, 다른 하나는 戶契이다. 里契란
> 온 마을을 계방으로 삼아 해마다 돈 수백 냥을 거두는 것이요, 戶契란 특정한
> 호를 뽑아서 계방으로 삼아 해마다 돈 백여 냥을 거두는 것이다. 鄕廳·吏廳·
> 軍官廳·將官廳·官奴廳·皂隷廳·通引廳에 각각 계방이 있는데 유독 吏廳이 더
> 많이 가져서 큰 마을 10여 곳을 뽑아 모두 어울려 계방을 삼았고 그 나머지는
> 두 마을 혹은 세 마을을 삼는 등 정해진 수가 없다. 무릇 契房村이 된 곳은
> 곧 환곡의 배당도 면제되고 군역 첨정의 침해에서도 면제되고 民庫에 바치는
> 일체의 요역을 부담하지 않고, 한번 돈 수백 냥을 갖다 바치면 그 해가 다 갈
> 때까지 편안히 지낼 수 있다.[118]

사모속의 경우와 마찬가지로 계방 발생의 배경 또한 구조적인 문제와

영조 33년 5월 18일.
117) 사료상 契房은 균역법 이전인 영조 5년과 10년에도 기사가 보이는데, 군역 수취
    제의 동요 현상과 관련하여 그 주요한 원인으로 등장하는 것은 균역법 이후이
    다. 순조 18년(1818)의 『牧民心書』에도 "契房에 든 아홉 마을 가운데 여덟 마
    을은 다 30년 안쪽에 된 것이다."라 기록하고 있어, 그 실태를 짐작할 수 있게
    한다. 『牧民心書』「戶典」'平賦', "契者九村其八 皆三十年以內也".
118) 『목민심서』「호전」'평부' "契房有二 一日里契 二日戶契 里契者 全一里而契之
    歲收錢數百兩也 戶契者 執一戶而契之 歲收錢百餘兩也 鄕廳吏廳軍官廳將官
    廳官奴廳皂隷廳通引廳 各有契房 而唯吏廳獨多執大村十餘處 咸與爲契 其餘
    或二或三 無定數也 凡爲契房之村者 則還穀免受 軍僉免侵 而民庫所出一應徭
    役 皆所不攤 旣輸錢數百兩 則終歲安居".

운영 당사자들의 입장을 함께 고려할 때 더욱 선명히 드러날 수 있다. 구조적인 문제로서는 군액의 총액제 운영과 당시 부세 수취 전반의 변화가 그 배경으로 들어진다. 군액의 총액제 운영 자체가 군역제의 기본 원칙인 개별적 人身 파악을 부정할 수 있는 기반이 되고 있었던 터에 여타 수취 부문에서의 총액제 운영의 확대, 특히 田稅 수취에서 比摠制의 실시와 面이나 里로의 수세단위의 세분 또한 계방촌이 확대되는데 한 원인이 되었다.[119] 향촌 지배세력에 의한 수취 체제의 재편과정에서 鄕中富民들은 面이나 里등 말단 지방행정 기관과 결탁함으로써 군역을 비롯한 제반 수취 체제로부터 이탈하며 그들의 이익을 관철시켜 나아갔던 것이다. 또한 균역법 이후 특히 재정적 어려움을 겪고 있었던 지방 관청은 계방을 통하여 그 문제를 해결할 수 있었다.

사모속이 주로 외안부 군액의 확대를 통해 지방에서 급중하고 있었던 사실과 짝하여서 계방 또한 지방에서 더욱 성행하였다.[120] 이후에 계방은 사모속과 나란히 이른바 '양역 폐단'의 원인으로 지목되고 있는데,[121] 주로 外方에서 吏胥輩들에 의하여 面을 단위로 설치되는 등[122] 조정의 통제를 벗어나는 '私的'이고 불법적인 측면이 사모속의 경우보다 더욱 심하였다. 이에 조정에서는 혁파를 명하는[123] 한편, 계방을 설치한 官屬을 처벌토록 하지만[124] 역시 원칙적인 입장 표명의 수준을 벗어나지 못하여

---

119) 李哲成, 1989,「朝鮮後期 田稅 比摠制의 實施過程」, 고려대 석사논문.
120)『비변사등록』영조 40년 10월 26일. "所謂契房 官屬各有締結之面 作爲私窟 軍役及雜役 氣皆防給 …… 契房 甚於外而 京中亦然".
121) 같은 자료. "大抵各邑 皆有各廳募入各廳契房 所謂募入 則皆以富實民人充定 所謂契房 則下吏輩 從中幻弄 凡係身役 盡爲頉免 至於正軍 則只以至殘至窮之民 苟充其數 逃亡相繼 隣徵族徵之所以依舊者 良以此也".
122) 같은 자료.
123)『비변사등록』영조 45년 5월 21일. "所謂契房 則吏輩私自除役之村 …… 今若嚴飭諸道各邑 永爲革罷 使之一一入籍 則戶口自增 而軍政自修矣".
124)『비변사등록』영조 40년 11월 27일,「保民司節目」. "三法司所屬之與各司吏隷 作爲契房 冒法而圖免者 亦爲痛禁 而如有犯者 勿論彼此 一竝嚴刑定配爲白

전혀 실효를 거두지 못하였다. 契房의 등장 및 확산으로 부유한 농민이나 촌락은 모든 부세로부터 자유로울 수 있었던데 반하여, 그렇지 못한 농민이나 촌락에게 나머지 부세까지도 집중됨으로써 봉건적 수취체제의 모순은 더욱 심화되었다. 이후에 더욱 확대된 결과, 계방은 1862년 농민 봉기의 주요한 원인으로 작용하기도 했다.[125]

외안부 군액의 확대, 군현에 있어서 계방의 등장은 균역법 이후 사모속의 추이를 가장 잘 드러내주고 있다. 민인들의 입장에서 볼 때 균역법은, 2疋이 대종을 이루던 양역가를 1疋로 줄임으로써 어느 정도 부담을 경감시킨 것이 사실이었으나 양역의 담당 신분 문제 등과 관련해서는 전혀 변화를 가져오지 못했으므로 사모속에의 투속 이유가 사라진 것이 아니었다. 또한 役價의 문제에 있어서도 1필이나 2필등 역가의 절대적인 고헐 문제보다는 사모속의 역가와 일반 양역가 사이의 상대적인 고헐 문제가 더 중요한 것이었으므로, 일반 양역가보다 헐역의 사모속이 설치되는 한 역시 투속의 이유는 존재했다. 한편 균역법의 실시 과정 등에서 드러난 것과 같은 왕조 정부의 재정 정책은 특히 지방 재정의 운영에 있어서 심각한 위기를 초래, 지방 관청으로 하여금 새로운 수입원을 모색하게 하였고 그것이 민인들의 이해와 일치하면서 사모속의 확산, 특히 지방에 있어서의 사모속의 확대와 계방의 등장을 가져오게 되었다.

2) 사모속의 성격

사모속의 실태 및 그 추이를 살펴보면서 우리는 사모속이라는 현상이 매우 다양한 성격을 지니고 있으며 그만큼 당시 광범하게 퍼져있었다는

齊".

125) 趙允旋, 1987, 「私的 地主制의 측면에서 살펴본 壬戌農民蜂起」, 『史叢』 37·38 합집.

사실을 확인할 수 있었다. 크게 보아 사모속은 민인들에게는 경제적 부담의 완화와 함께 사회적으로는 신분변동의 통로로 기능하였으며, 각급 기관에게는 부족한 재정의 확보책으로 기능하는 등 양면적 성격을 지니고 있었다.

2절에서 살펴본 바와 같이 우선 투속 대상자의 처지를 놓고 볼 때, 사모속에의 투속을 통해 신분의 상승을 꾀했던 부류가 있었던가하면 오히려 신분의 하강을 감수하면서도, 아니면 신분의 문제에 얽매이지 않으면서 경제적 이익을 좇아 헐역에 투속하는 부류도 있었던 것이다.[126] 즉 사모속의 투속 이유로 거론되어온 경제적 측면의 이유(헐역으로의 투속 문제)와 사회적 측면의 이유(신분의 문제)가 반드시 일치하고 있었던 것은 아니었으며 오히려 두 이유 사이에는 투속 민인의 처지에 따라 상호 배제되는 경우도 보인다.[127] 물론 전형적인 경우는 경제적 측면의 이유와 사회적 측면의 이유가 일치하는 경우이다. 또한 이는 당시의 신분질서가 매우 동요하고 있었다는 사실을 반영한다. 신분상승을 꾀하고 이를 실현시켜 나아가는 부류가 있었다는 사실은 곧 신분이동의 폐쇄성이 깨어져 나가고 있었던 것을 뜻하며, 반면에 신분에 구애받지 않고 경제적 이익을 따르던 부류가 있었다는 사실은, 신분제도의 민인에 대한 구속력이 현저히 약화되었음을 추측할 수 있게하기 때문이다.

한편 각급 기관은 공식적으로는 불법화되고 있었음에도 불구하고 經費 自辦의 원칙에 따라 부족한 재정을 사모속에서 충당할 수밖에 없었

---

126) 이는 사모속에 투속하는 민인들의 처지가 한결같지는 않았음을 나타내주는 것이며 그만큼 사모속이라는 현상을 단일하게 성격 규정하기에 곤란하다는 반증이기도 하다. 전자의 경우는 한유자층으로 어느 정도 경제적 기반을 갖추고 있었던 부농층으로 이해되며, 후자의 경우는 상대적으로 기반이 취약했던 자작·소작농층으로 이해된다.
127) 역가가 헐역이 아니더라도 신분의 문제와 관련해 사모속에 투속하는 경우나 양인 신분으로서 헐역을 찾아 私賤軍에 모속하는 경우가 그러하다.

다. 조정에서는 사모속을 원칙적으로 금지하는 한편으로 부분적으로나마 인정하는 조치를 병행하지 않을 수 없었는데, 이는 재정의 일원적인 파악이 되고 있지 않았던 현실에서 불가피한 조치이기도 했다. 균역법은 각급 재정의 중앙으로의 집중을 통해 재정의 일원적 파악을 기도한 것이기도 했으나, 그 대안으로서의 각급 재정에 대한 보완책이 마련되지 않은 불완전한 것으로, 결국 사모속의 소멸을 가져오지는 못했으며 이에 따라 봉건적 수취체제의 동요현상은 더욱 심화되었다.

요컨대 조선후기에 들어와 봉건적 질서가 동요함에 따라 발생하게 된 사모속은 현상적으로는 각급 재정의 보충을 통하여 왕조재정을 부분적으로 담당하는 등 봉건 질서를 유지하는 방향으로 작용하기도 하였으나 본질적으로는 이를 통해 신분체제의 동요가 촉진되고 왕조재정의 일원적 파악을 더욱 어렵게 하는 등 봉건 질서의 모순을 더욱 심화시키는 역할을 수행했던 것이다.

5. 맺음말

기존의 조선후기 군역제에 관한 연구는 均役法을 둘러싼 제도 변화의 문제에 집중되어 왔는데, 군역제의 연구성과가 절대적으로 부족했던 현실에서 기초 작업이라 할 제도사의 문제에 관심이 기울여졌던 것은 어쩌면 당연한 것이었다. 하지만 균역법이라는 제도 변화의 문제가 그 변화를 가져 오게 한 원인의 문제와 함께 고려되지 못함으로써 그 변화가 가지는 의미의 파악에 있어서도 일정한 한계를 갖게 되었던 것 또한 사실이었다. 본 논문에서는 균역법의 시행을 가져오게 한 私募屬에 초점을 맞추어 그에 대한 정부의 대책으로서의 균역법의 성립경위를 밝히고, 균역법이 한계를 가지고 실패하게 된 원인을 사모속과의 관계를 통해서 논증함으로써, 사모속이라는 현상이 갖는 역사적인 성격을 찾아보고자 했다.

조선후기 군역수취의 동요현상에 있어서 가장 대표적인 원인으로 지목되던 것이 사모속이었다. 왕조정부가 파악하지 못하고 있었던 군액으로서의 사모속은 그 역가가 헐역이었으며, 첩역을 피할 수 있고 부역이나 기타 잡역을 면제받을 수 있다는 점에서 민인들로부터 환영받고 있었다. 또한 사모속의 명색은 일반 군역과는 달리 천시되지 않았을 뿐만 아니라 일부 명색의 경우는 신분상승의 통로로 이용되기도 하였다. 또한 이를 운영하던 각급 기관은 사모속에서의 수입을 통하여 재정을 보충하기도 했다.

정부는 이와 같은 사모속에 대해서 전혀 인정할 수 없다는 입장과, 원칙적으로는 인정할 수 없으나 부분적으로는 현실을 인정할 수밖에 없다는 입장에서 각기 대책을 수립해 시행하였다. 그러나 사모속의 발생·확산을 초래했던 각급 재정의 부족, 이에 따른 헐역 등장 가능성의 常存등과 같은 본질적인 원인에 대한 해결책이 모색되지 않은 상황에서 그러한 대책은 현실을 도외시한 처방으로써 실현가능성이 없었으며, 오히려 군역제의 모순을 가중시킬 뿐이었고 논의의 귀결은 減疋均一化로서의 균역법으로 나타났다.

그러나 균역법도 사모속의 발생 원인을 해결하지는 못했으며 오히려 모순을 심화시켰는데, 이는 조정의 재정정책과도 관련되는 것이었다. 균역법에 따라 재정의 압박을 받게 된 각급 관청, 특히 심각했던 지방관청에 의해서 사모속은 재등장하며 이에 따라 균역법 이후의 사모속은 외안부 군액의 증가와 契房의 등장이라는 모습으로 나타나게 된다.

사모속은 각급 관청의 재정확보책으로 기능하는 한편 민인들에게는 신분변동의 통로로 기능하기도 하였다. 사모속의 재정확보책으로서의 기능은 어느 정도 봉건 질서의 현상 유지적인 측면을 포함하는 것이었으나, 이를 통해 신분체제의 동요가 촉진되고 재정의 일원적 파악을 방해하는 등 사모속은 봉건 질서의 모순을 더욱 심화시켜 나갔던 것이다.

찾아보기

경인한국학연구총서